Constituição da República Portuguesa

Constituição da República Portuguesa

2022 · 8ª Edição

Lei Constitucional nº 1/2005, de 12 de Agosto
Declaração Universal dos Direitos do Homem
Lei do Tribunal Constitucional
Iniciativa Legislativa de Cidadãos
Estatutos Político-Administrativos das Regiões Autónomas

ALMEDINA

CONSTITUIÇÃO DA REPÚBLICA PORTUGUESA
EDITOR
EDIÇÕES ALMEDINA, S.A.
Avenida Emídio Navarro, 81, 3D
3000-151 Coimbra
Tel.: 239 851 904 · Fax: 239 851 901
www.almedina.net · editora@almedina.net
DESIGN DE CAPA
EDIÇÕES ALMEDINA, S.A.
PRÉ-IMPRESSÃO
EDIÇÕES ALMEDINA, S.A.
IMPRESSÃO E ACABAMENTO

Setembro, 2022
DEPÓSITO LEGAL

Apesar do cuidado e rigor colocados na elaboração da presente obra, devem os diplomas legais dela constantes ser sempre objeto de confirmação com as publicações oficiais.
Toda a legislação contida na presente obra encontra-se atualizada de acordo com os diplomas publicados no Diário da República, independentemente de terem já iniciado a sua vigência ou não.
Os textos legislativos apresentam a grafia com que foram publicados em Diário da República. Por determinação da RCM 8/2011, de 25-01, a partir de 1 de janeiro de 2012, tornou-se obrigatória a aplicação do Acordo Ortográfico à publicação do Diário da República, razão pela qual coexistem ambas as grafias.

ALMEDINA | GRUPOALMEDINA

BIBLIOTECA NACIONAL DE PORTUGAL – CATALOGAÇÃO NA PUBLICAÇÃO
PORTUGAL. Leis, decretos, etc. Constituição
Constituição da República Portuguesa. – 8ª ed. – (Textos da lei)
ISBN 978-989-40-0772-2
CDU 342

NOTA PRÉVIA À 8ª EDIÇÃO

A Lei nº 28/82, de 15 de novembro, que aprova a organização, funcionamento e processo do Tribunal Constitucional, foi alterada pela Lei Orgânica nº 1/2022, de 4 de janeiro, que harmoniza a Lei Eleitoral para o Parlamento Europeu com as disposições em vigor na ordem jurídica portuguesa sobre perda de mandato de titulares de cargos eletivos. Essa atualização está contida nesta obra, que desta forma se apresenta como ferramenta de estudo ou de trabalho útil a todos quantos lidam com a Lei Fundamental no seu dia-a-dia.

Coimbra, agosto de 2022
CECÍLIA SANTOS

I
Constituição da República Portuguesa

Constituição da República Portuguesa*

PREÂMBULO

A 25 de Abril de 1974, o Movimento das Forças Armadas, coroando a longa resistência do povo português e interpretando os seus sentimentos profundos, derrubou o regime fascista.

Libertar Portugal da ditadura, da opressão e do colonialismo representou uma transformação revolucionária e o início de uma viragem histórica da sociedade portuguesa.

A Revolução restituiu aos Portugueses os direitos e liberdades fundamentais. No exercício destes direitos e liberdades, os legítimos representantes do povo reúnem-se para elaborar uma Constituição que corresponde às aspirações do país.

A Assembleia Constituinte afirma a decisão do povo português de defender a independência nacional, de garantir os direitos fundamentais dos cidadãos, de estabelecer os princípios basilares da democracia, de assegurar o primado do Estado de Direito Democrático e de abrir caminho para uma sociedade socialista, no respeito da vontade do povo português, tendo em vista a construção de um país mais livre, mais justo e mais fraterno.

A Assembleia Constituinte, reunida na sessão plenária de 2 de Abril de 1976, aprova e decreta a seguinte Constituição da República Portuguesa:

PRINCÍPIOS FUNDAMENTAIS

ARTIGO 1º
República Portuguesa

Portugal é uma República soberana, baseada na dignidade da pessoa humana e na vontade popular e empenhada na construção de uma sociedade livre, justa e solidária.

* Texto oficial aprovado pelo Decreto de Aprovação da Constituição publicado no *Diário da República* nº 86, I Série, de 10 de Abril de 1976, com as alterações introduzidas pela Lei Constitucional nº 1/2005, de 12 de Agosto de 2005, que aprovou a Sétima Revisão Constitucional.

ARTIGO 2º
Estado de Direito Democrático

A República Portuguesa é um Estado de Direito Democrático, baseado na soberania popular, no pluralismo de expressão e organização política democráticas, no respeito e na garantia de efectivação dos direitos e liberdades fundamentais e na separação e interdependência de poderes, visando a realização da democracia económica, social e cultural e o aprofundamento da democracia participativa.

ARTIGO 3º
Soberania e legalidade

1 – A soberania, una e indivisível, reside no povo, que a exerce segundo as formas previstas na Constituição.

2 – O Estado subordina-se à Constituição e funda-se na legalidade democrática.

3 – A validade das leis e dos demais actos do Estado, das regiões autónomas, do poder local e de quaisquer outras entidades públicas depende da sua conformidade com a Constituição.

ARTIGO 4º
Cidadania portuguesa

São cidadãos portugueses todos aqueles que como tal sejam considerados pela lei ou por convenção internacional.

ARTIGO 5º
Território

1 – Portugal abrange o território historicamente definido no continente europeu e os arquipélagos dos Açores e da Madeira.

2 – A lei define a extensão e o limite das águas territoriais, a zona económica exclusiva e os direitos de Portugal aos fundos marinhos contíguos.

3 – O Estado não aliena qualquer parte do território português ou dos direitos de soberania que sobre ele exerce, sem prejuízo da rectificação de fronteiras.

ARTIGO 6º
Estado unitário

1 – O Estado é unitário e respeita na sua organização e funcionamento o regime autonómico insular e os princípios da subsidiariedade, da autonomia das autarquias locais e da descentralização democrática da Administração Pública.

2 – Os arquipélagos dos Açores e da Madeira constituem regiões autónomas dotadas de estatutos político-administrativos e de órgãos de governo próprio.

ARTIGO 7º
Relações internacionais

1 – Portugal rege-se nas relações internacionais pelos princípios da independência nacional, do respeito dos direitos do homem, dos direitos dos povos, da igualdade entre os Estados, da solução pacífica dos conflitos internacionais, da não ingerência nos assuntos internos dos outros Estados e da cooperação com todos os outros povos para a emancipação e o progresso da humanidade.

2 – Portugal preconiza a abolição do imperialismo, do colonialismo e de quaisquer outras formas de agressão, domínio e exploração nas relações entre os povos, bem como o desarmamento geral, simultâneo e controlado, a dissolução dos blocos político-militares e o estabelecimento de um sistema de segurança colectiva, com vista à criação de uma ordem internacional capaz de assegurar a paz e a justiça nas relações entre os povos.

3 – Portugal reconhece o direito dos povos à autodeterminação e independência e ao desenvolvimento, bem como o direito à insurreição contra todas as formas de opressão.

4 – Portugal mantém laços privilegiados de amizade e cooperação com os países de língua portuguesa.

5 – Portugal empenha-se no reforço da identidade europeia e no fortalecimento da acção dos Estados europeus a favor da democracia, da paz, do progresso económico e da justiça nas relações entre os povos.

6 – Portugal pode, em condições de reciprocidade, com respeito pelos princípios fundamentais do Estado de Direito Democrático e pelo princípio da subsidiariedade e tendo em vista a realização da coesão económica, social e territorial, de um espaço de liberdade, segurança e justiça e a definição e execução de uma política externa, de segurança e de defesa comuns, convencionar o exercício, em comum, em cooperação ou pelas instituições da União, dos poderes necessários à construção e aprofundamento da União Europeia.

7 – Portugal pode, tendo em vista a realização de uma justiça internacional que promova o respeito pelos direitos da pessoa humana e dos povos, aceitar a jurisdição do Tribunal Penal Internacional, nas condições de complementaridade e demais termos estabelecidos no Estatuto de Roma.

ARTIGO 8º
Direito Internacional

1 – As normas e os princípios de Direito Internacional geral ou comum fazem parte integrante do Direito Português.

2 – As normas constantes de convenções internacionais regularmente ratificadas ou aprovadas vigoram na ordem interna após a sua publicação oficial e enquanto vincularem internacionalmente o Estado Português.

3 – As normas emanadas dos órgãos competentes das organizações internacionais de que Portugal seja parte vigoram directamente na ordem interna, desde que tal se encontre estabelecido nos respectivos tratados constitutivos.

4 – As disposições dos tratados que regem a União Europeia e as normas emanadas das suas instituições, no exercício das respectivas competências, são aplicáveis na ordem interna, nos termos definidos pelo Direito da União, com respeito pelos princípios fundamentais do Estado de Direito Democrático.

ARTIGO 9º
Tarefas fundamentais do Estado

São tarefas fundamentais do Estado:

a) Garantir a independência nacional e criar as condições políticas, económicas, sociais e culturais que a promovam;

b) Garantir os direitos e liberdades fundamentais e o respeito pelos princípios do Estado de Direito Democrático;

c) Defender a democracia política, assegurar e incentivar a participação democrática dos cidadãos na resolução dos problemas nacionais;

d) Promover o bem-estar e a qualidade de vida do povo e a igualdade real entre os portugueses, bem como a efectivação dos direitos económicos, sociais, culturais e ambientais, mediante a transformação e modernização das estruturas económicas e sociais;

e) Proteger e valorizar o património cultural do povo português, defender a natureza e o ambiente, preservar os recursos naturais e assegurar um correcto ordenamento do território;

f) Assegurar o ensino e a valorização permanente, defender o uso e promover a difusão internacional da língua portuguesa;

g) Promover o desenvolvimento harmonioso de todo o território nacional, tendo em conta, designadamente, o carácter ultraperiférico dos arquipélagos dos Açores e da Madeira;

h) Promover a igualdade entre homens e mulheres.

ARTIGO 10º
Sufrágio universal e partidos políticos

1 – O povo exerce o poder político através do sufrágio universal, igual, directo, secreto e periódico, do referendo e das demais formas previstas na Constituição.

2 – Os partidos políticos concorrem para a organização e para a expressão da vontade popular, no respeito pelos princípios da independência nacional, da unidade do Estado e da democracia política.

ARTIGO 11º
Símbolos nacionais e língua oficial

1 – A Bandeira Nacional, símbolo da soberania da República, da independência, unidade e integridade de Portugal, é a adoptada pela República instaurada pela Revolução de 5 de Outubro de 1910.

2 – O Hino Nacional é *A Portuguesa*.

3 – A língua oficial é o Português.

PARTE I
DIREITOS E DEVERES FUNDAMENTAIS

TÍTULO I
Princípios gerais

ARTIGO 12º
Princípio da universalidade

1 – Todos os cidadãos gozam dos direitos e estão sujeitos aos deveres consignados na Constituição.

2 – As pessoas colectivas gozam dos direitos e estão sujeitas aos deveres compatíveis com a sua natureza.

ARTIGO 13º
Princípio da igualdade

1 – Todos os cidadãos têm a mesma dignidade social e são iguais perante a lei.

2 – Ninguém pode ser privilegiado, beneficiado, prejudicado, privado de qualquer direito ou isento de qualquer dever em razão de ascendência, sexo, raça, língua, território de origem, religião, convicções políticas ou ideológicas, instrução, situação económica, condição social ou orientação sexual.

ARTIGO 14º
Portugueses no estrangeiro

Os cidadãos portugueses que se encontrem ou residam no estrangeiro gozam da protecção do Estado para o exercício dos direitos e estão sujeitos aos deveres que não sejam incompatíveis com a ausência do país.

ARTIGO 15º
Estrangeiros, apátridas, cidadãos europeus

1 – Os estrangeiros e os apátridas que se encontrem ou residam em Portugal gozam dos direitos e estão sujeitos aos deveres do cidadão português.

2 – Exceptuam-se do disposto no número anterior os direitos políticos, o exercício das funções públicas que não tenham carácter predominantemente técnico e os direitos e deveres reservados pela Constituição e pela lei exclusivamente aos cidadãos portugueses.

3 – Aos cidadãos dos Estados de língua portuguesa com residência permanente em Portugal são reconhecidos, nos termos da lei e em condições de reciprocidade, direitos não conferidos a estrangeiros, salvo o acesso aos cargos de Presidente da República, Presidente da Assembleia da República, Primeiro-Ministro, Presidentes dos tribunais supremos e o serviço nas Forças Armadas e na carreira diplomática.

4 – A lei pode atribuir a estrangeiros residentes no território nacional, em condições de reciprocidade, capacidade eleitoral activa e passiva para a eleição dos titulares de órgãos de autarquias locais.

5 – A lei pode ainda atribuir, em condições de reciprocidade, aos cidadãos dos Estados membros da União Europeia residentes em Portugal o direito de elegerem e serem eleitos Deputados ao Parlamento Europeu.

ARTIGO 16º
Âmbito e sentido dos direitos fundamentais

1 – Os direitos fundamentais consagrados na Constituição não excluem quaisquer outros constantes das leis e das regras aplicáveis de Direito Internacional.

2 – Os preceitos constitucionais e legais relativos aos direitos fundamentais devem ser interpretados e integrados de harmonia com a Declaração Universal dos Direitos do Homem.

ARTIGO 17º
Regime dos direitos, liberdades e garantias

O regime dos direitos, liberdades e garantias aplica-se aos enunciados no título II e aos direitos fundamentais de natureza análoga.

ARTIGO 18º
Força jurídica

1 – Os preceitos constitucionais respeitantes aos direitos, liberdades e garantias são directamente aplicáveis e vinculam as entidades públicas e privadas.

2 – A lei só pode restringir os direitos, liberdades e garantias nos casos expressamente previstos na Constituição, devendo as restrições limitar-se ao necessário para salvaguardar outros direitos ou interesses constitucionalmente protegidos.

3 – As leis restritivas de direitos, liberdades e garantias têm de revestir carácter geral e abstracto e não podem ter efeito retroactivo nem diminuir a extensão e o alcance do conteúdo essencial dos preceitos constitucionais.

ARTIGO 19º
Suspensão do exercício de direitos

1 – Os órgãos de soberania não podem, conjunta ou separadamente, suspender o exercício dos direitos, liberdades e garantias, salvo em caso de estado de sítio ou de estado de emergência, declarados na forma prevista na Constituição.

2 – O estado de sítio ou o estado de emergência só podem ser declarados, no todo ou em parte do território nacional, nos casos de agressão efectiva ou iminente por forças estrangeiras, de grave ameaça ou perturbação da ordem constitucional democrática ou de calamidade pública.

3 – O estado de emergência é declarado quando os pressupostos referidos no número anterior se revistam de menor gravidade e apenas pode determinar a suspensão de alguns dos direitos, liberdades e garantias susceptíveis de serem suspensos.

4 – A opção pelo estado de sítio ou pelo estado de emergência, bem como as respectivas declaração e execução, devem respeitar o princípio da proporcionalidade e limitar-se, nomeadamente quanto às suas extensão e duração e aos meios utilizados, ao estritamente necessário ao pronto restabelecimento da normalidade constitucional.

5 – A declaração do estado de sítio ou do estado de emergência é adequadamente fundamentada e contém a especificação dos direitos, liberdades e garantias cujo exercício fica suspenso, não podendo o estado declarado ter duração superior a quinze dias, ou à duração fixada por lei quando em consequência de declaração de guerra, sem prejuízo de eventuais renovações, com salvaguarda dos mesmos limites.

6 – A declaração do estado de sítio ou do estado de emergência em nenhum caso pode afectar os direitos à vida, à integridade pessoal, à identidade pessoal, à capacidade civil e à cidadania, a não retroactividade da lei criminal, o direito de defesa dos arguidos e a liberdade de consciência e de religião.

7 – A declaração do estado de sítio ou do estado de emergência só pode alterar a normalidade constitucional nos termos previstos na Constituição e na lei, não podendo nomeadamente afectar a aplicação das regras constitucionais relativas à competência e ao funcionamento dos órgãos de soberania e de governo próprio das regiões autónomas ou os direitos e imunidades dos respectivos titulares.

8 – A declaração do estado de sítio ou do estado de emergência confere às autoridades competência para tomarem as providências necessárias e adequadas ao pronto restabelecimento da normalidade constitucional.

ARTIGO 20º
Acesso ao Direito e tutela jurisdicional efectiva

1 – A todos é assegurado o acesso ao Direito e aos tribunais para defesa dos seus direitos e interesses legalmente protegidos, não podendo a justiça ser denegada por insuficiência de meios económicos.

2 – Todos têm direito, nos termos da lei, à informação e consulta jurídicas, ao patrocínio judiciário e a fazer-se acompanhar por advogado perante qualquer autoridade.

3 – A lei define e assegura a adequada protecção do segredo de justiça.

4 – Todos têm direito a que uma causa em que intervenham seja objecto de decisão em prazo razoável e mediante processo equitativo.

5 – Para defesa dos direitos, liberdades e garantias pessoais, a lei assegura aos cidadãos procedimentos judiciais caracterizados pela celeridade e prioridade, de modo a obter tutela efectiva e em tempo útil contra ameaças ou violações desses direitos.

ARTIGO 21º
Direito de resistência

Todos têm o direito de resistir a qualquer ordem que ofenda os seus direitos, liberdades e garantias e de repelir pela força qualquer agressão, quando não seja possível recorrer à autoridade pública.

ARTIGO 22º
Responsabilidade das entidades públicas

O Estado e as demais entidades públicas são civilmente responsáveis, em forma solidária com os titulares dos seus órgãos, funcionários ou agentes, por acções ou omissões praticadas no exercício das suas funções e por causa desse exercício, de que resulte violação dos direitos, liberdades e garantias ou prejuízo para outrem.

ARTIGO 23º
Provedor de Justiça

1 – Os cidadãos podem apresentar queixas por acções ou omissões dos poderes públicos ao Provedor de Justiça, que as apreciará sem poder decisório, dirigindo aos órgãos competentes as recomendações necessárias para prevenir e reparar injustiças.

2 – A actividade do Provedor de Justiça é independente dos meios graciosos e contenciosos previstos na Constituição e nas leis.

3 – O Provedor de Justiça é um órgão independente, sendo o seu titular designado pela Assembleia da República pelo tempo que a lei determinar.

4 – Os órgãos e agentes da Administração Pública cooperam com o Provedor de Justiça na realização da sua missão.

TÍTULO II
Direitos, liberdades e garantias

CAPÍTULO I
Direitos, liberdades e garantias pessoais

ARTIGO 24º
Direito à vida

1 – A vida humana é inviolável.

2 – Em caso algum haverá pena de morte.

ARTIGO 25º
Direito à integridade pessoal

1 – A integridade moral e física das pessoas é inviolável.

2 – Ninguém pode ser submetido a tortura, nem a tratos ou penas cruéis, degradantes ou desumanos.

ARTIGO 26º
Outros direitos pessoais

1 – A todos são reconhecidos os direitos à identidade pessoal, ao desenvolvimento da personalidade, à capacidade civil, à cidadania, ao bom nome e reputação, à imagem, à palavra, à reserva da intimidade da vida privada e familiar e à protecção legal contra quaisquer formas de discriminação.

2 – A lei estabelecerá garantias efectivas contra a obtenção e utilização abusivas, ou contrárias à dignidade humana, de informações relativas às pessoas e famílias.

3 – A lei garantirá a dignidade pessoal e a identidade genética do ser humano, nomeadamente na criação, desenvolvimento e utilização das tecnologias e na experimentação científica.

4 – A privação da cidadania e as restrições à capacidade civil só podem efectuar-se nos casos e termos previstos na lei, não podendo ter como fundamento motivos políticos.

ARTIGO 27º
Direito à liberdade e à segurança

1 – Todos têm direito à liberdade e à segurança.

2 – Ninguém pode ser total ou parcialmente privado da liberdade, a não ser em consequência de sentença judicial condenatória pela prática de acto punido por lei com pena de prisão ou de aplicação judicial de medida de segurança.

3 – Exceptua-se deste princípio a privação da liberdade, pelo tempo e nas condições que a lei determinar, nos casos seguintes:

a) Detenção em flagrante delito;

b) Detenção ou prisão preventiva por fortes indícios de prática de crime doloso a que corresponda pena de prisão cujo limite máximo seja superior a três anos;

c) Prisão, detenção ou outra medida coactiva sujeita a controlo judicial de pessoa que tenha penetrado ou permaneça irregularmente no território nacional ou contra a qual esteja em curso processo de extradição ou de expulsão;

d) Prisão disciplinar imposta a militares, com garantia de recurso para o tribunal competente;

e) Sujeição de um menor a medidas de protecção, assistência ou educação em estabelecimento adequado, decretadas pelo tribunal judicial competente;

f) Detenção por decisão judicial em virtude de desobediência a decisão tomada por um tribunal ou para assegurar a comparência perante autoridade judiciária competente;

g) Detenção de suspeitos, para efeitos de identificação, nos casos e pelo tempo estritamente necessários;

h) Internamento de portador de anomalia psíquica em estabelecimento terapêutico adequado, decretado ou confirmado por autoridade judicial competente.

4 - Toda a pessoa privada da liberdade deve ser informada imediatamente e de forma compreensível das razões da sua prisão ou detenção e dos seus direitos.

5 - A privação da liberdade contra o disposto na Constituição e na lei constitui o Estado no dever de indemnizar o lesado nos termos que a lei estabelecer.

ARTIGO 28º
Prisão preventiva

1 - A detenção será submetida, no prazo máximo de quarenta e oito horas, a apreciação judicial, para restituição à liberdade ou imposição de medida de coacção adequada, devendo o juiz conhecer das causas que a determinaram e comunicá-las ao detido, interrogá-lo e dar-lhe oportunidade de defesa.

2 - A prisão preventiva tem natureza excepcional, não sendo decretada nem mantida sempre que possa ser aplicada caução ou outra medida mais favorável prevista na lei.

3 - A decisão judicial que ordene ou mantenha uma medida de privação da liberdade deve ser logo comunicada a parente ou pessoa da confiança do detido, por este indicados.

4 - A prisão preventiva está sujeita aos prazos estabelecidos na lei.

ARTIGO 29º
Aplicação da lei criminal

1 - Ninguém pode ser sentenciado criminalmente senão em virtude de lei anterior que declare punível a acção ou a omissão, nem sofrer medida de segurança cujos pressupostos não estejam fixados em lei anterior.

2 - O disposto no número anterior não impede a punição, nos limites da lei interna, por acção ou omissão que no momento da sua prática seja considerada criminosa segundo os princípios gerais de Direito Internacional comummente reconhecidos.

3 - Não podem ser aplicadas penas ou medidas de segurança que não estejam expressamente cominadas em lei anterior.

4 - Ninguém pode sofrer pena ou medida de segurança mais graves do que as previstas no momento da correspondente conduta ou da verificação dos respectivos pressupostos, aplicando-se retroactivamente as leis penais de conteúdo mais favorável ao arguido.

5 - Ninguém pode ser julgado mais do que uma vez pela prática do mesmo crime.

6 - Os cidadãos injustamente condenados têm direito, nas condições que a lei prescrever, à revisão da sentença e à indemnização pelos danos sofridos.

ARTIGO 30º
Limites das penas e das medidas de segurança

1 – Não pode haver penas nem medidas de segurança privativas ou restritivas da liberdade com carácter perpétuo ou de duração ilimitada ou indefinida.

2 – Em caso de perigosidade baseada em grave anomalia psíquica, e na impossibilidade de terapêutica em meio aberto, poderão as medidas de segurança privativas ou restritivas da liberdade ser prorrogadas sucessivamente enquanto tal estado se mantiver, mas sempre mediante decisão judicial.

3 – A responsabilidade penal é insusceptível de transmissão.

4 – Nenhuma pena envolve como efeito necessário a perda de quaisquer direitos civis, profissionais ou políticos.

5 – Os condenados a quem sejam aplicadas pena ou medida de segurança privativas da liberdade mantêm a titularidade dos direitos fundamentais, salvas as limitações inerentes ao sentido da condenação e às exigências próprias da respectiva execução.

ARTIGO 31º
Habeas corpus

1 – Haverá *habeas corpus* contra o abuso de poder, por virtude de prisão ou detenção ilegal, a requerer perante o tribunal competente.

2 – A providência de *habeas corpus* pode ser requerida pelo próprio ou por qualquer cidadão no gozo dos seus direitos políticos.

3 – O juiz decidirá no prazo de oito dias o pedido de *habeas corpus* em audiência contraditória.

ARTIGO 32º
Garantias de processo criminal

1 – O processo criminal assegura todas as garantias de defesa, incluindo o recurso.

2 – Todo o arguido se presume inocente até ao trânsito em julgado da sentença de condenação, devendo ser julgado no mais curto prazo compatível com as garantias de defesa.

3 – O arguido tem direito a escolher defensor e a ser por ele assistido em todos os actos do processo, especificando a lei os casos e as fases em que a assistência por advogado é obrigatória.

4 – Toda a instrução é da competência de um juiz, o qual pode, nos termos da lei, delegar noutras entidades a prática dos actos instrutórios que se não prendam directamente com os direitos fundamentais.

5 – O processo criminal tem estrutura acusatória, estando a audiência de julgamento e os actos instrutórios que a lei determinar subordinados ao princípio do contraditório.

6 – A lei define os casos em que, assegurados os direitos de defesa, pode ser dispensada a presença do arguido ou acusado em actos processuais, incluindo a audiência de julgamento.

7 – O ofendido tem o direito de intervir no processo, nos termos da lei.

8 – São nulas todas as provas obtidas mediante tortura, coacção, ofensa da integridade física ou moral da pessoa, abusiva intromissão na vida privada, no domicílio, na correspondência ou nas telecomunicações.

9 – Nenhuma causa pode ser subtraída ao tribunal cuja competência esteja fixada em lei anterior.

10 – Nos processos de contra-ordenação, bem como em quaisquer processos sancionatórios, são assegurados ao arguido os direitos de audiência e defesa.

ARTIGO 33º
Expulsão, extradição e direito de asilo

1 – Não é admitida a expulsão de cidadãos portugueses do território nacional.

2 – A expulsão de quem tenha entrado ou permaneça regularmente no território nacional, de quem tenha obtido autorização de residência, ou de quem tenha apresentado pedido de asilo não recusado só pode ser determinada por autoridade judicial, assegurando a lei formas expeditas de decisão.

3 – A extradição de cidadãos portugueses do território nacional só é admitida, em condições de reciprocidade estabelecidas em convenção internacional, nos casos de terrorismo e de criminalidade internacional organizada, e desde que a ordem jurídica do Estado requisitante consagre garantias de um processo justo e equitativo.

4 – Só é admitida a extradição por crimes a que corresponda, segundo o Direito do Estado requisitante, pena ou medida de segurança privativa ou restritiva da liberdade com carácter perpétuo ou de duração indefinida, se, nesse domínio, o Estado requisitante for parte de convenção internacional a que Portugal esteja vinculado e oferecer garantias de que tal pena ou medida de segurança não será aplicada ou executada.

5 – O disposto nos números anteriores não prejudica a aplicação das normas de cooperação judiciária penal estabelecidas no âmbito da União Europeia.

6 – Não é admitida a extradição, nem a entrega a qualquer título, por motivos políticos ou por crimes a que corresponda, segundo o Direito do Estado requisitante, pena de morte ou outra de que resulte lesão irreversível da integridade física.

7 – A extradição só pode ser determinada por autoridade judicial.

8 – É garantido o direito de asilo aos estrangeiros e aos apátridas perseguidos ou gravemente ameaçados de perseguição, em consequência da sua actividade em favor da democracia, da libertação social e nacional, da paz entre os povos, da liberdade e dos direitos da pessoa humana.

9 – A lei define o estatuto do refugiado político.

ARTIGO 34º
Inviolabilidade do domicílio e da correspondência

1 – O domicílio e o sigilo da correspondência e dos outros meios de comunicação privada são invioláveis.

2 – A entrada no domicílio dos cidadãos contra a sua vontade só pode ser ordenada pela autoridade judicial competente, nos casos e segundo as formas previstos na lei.

3 – Ninguém pode entrar durante a noite no domicílio de qualquer pessoa sem o seu consentimento, salvo em situação de flagrante delito ou mediante autorização judicial em casos de criminalidade especialmente violenta ou altamente organizada, incluindo o terrorismo e o tráfico de pessoas, de armas e de estupefacientes, nos termos previstos na lei.

4 – É proibida toda a ingerência das autoridades públicas na correspondência, nas telecomunicações e nos demais meios de comunicação, salvos os casos previstos na lei em matéria de processo criminal.

ARTIGO 35º
Utilização da informática

1 – Todos os cidadãos têm o direito de acesso aos dados informatizados que lhes digam respeito, podendo exigir a sua rectificação e actualização, e o direito de conhecer a finalidade a que se destinam, nos termos da lei.

2 – A lei define o conceito de dados pessoais, bem como as condições aplicáveis ao seu tratamento automatizado, conexão, transmissão e utilização, e garante a sua protecção, designadamente através de entidade administrativa independente.

3 – A informática não pode ser utilizada para tratamento de dados referentes a convicções filosóficas ou políticas, filiação partidária ou sindical, fé religiosa, vida privada e origem étnica, salvo mediante consentimento expresso do titular, autorização prevista por lei com garantias de não discriminação ou para processamento de dados estatísticos não individualmente identificáveis.

4 – É proibido o acesso a dados pessoais de terceiros, salvo em casos excepcionais previstos na lei.

5 – É proibida a atribuição de um número nacional único aos cidadãos.

6 – A todos é garantido livre acesso às redes informáticas de uso público, definindo a lei o regime aplicável aos fluxos de dados transfronteiras e as formas adequadas de protecção de dados pessoais e de outros cuja salvaguarda se justifique por razões de interesse nacional.

7 – Os dados pessoais constantes de ficheiros manuais gozam de protecção idêntica à prevista nos números anteriores, nos termos da lei.

ARTIGO 36º
Família, casamento e filiação

1 – Todos têm o direito de constituir família e de contrair casamento em condições de plena igualdade.

2 – A lei regula os requisitos e os efeitos do casamento e da sua dissolução, por morte ou divórcio, independentemente da forma de celebração.

3 – Os cônjuges têm iguais direitos e deveres quanto à capacidade civil e política e à manutenção e educação dos filhos.

4 - Os filhos nascidos fora do casamento não podem, por esse motivo, ser objecto de qualquer discriminação e a lei ou as repartições oficiais não podem usar designações discriminatórias relativas à filiação.

5 - Os pais têm o direito e o dever de educação e manutenção dos filhos.

6 - Os filhos não podem ser separados dos pais, salvo quando estes não cumpram os seus deveres fundamentais para com eles e sempre mediante decisão judicial.

7 - A adopção é regulada e protegida nos termos da lei, a qual deve estabelecer formas céleres para a respectiva tramitação.

ARTIGO 37º
Liberdade de expressão e informação

1 - Todos têm o direito de exprimir e divulgar livremente o seu pensamento pela palavra, pela imagem ou por qualquer outro meio, bem como o direito de informar, de se informar e de ser informados, sem impedimentos nem discriminações.

2 - O exercício destes direitos não pode ser impedido ou limitado por qualquer tipo ou forma de censura.

3 - As infracções cometidas no exercício destes direitos ficam submetidas aos princípios gerais de Direito Criminal ou do ilícito de mera ordenação social, sendo a sua apreciação respectivamente da competência dos tribunais judiciais ou de entidade administrativa independente, nos termos da lei.

4 - A todas as pessoas, singulares ou colectivas, é assegurado, em condições de igualdade e eficácia, o direito de resposta e de rectificação, bem como o direito a indemnização pelos danos sofridos.

ARTIGO 38º
Liberdade de imprensa e meios de comunicação social

1 - É garantida a liberdade de imprensa.

2 - A liberdade de imprensa implica:

a) A liberdade de expressão e criação dos jornalistas e colaboradores, bem como a intervenção dos primeiros na orientação editorial
dos respectivos órgãos de comunicação social, salvo quando tiverem natureza doutrinária ou confessional;

b) O direito dos jornalistas, nos termos da lei, ao acesso às fontes de informação e à protecção da independência e do sigilo profissionais, bem como o direito de elegerem conselhos de redacção;

c) O direito de fundação de jornais e de quaisquer outras publicações, independentemente de autorização administrativa, caução ou habilitação prévias.

3 - A lei assegura, com carácter genérico, a divulgação da titularidade e dos meios de financiamento dos órgãos de comunicação social.

4 - O Estado assegura a liberdade e a independência dos órgãos de comunicação social perante o poder político e o poder económico, impondo o princípio da especialidade das empresas titulares de órgãos de informação geral, tratando-as e apoiando-

-as de forma não discriminatória e impedindo a sua concentração, designadamente através de participações múltiplas ou cruzadas.

5 – O Estado assegura a existência e o funcionamento de um serviço público de rádio e de televisão.

6 – A estrutura e o funcionamento dos meios de comunicação social do sector público devem salvaguardar a sua independência perante o Governo, a Administração e os demais poderes públicos, bem como assegurar a possibilidade de expressão e confronto das diversas correntes de opinião.

7 – As estações emissoras de radiodifusão e de radiotelevisão só podem funcionar mediante licença, a conferir por concurso público, nos termos da lei.

ARTIGO 39º
Regulação da comunicação social

1 – Cabe a uma entidade administrativa independente assegurar nos meios de comunicação social:

a) O direito à informação e a liberdade de imprensa;
b) A não concentração da titularidade dos meios de comunicação social;
c) A independência perante o poder político e o poder económico;
d) O respeito pelos direitos, liberdades e garantias pessoais;
e) O respeito pelas normas reguladoras das actividades de comunicação social;
f) A possibilidade de expressão e confronto das diversas correntes de opinião;
g) O exercício dos direitos de antena, de resposta e de réplica política.

2 – A lei define a composição, as competências, a organização e o funcionamento da entidade referida no número anterior, bem como o estatuto dos respectivos membros, designados pela Assembleia da República e por cooptação destes.

ARTIGO 40º
Direitos de antena, de resposta e de réplica política

1 – Os partidos políticos e as organizações sindicais, profissionais e representativas das actividades económicas, bem como outras organizações sociais de âmbito nacional, têm direito, de acordo com a sua relevância e representatividade e segundo critérios objectivos a definir por lei, a tempos de antena no serviço público de rádio e de televisão.

2 – Os partidos políticos representados na Assembleia da República, e que não façam parte do Governo, têm direito, nos termos da lei, a tempos de antena no serviço público de rádio e televisão, a ratear de acordo com a sua representatividade, bem como o direito de resposta ou de réplica política às declarações políticas do Governo, de duração e relevo iguais aos dos tempos de antena e das declarações do Governo, de iguais direitos gozando, no âmbito da respectiva região, os partidos representados nas Assembleias Legislativas das regiões autónomas.

3 – Nos períodos eleitorais os concorrentes têm direito a tempos de antena, regulares e equitativos, nas estações emissoras de rádio e de televisão de âmbito nacional e regional, nos termos da lei.

ARTIGO 41º
Liberdade de consciência, de religião e de culto

1 - A liberdade de consciência, de religião e de culto é inviolável.

2 - Ninguém pode ser perseguido, privado de direitos ou isento de obrigações ou deveres cívicos por causa das suas convicções ou prática religiosa.

3 - Ninguém pode ser perguntado por qualquer autoridade acerca das suas convicções ou prática religiosa, salvo para recolha de dados estatísticos não individualmente identificáveis, nem ser prejudicado por se recusar a responder.

4 - As igrejas e outras comunidades religiosas estão separadas do Estado e são livres na sua organização e no exercício das suas funções e do culto.

5 - É garantida a liberdade de ensino de qualquer religião praticado no âmbito da respectiva confissão, bem como a utilização de meios de comunicação social próprios para o prosseguimento das suas actividades.

6 - É garantido o direito à objecção de consciência, nos termos da lei.

ARTIGO 42º
Liberdade de criação cultural

1 - É livre a criação intelectual, artística e científica.

2 - Esta liberdade compreende o direito à invenção, produção e divulgação da obra científica, literária ou artística, incluindo a protecção legal dos direitos de autor.

ARTIGO 43º
Liberdade de aprender e ensinar

1 - É garantida a liberdade de aprender e ensinar.

2 - O Estado não pode programar a educação e a cultura segundo quaisquer directrizes filosóficas, estéticas, políticas, ideológicas ou religiosas.

3 - O ensino público não será confessional.

4 - É garantido o direito de criação de escolas particulares e cooperativas.

ARTIGO 44º
Direito de deslocação e de emigração

1 - A todos os cidadãos é garantido o direito de se deslocarem e fixarem livremente em qualquer parte do território nacional.

2 - A todos é garantido o direito de emigrar ou de sair do território nacional e o direito de regressar.

ARTIGO 45º
Direito de reunião e de manifestação

1 - Os cidadãos têm o direito de se reunir, pacificamente e sem armas, mesmo em lugares abertos ao público, sem necessidade de qualquer autorização.

2 - A todos os cidadãos é reconhecido o direito de manifestação.

ARTIGO 46º
Liberdade de associação

1 – Os cidadãos têm o direito de, livremente e sem dependência de qualquer autorização, constituir associações, desde que estas não se destinem a promover a violência e os respectivos fins não sejam contrários à lei penal.

2 – As associações prosseguem livremente os seus fins sem interferência das autoridades públicas e não podem ser dissolvidas pelo Estado ou suspensas as suas actividades senão nos casos previstos na lei e mediante decisão judicial.

3 – Ninguém pode ser obrigado a fazer parte de uma associação nem coagido por qualquer meio a permanecer nela.

4 – Não são consentidas associações armadas nem de tipo militar, militarizadas ou paramilitares, nem organizações racistas ou que perfilhem a ideologia fascista.

ARTIGO 47º
Liberdade de escolha de profissão e acesso à função pública

1 – Todos têm o direito de escolher livremente a profissão ou o género de trabalho, salvas as restrições legais impostas pelo interesse colectivo ou inerentes à sua própria capacidade.

2 – Todos os cidadãos têm o direito de acesso à função pública, em condições de igualdade e liberdade, em regra por via de concurso.

CAPÍTULO II
Direitos, liberdades e garantias de participação política

ARTIGO 48º
Participação na vida pública

1 – Todos os cidadãos têm o direito de tomar parte na vida política e na direcção dos assuntos públicos do país, directamente ou por intermédio de representantes livremente eleitos.

2 – Todos os cidadãos têm o direito de ser esclarecidos objectivamente sobre actos do Estado e demais entidades públicas e de ser informados pelo Governo e outras autoridades acerca da gestão dos assuntos públicos.

ARTIGO 49º
Direito de sufrágio

1 – Têm direito de sufrágio todos os cidadãos maiores de dezoito anos, ressalvadas as incapacidades previstas na lei geral.

2 – O exercício do direito de sufrágio é pessoal e constitui um dever cívico.

ARTIGO 50º
Direito de acesso a cargos públicos

1 - Todos os cidadãos têm o direito de acesso, em condições de igualdade e liberdade, aos cargos públicos.

2 - Ninguém pode ser prejudicado na sua colocação, no seu emprego, na sua carreira profissional ou nos benefícios sociais a que tenha direito, em virtude do exercício de direitos políticos ou do desempenho de cargos públicos.

3 - No acesso a cargos electivos a lei só pode estabelecer as inelegibilidades necessárias para garantir a liberdade de escolha dos eleitores e a isenção e independência do exercício dos respectivos cargos.

ARTIGO 51º
Associações e partidos políticos

1 - A liberdade de associação compreende o direito de constituir ou participar em associações e partidos políticos e de através deles concorrer democraticamente para a formação da vontade popular e a organização do poder político.

2 - Ninguém pode estar inscrito simultaneamente em mais de um partido político nem ser privado do exercício de qualquer direito por estar ou deixar de estar inscrito em algum partido legalmente constituído.

3 - Os partidos políticos não podem, sem prejuízo da filosofia ou ideologia inspiradora do seu programa, usar denominação que contenha expressões directamente relacionadas com quaisquer religiões ou igrejas, bem como emblemas confundíveis com símbolos nacionais ou religiosos.

4 - Não podem constituir-se partidos que, pela sua designação ou pelos seus objectivos programáticos, tenham índole ou âmbito regional.

5 - Os partidos políticos devem reger-se pelos princípios da transparência, da organização e da gestão democráticas e da participação de todos os seus membros.

6 - A lei estabelece as regras de financiamento dos partidos políticos, nomeadamente quanto aos requisitos e limites do financiamento público, bem como às exigências de publicidade do seu património e das suas contas.

ARTIGO 52º
Direito de petição e direito de acção popular

1 - Todos os cidadãos têm o direito de apresentar, individual ou colectivamente, aos órgãos de soberania, aos órgãos de governo próprio das regiões autónomas ou a quaisquer autoridades petições, representações, reclamações ou queixas para defesa dos seus direitos, da Constituição, das leis ou do interesse geral e, bem assim, o direito de serem informados, em prazo razoável, sobre o resultado da respectiva apreciação.

2 - A lei fixa as condições em que as petições apresentadas colectivamente à Assembleia da República e às Assembleias Legislativas das regiões autónomas são apreciadas em reunião plenária.

3 – É conferido a todos, pessoalmente ou através de associações de defesa dos interesses em causa, o direito de acção popular nos casos e termos previstos na lei, incluindo o direito de requerer para o lesado ou lesados a correspondente indemnização, nomeadamente para:

a) Promover a prevenção, a cessação ou a perseguição judicial das infracções contra a saúde pública, os direitos dos consumidores, a qualidade de vida e a preservação do ambiente e do património cultural;

b) Assegurar a defesa dos bens do Estado, das regiões autónomas e das autarquias locais.

CAPÍTULO III
Direitos, liberdades e garantias dos trabalhadores

ARTIGO 53º
Segurança no emprego

É garantida aos trabalhadores a segurança no emprego, sendo proibidos os despedimentos sem justa causa ou por motivos políticos ou ideológicos.

ARTIGO 54º
Comissões de trabalhadores

1 – É direito dos trabalhadores criarem comissões de trabalhadores para defesa dos seus interesses e intervenção democrática na vida da empresa.

2 – Os trabalhadores deliberam a constituição, aprovam os estatutos e elegem, por voto directo e secreto, os membros das comissões de trabalhadores.

3 – Podem ser criadas comissões coordenadoras para melhor intervenção na reestruturação económica e por forma a garantir os interesses dos trabalhadores.

4 – Os membros das comissões gozam da protecção legal reconhecida aos delegados sindicais.

5 – Constituem direitos das comissões de trabalhadores:

a) Receber todas as informações necessárias ao exercício da sua actividade;

b) Exercer o controlo de gestão nas empresas;

c) Participar nos processos de reestruturação da empresa, especialmente no tocante a acções de formação ou quando ocorra alteração das condições de trabalho;

d) Participar na elaboração da legislação do trabalho e dos planos económico-sociais que contemplem o respectivo sector;

e) Gerir ou participar na gestão das obras sociais da empresa;

f) Promover a eleição de representantes dos trabalhadores para os órgãos sociais de empresas pertencentes ao Estado ou a outras entidades públicas, nos termos da lei.

ARTIGO 55º
Liberdade sindical

1 - É reconhecida aos trabalhadores a liberdade sindical, condição e garantia da construção da sua unidade para defesa dos seus direitos e interesses.

2 - No exercício da liberdade sindical é garantido aos trabalhadores, sem qualquer discriminação, designadamente:

a) A liberdade de constituição de associações sindicais a todos os níveis;

b) A liberdade de inscrição, não podendo nenhum trabalhador ser obrigado a pagar quotizações para sindicato em que não esteja inscrito;

c) A liberdade de organização e regulamentação interna das associações sindicais;

d) O direito de exercício de actividade sindical na empresa;

e) O direito de tendência, nas formas que os respectivos estatutos determinarem.

3 - As associações sindicais devem reger-se pelos princípios da organização e da gestão democráticas, baseados na eleição periódica e por escrutínio secreto dos órgãos dirigentes, sem sujeição a qualquer autorização ou homologação, e assentes na participação activa dos trabalhadores em todos os aspectos da actividade sindical.

4 - As associações sindicais são independentes do patronato, do Estado, das confissões religiosas, dos partidos e outras associações políticas, devendo a lei estabelecer as garantias adequadas dessa independência, fundamento da unidade das classes trabalhadoras.

5 - As associações sindicais têm o direito de estabelecer relações ou filiar-se em organizações sindicais internacionais.

6 - Os representantes eleitos dos trabalhadores gozam do direito à informação e consulta, bem como à protecção legal adequada contra quaisquer formas de condicionamento, constrangimento ou limitação do exercício legítimo das suas funções.

ARTIGO 56º
Direitos das associações sindicais e contratação colectiva

1 - Compete às associações sindicais defender e promover a defesa dos direitos e interesses dos trabalhadores que representem.

2 - Constituem direitos das associações sindicais:

a) Participar na elaboração da legislação do trabalho;

b) Participar na gestão das instituições de segurança social e outras organizações que visem satisfazer os interesses dos trabalhadores;

c) Pronunciar-se sobre os planos económico-sociais e acompanhar a sua execução;

d) Fazer-se representar nos organismos de concertação social, nos termos da lei;

e) Participar nos processos de reestruturação da empresa, especialmente no tocante a acções de formação ou quando ocorra alteração das condições de trabalho.

3 – Compete às associações sindicais exercer o direito de contratação colectiva, o qual é garantido nos termos da lei.

4 – A lei estabelece as regras respeitantes à legitimidade para a celebração das convenções colectivas de trabalho, bem como à eficácia das respectivas normas.

ARTIGO 57º
Direito à greve e proibição do *lock-out*

1 – É garantido o direito à greve.

2 – Compete aos trabalhadores definir o âmbito de interesses a defender através da greve, não podendo a lei limitar esse âmbito.

3 – A lei define as condições de prestação, durante a greve, de serviços necessários à segurança e manutenção de equipamentos e instalações, bem como de serviços mínimos indispensáveis para acorrer à satisfação de necessidades sociais impreteríveis.

4 – É proibido o *lock-out*.

TÍTULO III
Direitos e deveres económicos, sociais e culturais

CAPÍTULO I
Direitos e deveres económicos

ARTIGO 58º
Direito ao trabalho

1 – Todos têm direito ao trabalho.

2 – Para assegurar o direito ao trabalho, incumbe ao Estado promover:

a) A execução de políticas de pleno emprego;

b) A igualdade de oportunidades na escolha da profissão ou género de trabalho e condições para que não seja vedado ou limitado, em função do sexo, o acesso a quaisquer cargos, trabalho ou categorias profissionais;

c) A formação cultural e técnica e a valorização profissional dos trabalhadores.

ARTIGO 59º
Direitos dos trabalhadores

1 – Todos os trabalhadores, sem distinção de idade, sexo, raça, cidadania, território de origem, religião, convicções políticas ou ideológicas, têm direito:

a) À retribuição do trabalho, segundo a quantidade, natureza e qualidade, observando-se o princípio de que para trabalho igual salário igual, de forma a garantir uma existência condigna;

b) À organização do trabalho em condições socialmente dignificantes, de forma a facultar a realização pessoal e a permitir a conciliação da actividade profissional com a vida familiar;

c) À prestação do trabalho em condições de higiene, segurança e saúde;

d) Ao repouso e aos lazeres, a um limite máximo da jornada de trabalho, ao descanso semanal e a férias periódicas pagas;

e) À assistência material, quando involuntariamente se encontrem em situação de desemprego;

f) À assistência e justa reparação, quando vítimas de acidente de trabalho ou de doença profissional.

2 – Incumbe ao Estado assegurar as condições de trabalho, retribuição e repouso a que os trabalhadores têm direito, nomeadamente:

a) O estabelecimento e a actualização do salário mínimo nacional, tendo em conta, entre outros factores, as necessidades dos trabalhadores, o aumento do custo de vida, o nível de desenvolvimento das forças produtivas, as exigências da estabilidade económica e financeira e a acumulação para o desenvolvimento;

b) A fixação, a nível nacional, dos limites da duração do trabalho;

c) A especial protecção do trabalho das mulheres durante a gravidez e após o parto, bem como do trabalho dos menores, dos diminuídos e dos que desempenhem actividades particularmente violentas ou em condições insalubres, tóxicas ou perigosas;

d) O desenvolvimento sistemático de uma rede de centros de repouso e de férias, em cooperação com organizações sociais;

e) A protecção das condições de trabalho e a garantia dos benefícios sociais dos trabalhadores emigrantes;

f) A protecção das condições de trabalho dos trabalhadores estudantes.

3 – Os salários gozam de garantias especiais, nos termos da lei.

ARTIGO 60º
Direitos dos consumidores

1 – Os consumidores têm direito à qualidade dos bens e serviços consumidos, à formação e à informação, à protecção da saúde, da segurança e dos seus interesses económicos, bem como à reparação de danos.

2 – A publicidade é disciplinada por lei, sendo proibidas todas as formas de publicidade oculta, indirecta ou dolosa.

3 – As associações de consumidores e as cooperativas de consumo têm direito, nos termos da lei, ao apoio do Estado e a ser ouvidas sobre as questões que digam respeito à defesa dos consumidores, sendo-lhes reconhecida legitimidade processual para defesa dos seus associados ou de interesses colectivos ou difusos.

ARTIGO 61º
Iniciativa privada, cooperativa e autogestionária

1 – A iniciativa económica privada exerce-se livremente nos quadros definidos pela Constituição e pela lei e tendo em conta o interesse geral.

2 – A todos é reconhecido o direito à livre constituição de cooperativas, desde que observados os princípios cooperativos.

3 – As cooperativas desenvolvem livremente as suas actividades no quadro da lei e podem agrupar-se em uniões, federações e confederações e em outras formas de organização legalmente previstas.

4 – A lei estabelece as especificidades organizativas das cooperativas com participação pública.

5 – É reconhecido o direito de autogestão, nos termos da lei.

ARTIGO 62º
Direito de propriedade privada

1 – A todos é garantido o direito à propriedade privada e à sua transmissão em vida ou por morte, nos termos da Constituição.

2 – A requisição e a expropriação por utilidade pública só podem ser efectuadas com base na lei e mediante o pagamento de justa indemnização.

CAPÍTULO II
Direitos e deveres sociais

ARTIGO 63º
Segurança social e solidariedade

1 – Todos têm direito à segurança social.

2 – Incumbe ao Estado organizar, coordenar e subsidiar um sistema de segurança social unificado e descentralizado, com a participação das associações sindicais, de outras organizações representativas dos trabalhadores e de associações representativas dos demais beneficiários.

3 – O sistema de segurança social protege os cidadãos na doença, velhice, invalidez, viuvez e orfandade, bem como no desemprego e em todas as outras situações de falta ou diminuição de meios de subsistência ou de capacidade para o trabalho.

4 – Todo o tempo de trabalho contribui, nos termos da lei, para o cálculo das pensões de velhice e invalidez, independentemente do sector de actividade em que tiver sido prestado.

5 – O Estado apoia e fiscaliza, nos termos da lei, a actividade e o funcionamento das instituições particulares de solidariedade social e de outras de reconhecido interesse público sem carácter lucrativo, com vista à prossecução de objectivos de solidariedade social consignados, nomeadamente, neste artigo, na alínea *b*) do nº 2 do artigo 67º, no artigo 69º, na alínea *e*) do nº 1 do artigo 70º e nos artigos 71º e 72º

ARTIGO 64º
Saúde

1 - Todos têm direito à protecção da saúde e o dever de a defender e promover.

2 - O direito à protecção da saúde é realizado:

a) Através de um serviço nacional de saúde universal e geral e, tendo em conta as condições económicas e sociais dos cidadãos, tendencialmente gratuito;

b) Pela criação de condições económicas, sociais, culturais e ambientais que garantam, designadamente, a protecção da infância, da juventude e da velhice, e pela melhoria sistemática das condições de vida e de trabalho, bem como pela promoção da cultura física e desportiva, escolar e popular, e ainda pelo desenvolvimento da educação sanitária do povo e de práticas de vida saudável.

3 - Para assegurar o direito à protecção da saúde, incumbe prioritariamente ao Estado:

a) Garantir o acesso de todos os cidadãos, independentemente da sua condição económica, aos cuidados da medicina preventiva, curativa e de reabilitação;

b) Garantir uma racional e eficiente cobertura de todo o país em recursos humanos e unidades de saúde;

c) Orientar a sua acção para a socialização dos custos dos cuidados médicos e medicamentosos;

d) Disciplinar e fiscalizar as formas empresariais e privadas da medicina, articulando-as com o serviço nacional de saúde, por forma a assegurar, nas instituições de saúde públicas e privadas, adequados padrões de eficiência e de qualidade;

e) Disciplinar e controlar a produção, a distribuição, a comercialização e o uso dos produtos químicos, biológicos e farmacêuticos e outros meios de tratamento e diagnóstico;

f) Estabelecer políticas de prevenção e tratamento da toxicodependência.

4 - O serviço nacional de saúde tem gestão descentralizada e participada.

ARTIGO 65º
Habitação e urbanismo

1 - Todos têm direito, para si e para a sua família, a uma habitação de dimensão adequada, em condições de higiene e conforto e que preserve a intimidade pessoal e a privacidade familiar.

2 - Para assegurar o direito à habitação, incumbe ao Estado:

a) Programar e executar uma política de habitação inserida em planos de ordenamento geral do território e apoiada em planos de urbanização que garantam a existência de uma rede adequada de transportes e de equipamento social;

b) Promover, em colaboração com as regiões autónomas e com as autarquias locais, a construção de habitações económicas e sociais;

c) Estimular a construção privada, com subordinação ao interesse geral, e o acesso à habitação própria ou arrendada;

d) Incentivar e apoiar as iniciativas das comunidades locais e das populações, tendentes a resolver os respectivos problemas habitacionais e a fomentar a criação de cooperativas de habitação e a autoconstrução.

3 – O Estado adoptará uma política tendente a estabelecer um sistema de renda compatível com o rendimento familiar e de acesso à habitação própria.

4 – O Estado, as regiões autónomas e as autarquias locais definem as regras de ocupação, uso e transformação dos solos urbanos, designadamente através de instrumentos de planeamento, no quadro das leis respeitantes ao ordenamento do território e ao urbanismo, e procedem às expropriações dos solos que se revelem necessárias à satisfação de fins de utilidade pública urbanística.

5 – É garantida a participação dos interessados na elaboração dos instrumentos de planeamento urbanístico e de quaisquer outros instrumentos de planeamento físico do território.

ARTIGO 66º
Ambiente e qualidade de vida

1 – Todos têm direito a um ambiente de vida humano, sadio e ecologicamente equilibrado e o dever de o defender.

2 – Para assegurar o direito ao ambiente, no quadro de um desenvolvimento sustentável, incumbe ao Estado, por meio de organismos próprios e com o envolvimento e a participação dos cidadãos:

a) Prevenir e controlar a poluição e os seus efeitos e as formas prejudiciais de erosão;

b) Ordenar e promover o ordenamento do território, tendo em vista uma correcta localização das actividades, um equilibrado desenvolvimento sócio-económico e a valorização da paisagem;

c) Criar e desenvolver reservas e parques naturais e de recreio, bem como classificar e proteger paisagens e sítios, de modo a garantir a conservação da natureza e a preservação de valores culturais de interesse histórico ou artístico;

d) Promover o aproveitamento racional dos recursos naturais, salvaguardando a sua capacidade de renovação e a estabilidade ecológica, com respeito pelo princípio da solidariedade entre gerações;

e) Promover, em colaboração com as autarquias locais, a qualidade ambiental das povoações e da vida urbana, designadamente no plano arquitectónico e da protecção das zonas históricas;

f) Promover a integração de objectivos ambientais nas várias políticas de âmbito sectorial;

g) Promover a educação ambiental e o respeito pelos valores do ambiente;

h) Assegurar que a política fiscal compatibilize desenvolvimento com protecção do ambiente e qualidade de vida.

ARTIGO 67º
Família

1 - A família, como elemento fundamental da sociedade, tem direito à protecção da sociedade e do Estado e à efectivação de todas as condições que permitam a realização pessoal dos seus membros.

2 - Incumbe, designadamente, ao Estado para protecção da família:

a) Promover a independência social e económica dos agregados familiares;

b) Promover a criação e garantir o acesso a uma rede nacional de creches e de outros equipamentos sociais de apoio à família, bem como uma política de terceira idade;

c) Cooperar com os pais na educação dos filhos;

d) Garantir, no respeito da liberdade individual, o direito ao planeamento familiar, promovendo a informação e o acesso aos métodos e aos meios que o assegurem, e organizar as estruturas jurídicas e técnicas que permitam o exercício de uma maternidade e paternidade conscientes;

e) Regulamentar a procriação assistida, em termos que salvaguardem a dignidade da pessoa humana;

f) Regular os impostos e os benefícios sociais, de harmonia com os encargos familiares;

g) Definir, ouvidas as associações representativas das famílias, e executar uma política de família com carácter global e integrado;

h) Promover, através da concertação das várias políticas sectoriais, a conciliação da actividade profissional com a vida familiar.

ARTIGO 68º
Paternidade e maternidade

1 - Os pais e as mães têm direito à protecção da sociedade e do Estado na realização da sua insubstituível acção em relação aos filhos, nomeadamente quanto à sua educação, com garantia de realização profissional e de participação na vida cívica do país.

2 - A maternidade e a paternidade constituem valores sociais eminentes.

3 - As mulheres têm direito a especial protecção durante a gravidez e após o parto, tendo as mulheres trabalhadoras ainda direito a dispensa do trabalho por período adequado, sem perda da retribuição ou de quaisquer regalias.

4 - A lei regula a atribuição às mães e aos pais de direitos de dispensa de trabalho por período adequado, de acordo com os interesses da criança e as necessidades do agregado familiar.

ARTIGO 69º
Infância

1 - As crianças têm direito à protecção da sociedade e do Estado, com vista ao seu desenvolvimento integral, especialmente contra todas as formas de abandono, de dis-

criminação e de opressão e contra o exercício abusivo da autoridade na família e nas demais instituições.

2 – O Estado assegura especial protecção às crianças órfãs, abandonadas ou por qualquer forma privadas de um ambiente familiar normal.

3 – É proibido, nos termos da lei, o trabalho de menores em idade escolar.

ARTIGO 70º
Juventude

1 – Os jovens gozam de protecção especial para efectivação dos seus direitos económicos, sociais e culturais, nomeadamente:

a) No ensino, na formação profissional e na cultura;
b) No acesso ao primeiro emprego, no trabalho e na segurança social;
c) No acesso à habitação;
d) Na educação física e no desporto;
e) No aproveitamento dos tempos livres.

2 – A política de juventude deverá ter como objectivos prioritários o desenvolvimento da personalidade dos jovens, a criação de condições para a sua efectiva integração na vida activa, o gosto pela criação livre e o sentido de serviço à comunidade.

3 – O Estado, em colaboração com as famílias, as escolas, as empresas, as organizações de moradores, as associações e fundações de fins culturais e as colectividades de cultura e recreio, fomenta e apoia as organizações juvenis na prossecução daqueles objectivos, bem como o intercâmbio internacional da juventude.

ARTIGO 71º
Cidadãos portadores de deficiência

1 – Os cidadãos portadores de deficiência física ou mental gozam plenamente dos direitos e estão sujeitos aos deveres consignados na Constituição, com ressalva do exercício ou do cumprimento daqueles para os quais se encontrem incapacitados.

2 – O Estado obriga-se a realizar uma política nacional de prevenção e de tratamento, reabilitação e integração dos cidadãos portadores de deficiência e de apoio às suas famílias, a desenvolver uma pedagogia que sensibilize a sociedade quanto aos deveres de respeito e solidariedade para com eles e a assumir o encargo da efectiva realização dos seus direitos, sem prejuízo dos direitos e deveres dos pais ou tutores.

3 – O Estado apoia as organizações de cidadãos portadores de deficiência.

ARTIGO 72º
Terceira idade

1 – As pessoas idosas têm direito à segurança económica e a condições de habitação e convívio familiar e comunitário que respeitem a sua autonomia pessoal e evitem e superem o isolamento ou a marginalização social.

2 - A política de terceira idade engloba medidas de carácter económico, social e cultural tendentes a proporcionar às pessoas idosas oportunidades de realização pessoal, através de uma participação activa na vida da comunidade.

CAPÍTULO III
Direitos e deveres culturais

ARTIGO 73º
Educação, cultura e ciência

1 - Todos têm direito à educação e à cultura.

2 - O Estado promove a democratização da educação e as demais condições para que a educação, realizada através da escola e de outros meios formativos, contribua para a igualdade de oportunidades, a superação das desigualdades económicas, sociais e culturais, o desenvolvimento da personalidade e do espírito de tolerância, de compreensão mútua, de solidariedade e de responsabilidade, para o progresso social e para a participação democrática na vida colectiva.

3 - O Estado promove a democratização da cultura, incentivando e assegurando o acesso de todos os cidadãos à fruição e criação cultural, em colaboração com os órgãos de comunicação social, as associações e fundações de fins culturais, as colectividades de cultura e recreio, as associações de defesa do património cultural, as organizações de moradores e outros agentes culturais.

4 - A criação e a investigação científicas, bem como a inovação tecnológica, são incentivadas e apoiadas pelo Estado, por forma a assegurar a respectiva liberdade e autonomia, o reforço da competitividade e a articulação entre as instituições científicas e as empresas.

ARTIGO 74º
Ensino

1 - Todos têm direito ao ensino com garantia do direito à igualdade de oportunidades de acesso e êxito escolar.

2 - Na realização da política de ensino incumbe ao Estado:

a) Assegurar o ensino básico universal, obrigatório e gratuito;

b) Criar um sistema público e desenvolver o sistema geral de educação pré-escolar;

c) Garantir a educação permanente e eliminar o analfabetismo;

d) Garantir a todos os cidadãos, segundo as suas capacidades, o acesso aos graus mais elevados do ensino, da investigação científica e da criação artística;

e) Estabelecer progressivamente a gratuitidade de todos os graus de ensino;

f) Inserir as escolas nas comunidades que servem e estabelecer a interligação do ensino e das actividades económicas, sociais e culturais;

g) Promover e apoiar o acesso dos cidadãos portadores de deficiência ao ensino e apoiar o ensino especial, quando necessário;

h) Proteger e valorizar a língua gestual portuguesa, enquanto expressão cultural e instrumento de acesso à educação e da igualdade de oportunidades;

i) Assegurar aos filhos dos emigrantes o ensino da língua portuguesa e o acesso à cultura portuguesa;

j) Assegurar aos filhos dos imigrantes apoio adequado para efectivação do direito ao ensino.

ARTIGO 75º
Ensino público, particular e cooperativo

1 – O Estado criará uma rede de estabelecimentos públicos de ensino que cubra as necessidades de toda a população.

2 – O Estado reconhece e fiscaliza o ensino particular e cooperativo, nos termos da lei.

ARTIGO 76º
Universidade e acesso ao ensino superior

1 – O regime de acesso à Universidade e às demais instituições do ensino superior garante a igualdade de oportunidades e a democratização do sistema de ensino, devendo ter em conta as necessidades em quadros qualificados e a elevação do nível educativo, cultural e científico do país.

2 – As universidades gozam, nos termos da lei, de autonomia estatutária, científica, pedagógica, administrativa e financeira, sem prejuízo de adequada avaliação da qualidade do ensino.

ARTIGO 77º
Participação democrática no ensino

1 – Os professores e alunos têm o direito de participar na gestão democrática das escolas, nos termos da lei.

2 – A lei regula as formas de participação das associações de professores, de alunos, de pais, das comunidades e das instituições de carácter científico na definição da política de ensino.

ARTIGO 78º
Fruição e criação cultural

1 – Todos têm direito à fruição e criação cultural, bem como o dever de preservar, defender e valorizar o património cultural.

2 – Incumbe ao Estado, em colaboração com todos os agentes culturais:

a) Incentivar e assegurar o acesso de todos os cidadãos aos meios e instrumentos de acção cultural, bem como corrigir as assimetrias existentes no país em tal domínio;

b) Apoiar as iniciativas que estimulem a criação individual e colectiva, nas suas múltiplas formas e expressões, e uma maior circulação das obras e dos bens culturais de qualidade;

c) Promover a salvaguarda e a valorização do património cultural, tornando-o elemento vivificador da identidade cultural comum;

d) Desenvolver as relações culturais com todos os povos, especialmente os de língua portuguesa, e assegurar a defesa e a promoção da cultura portuguesa no estrangeiro;

e) Articular a política cultural e as demais políticas sectoriais.

ARTIGO 79º
Cultura física e desporto

1 – Todos têm direito à cultura física e ao desporto.

2 – Incumbe ao Estado, em colaboração com as escolas e as associações e colectividades desportivas, promover, estimular, orientar e apoiar a prática e a difusão da cultura física e do desporto, bem como prevenir a violência no desporto.

PARTE II
ORGANIZAÇÃO ECONÓMICA

TÍTULO I
Princípios gerais

ARTIGO 80º
Princípios fundamentais

A organização económico-social assenta nos seguintes princípios:

a) Subordinação do poder económico ao poder político democrático;

b) Coexistência do sector público, do sector privado e do sector cooperativo e social de propriedade dos meios de produção;

c) Liberdade de iniciativa e de organização empresarial no âmbito de uma economia mista;

d) Propriedade pública dos recursos naturais e de meios de produção, de acordo com o interesse colectivo;

e) Planeamento democrático do desenvolvimento económico e social;

f) Protecção do sector cooperativo e social de propriedade dos meios de produção;

g) Participação das organizações representativas dos trabalhadores e das organizações representativas das actividades económicas na definição das principais medidas económicas e sociais.

ARTIGO 81º
Incumbências prioritárias do Estado

Incumbe prioritariamente ao Estado no âmbito económico e social:

a) Promover o aumento do bem-estar social e económico e da qualidade de vida das pessoas, em especial das mais desfavorecidas, no quadro de uma estratégia de desenvolvimento sustentável;

b) Promover a justiça social, assegurar a igualdade de oportunidades e operar as necessárias correcções das desigualdades na distribuição da riqueza e do rendimento, nomeadamente através da política fiscal;

c) Assegurar a plena utilização das forças produtivas, designadamente zelando pela eficiência do sector público;

d) Promover a coesão económica e social de todo o território nacional, orientando o desenvolvimento no sentido de um crescimento equilibrado de todos os sectores e regiões e eliminando progressivamente as diferenças económicas e sociais entre a cidade e o campo e entre o litoral e o interior;

e) Promover a correcção das desigualdades derivadas da insularidade das regiões autónomas e incentivar a sua progressiva integração em espaços económicos mais vastos, no âmbito nacional ou internacional;

f) Assegurar o funcionamento eficiente dos mercados, de modo a garantir a equilibrada concorrência entre as empresas, a contrariar as formas de organização monopolistas e a reprimir os abusos de posição dominante e outras práticas lesivas do interesse geral;

g) Desenvolver as relações económicas com todos os povos, salvaguardando sempre a independência nacional e os interesses dos portugueses e da economia do país;

h) Eliminar os latifúndios e reordenar o minifúndio;

i) Garantir a defesa dos interesses e os direitos dos consumidores;

j) Criar os instrumentos jurídicos e técnicos necessários ao planeamento democrático do desenvolvimento económico e social;

l) Assegurar uma política científica e tecnológica favorável ao desenvolvimento do país;

m) Adoptar uma política nacional de energia, com preservação dos recursos naturais e do equilíbrio ecológico, promovendo, neste domínio, a cooperação internacional;

n) Adoptar uma política nacional da água, com aproveitamento, planeamento e gestão racional dos recursos hídricos.

ARTIGO 82º
Sectores de propriedade dos meios de produção

1 – É garantida a coexistência de três sectores de propriedade dos meios de produção.

2 – O sector público é constituído pelos meios de produção cujas propriedade e gestão pertencem ao Estado ou a outras entidades públicas.

3 – O sector privado é constituído pelos meios de produção cuja propriedade ou gestão pertence a pessoas singulares ou colectivas privadas, sem prejuízo do disposto no número seguinte.

4 – O sector cooperativo e social compreende especificamente:

a) Os meios de produção possuídos e geridos por cooperativas, em obediência aos princípios cooperativos, sem prejuízo das especificidades estabelecidas na lei para as cooperativas com participação pública, justificadas pela sua especial natureza;

b) Os meios de produção comunitários, possuídos e geridos por comunidades locais;

c) Os meios de produção objecto de exploração colectiva por trabalhadores;

d) Os meios de produção possuídos e geridos por pessoas colectivas, sem carácter lucrativo, que tenham como principal objectivo a solidariedade social, designadamente entidades de natureza mutualista.

ARTIGO 83º
Requisitos de apropriação pública

A lei determina os meios e as formas de intervenção e de apropriação pública dos meios de produção, bem como os critérios de fixação da correspondente indemnização.

ARTIGO 84º
Domínio público

1 – Pertencem ao domínio público:

a) As águas territoriais com os seus leitos e os fundos marinhos contíguos, bem como os lagos, lagoas e cursos de água navegáveis ou flutuáveis, com os respectivos leitos;
b) As camadas aéreas superiores ao território acima do limite reconhecido ao proprietário ou superficiário;
c) Os jazigos minerais, as nascentes de águas mineromedicinais, as cavidades naturais subterrâneas existentes no subsolo, com excepção das rochas, terras comuns e outros materiais habitualmente usados na construção;
d) As estradas;
e) As linhas férreas nacionais;
f) Outros bens como tal classificados por lei.

2 – A lei define quais os bens que integram o domínio público do Estado, o domínio público das regiões autónomas e o domínio público das autarquias locais, bem como o seu regime, condições de utilização e limites.

ARTIGO 85º
Cooperativas e experiências de autogestão

1 – O Estado estimula e apoia a criação e a actividade de cooperativas.
2 – A lei definirá os benefícios fiscais e financeiros das cooperativas, bem como condições mais favoráveis à obtenção de crédito e auxílio técnico.
3 – São apoiadas pelo Estado as experiências viáveis de autogestão.

ARTIGO 86º
Empresas privadas

1 – O Estado incentiva a actividade empresarial, em particular das pequenas e médias empresas, e fiscaliza o cumprimento das respectivas obrigações legais, em especial por parte das empresas que prossigam actividades de interesse económico geral.

2 - O Estado só pode intervir na gestão de empresas privadas a título transitório, nos casos expressamente previstos na lei e, em regra, mediante prévia decisão judicial.

3 - A lei pode definir sectores básicos nos quais seja vedada a actividade às empresas privadas e a outras entidades da mesma natureza.

ARTIGO 87º
Actividade económica e investimentos estrangeiros

A lei disciplinará a actividade económica e os investimentos por parte de pessoas singulares ou colectivas estrangeiras, a fim de garantir a sua contribuição para o desenvolvimento do país e defender a independência nacional e os interesses dos trabalhadores.

ARTIGO 88º
Meios de produção em abandono

1 - Os meios de produção em abandono podem ser expropriados em condições a fixar pela lei, que terá em devida conta a situação específica da propriedade dos trabalhadores emigrantes.

2 - Os meios de produção em abandono injustificado podem ainda ser objecto de arrendamento ou de concessão de exploração compulsivos, em condições a fixar por lei.

ARTIGO 89º
Participação dos trabalhadores na gestão

Nas unidades de produção do sector público é assegurada uma participação efectiva dos trabalhadores na respectiva gestão.

TÍTULO II
Planos

ARTIGO 90º
Objectivos dos planos

Os planos de desenvolvimento económico e social têm por objectivo promover o crescimento económico, o desenvolvimento harmonioso e integrado de sectores e regiões, a justa repartição individual e regional do produto nacional, a coordenação da política económica com as políticas social, educativa e cultural, a defesa do mundo rural, a preservação do equilíbrio ecológico, a defesa do ambiente e a qualidade de vida do povo português.

ARTIGO 91º
Elaboração e execução dos planos

1 – Os planos nacionais são elaborados de harmonia com as respectivas leis das grandes opções, podendo integrar programas específicos de âmbito territorial e de natureza sectorial.

2 – As propostas de lei das grandes opções são acompanhadas de relatórios que as fundamentem.

3 – A execução dos planos nacionais é descentralizada, regional e sectorialmente.

ARTIGO 92º
Conselho Económico e Social

1 – O Conselho Económico e Social é o órgão de consulta e concertação no domínio das políticas económica e social, participa na elaboração das propostas das grandes opções e dos planos de desenvolvimento económico e social e exerce as demais funções que lhe sejam atribuídas por lei.

2 – A lei define a composição do Conselho Económico e Social, do qual farão parte, designadamente, representantes do Governo, das organizações representativas dos trabalhadores, das actividades económicas e das famílias, das regiões autónomas e das autarquias locais.

3 – A lei define ainda a organização e o funcionamento do Conselho Económico e Social, bem como o estatuto dos seus membros.

TÍTULO III
Políticas agrícola, comercial e industrial

ARTIGO 93º
Objectivos da política agrícola

1 – São objectivos da política agrícola:

a) Aumentar a produção e a produtividade da agricultura, dotando-a das infra-estruturas e dos meios humanos, técnicos e financeiros adequados, tendentes ao reforço da competitividade e a assegurar a qualidade dos produtos, a sua eficaz comercialização, o melhor abastecimento do país e o incremento da exportação;

b) Promover a melhoria da situação económica, social e cultural dos trabalhadores rurais e dos agricultores, o desenvolvimento do mundo rural, a racionalização das estruturas fundiárias, a modernização do tecido empresarial e o acesso à propriedade ou à posse da terra e demais meios de produção directamente utilizados na sua exploração por parte daqueles que a trabalham;

c) Criar as condições necessárias para atingir a igualdade efectiva dos que trabalham na agricultura com os demais trabalhadores e evitar que o sector agrícola seja desfavorecido nas relações de troca com os outros sectores;

d) Assegurar o uso e a gestão racionais dos solos e dos restantes recursos naturais, bem como a manutenção da sua capacidade de regeneração;

e) Incentivar o associativismo dos agricultores e a exploração directa da terra.

2 – O Estado promoverá uma política de ordenamento e reconversão agrária e de desenvolvimento florestal, de acordo com os condicionalismos ecológicos e sociais do país.

ARTIGO 94º
Eliminação dos latifúndios

1 – O redimensionamento das unidades de exploração agrícola que tenham dimensão excessiva do ponto de vista dos objectivos da política agrícola será regulado por lei, que deverá prever, em caso de expropriação, o direito do proprietário à correspondente indemnização e à reserva de área suficiente para a viabilidade e a racionalidade da sua própria exploração.

2 – As terras expropriadas serão entregues a título de propriedade ou de posse, nos termos da lei, a pequenos agricultores, de preferência integrados em unidades de exploração familiar, a cooperativas de trabalhadores rurais ou de pequenos agricultores ou a outras formas de exploração por trabalhadores, sem prejuízo da estipulação de um período probatório da efectividade e da racionalidade da respectiva exploração antes da outorga da propriedade plena.

ARTIGO 95º
Redimensionamento do minifúndio

Sem prejuízo do direito de propriedade, o Estado promoverá, nos termos da lei, o redimensionamento das unidades de exploração agrícola com dimensão inferior à adequada do ponto de vista dos objectivos da política agrícola, nomeadamente através de incentivos jurídicos, fiscais e creditícios à sua integração estrutural ou meramente económica, designadamente cooperativa, ou por recurso a medidas de emparcelamento.

ARTIGO 96º
Formas de exploração de terra alheia

1 – Os regimes de arrendamento e de outras formas de exploração de terra alheia serão regulados por lei de modo a garantir a estabilidade e os legítimos interesses do cultivador.

2 – São proibidos os regimes de aforamento e colonia e serão criadas condições aos cultivadores para a efectiva abolição do regime de parceria agrícola.

ARTIGO 97º
Auxílio do Estado

1 – Na prossecução dos objectivos da política agrícola, o Estado apoiará preferencialmente os pequenos e médios agricultores, nomeadamente quando integrados em

unidades de exploração familiar, individualmente ou associados em cooperativas, bem como as cooperativas de trabalhadores agrícolas e outras formas de exploração por trabalhadores.

2 – O apoio do Estado compreende, designadamente:

a) Concessão de assistência técnica;

b) Criação de formas de apoio à comercialização a montante e a jusante da produção;

c) Apoio à cobertura de riscos resultantes dos acidentes climatéricos e fitopatológicos imprevisíveis ou incontroláveis;

d) Estímulos ao associativismo dos trabalhadores rurais e dos agricultores, nomeadamente à constituição por eles de cooperativas de produção, de compra, de venda, de transformação e de serviços e ainda de outras formas de exploração por trabalhadores.

ARTIGO 98º
Participação na definição da política agrícola

Na definição da política agrícola, é assegurada a participação dos trabalhadores rurais e dos agricultores através das suas organizações representativas.

ARTIGO 99º
Objectivos da política comercial

São objectivos da política comercial:

a) A concorrência salutar dos agentes mercantis;

b) A racionalização dos circuitos de distribuição;

c) O combate às actividades especulativas e às práticas comerciais restritivas;

d) O desenvolvimento e a diversificação das relações económicas externas;

e) A protecção dos consumidores.

ARTIGO 100º
Objectivos da política industrial

São objectivos da política industrial:

a) O aumento da produção industrial num quadro de modernização e ajustamento de interesses sociais e económicos e de integração internacional da economia portuguesa;

b) O reforço da inovação industrial e tecnológica;

c) O aumento da competitividade e da produtividade das empresas industriais;

d) O apoio às pequenas e médias empresas e, em geral, às iniciativas e empresas geradoras de emprego e fomentadoras de exportação ou de substituição de importações;

e) O apoio à projecção internacional das empresas portuguesas.

TÍTULO IV
Sistema financeiro e fiscal

ARTIGO 101º
Sistema financeiro

O sistema financeiro é estruturado por lei, de modo a garantir a formação, a captação e a segurança das poupanças, bem como a aplicação dos meios financeiros necessários ao desenvolvimento económico e social.

ARTIGO 102º
Banco de Portugal

O Banco de Portugal é o banco central nacional e exerce as suas funções nos termos da lei e das normas internacionais a que o Estado Português se vincule.

ARTIGO 103º
Sistema fiscal

1 - O sistema fiscal visa a satisfação das necessidades financeiras do Estado e outras entidades públicas e uma repartição justa dos rendimentos e da riqueza.

2 - Os impostos são criados por lei, que determina a incidência, a taxa, os benefícios fiscais e as garantias dos contribuintes.

3 - Ninguém pode ser obrigado a pagar impostos que não hajam sido criados nos termos da Constituição, que tenham natureza retroactiva ou cuja liquidação e cobrança se não façam nos termos da lei.

ARTIGO 104º
Impostos

1 - O imposto sobre o rendimento pessoal visa a diminuição das desigualdades e será único e progressivo, tendo em conta as necessidades e os rendimentos do agregado familiar.

2 - A tributação das empresas incide fundamentalmente sobre o seu rendimento real.

3 - A tributação do património deve contribuir para a igualdade entre os cidadãos.

4 - A tributação do consumo visa adaptar a estrutura do consumo à evolução das necessidades do desenvolvimento económico e da justiça social, devendo onerar os consumos de luxo.

ARTIGO 105º
Orçamento

1 - O Orçamento do Estado contém:

a) A discriminação das receitas e despesas do Estado, incluindo as dos fundos e serviços autónomos;

b) O orçamento da segurança social.

2 – O Orçamento é elaborado de harmonia com as grandes opções em matéria de planeamento e tendo em conta as obrigações decorrentes de lei ou de contrato.

3 – O Orçamento é unitário e especifica as despesas segundo a respectiva classificação orgânica e funcional, de modo a impedir a existência de dotações e fundos secretos, podendo ainda ser estruturado por programas.

4 – O Orçamento prevê as receitas necessárias para cobrir as despesas, definindo a lei as regras da sua execução, as condições a que deverá obedecer o recurso ao crédito público e os critérios que deverão presidir às alterações que, durante a execução, poderão ser introduzidas pelo Governo nas rubricas de classificação orgânica no âmbito de cada programa orçamental aprovado pela Assembleia da República, tendo em vista a sua plena realização.

ARTIGO 106º
Elaboração do Orçamento

1 – A lei do Orçamento é elaborada, organizada, votada e executada, anualmente, de acordo com a respectiva lei de enquadramento, que incluirá o regime atinente à elaboração e execução dos orçamentos dos fundos e serviços autónomos.

2 – A proposta de Orçamento é apresentada e votada nos prazos fixados na lei, a qual prevê os procedimentos a adoptar quando aqueles não puderem ser cumpridos.

3 – A proposta de Orçamento é acompanhada de relatórios sobre:

a) A previsão da evolução dos principais agregados macroeconómicos com influência no Orçamento, bem como da evolução da massa monetária e suas contrapartidas;

b) A justificação das variações de previsões das receitas e despesas relativamente ao Orçamento anterior;

c) A dívida pública, as operações de tesouraria e as contas do Tesouro;

d) A situação dos fundos e serviços autónomos;

e) As transferências de verbas para as regiões autónomas e as autarquias locais;

f) As transferências financeiras entre Portugal e o exterior com incidência na proposta do Orçamento;

g) Os benefícios fiscais e a estimativa da receita cessante.

ARTIGO 107º
Fiscalização

A execução do Orçamento será fiscalizada pelo Tribunal de Contas e pela Assembleia da República, que, precedendo parecer daquele tribunal, apreciará e aprovará a Conta Geral do Estado, incluindo a da segurança social.

PARTE III
ORGANIZAÇÃO DO PODER POLÍTICO

TÍTULO I
Princípios gerais

ARTIGO 108º
Titularidade e exercício do poder

O poder político pertence ao povo e é exercido nos termos da Constituição.

ARTIGO 109º
Participação política dos cidadãos

A participação directa e activa de homens e mulheres na vida política constitui condição e instrumento fundamental de consolidação do sistema democrático, devendo a lei promover a igualdade no exercício dos direitos cívicos e políticos e a não discriminação em função do sexo no acesso a cargos políticos.

ARTIGO 110º
Órgãos de soberania

1 – São órgãos de soberania o Presidente da República, a Assembleia da República, o Governo e os Tribunais.

2 – A formação, a composição, a competência e o funcionamento dos órgãos de soberania são os definidos na Constituição.

ARTIGO 111º
Separação e interdependência

1 – Os órgãos de soberania devem observar a separação e a interdependência estabelecidas na Constituição.

2 – Nenhum órgão de soberania, de região autónoma ou de poder local pode delegar os seus poderes noutros órgãos, a não ser nos casos e nos termos expressamente previstos na Constituição e na lei.

ARTIGO 112º
Actos normativos

1 – São actos legislativos as leis, os decretos-leis e os decretos legislativos regionais.

2 – As leis e os decretos-leis têm igual valor, sem prejuízo da subordinação às correspondentes leis dos decretos-leis publicados no uso de autorização legislativa e dos que desenvolvam as bases gerais dos regimes jurídicos.

3 – Têm valor reforçado, além das leis orgânicas, as leis que carecem de aprovação por maioria de dois terços, bem como aquelas que, por força da Constituição, sejam pressuposto normativo necessário de outras leis ou que por outras devam ser respeitadas.

4 – Os decretos legislativos têm âmbito regional e versam sobre matérias enunciadas no estatuto político-administrativo da respectiva região autónoma que não estejam reservadas aos órgãos de soberania, sem prejuízo do disposto nas alíneas *b*) e *c*) do nº 1 do artigo 227º

5 – Nenhuma lei pode criar outras categorias de actos legislativos ou conferir a actos de outra natureza o poder de, com eficácia externa, interpretar, integrar, modificar, suspender ou revogar qualquer dos seus preceitos.

6 – Os regulamentos do Governo revestem a forma de decreto regulamentar quando tal seja determinado pela lei que regulamentam, bem como no caso de regulamentos independentes.

7 – Os regulamentos devem indicar expressamente as leis que visam regulamentar ou que definem a competência subjectiva e objectiva para a sua emissão.

8 – A transposição de actos jurídicos da União Europeia para a ordem jurídica interna assume a forma de lei, decreto-lei ou, nos termos do disposto no nº 4, decreto legislativo regional.

ARTIGO 113º
Princípios gerais de Direito Eleitoral

1 – O sufrágio directo, secreto e periódico constitui a regra geral de designação dos titulares dos órgãos electivos da soberania, das regiões autónomas e do poder local.

2 – O recenseamento eleitoral é oficioso, obrigatório, permanente e único para todas as eleições por sufrágio directo e universal, sem prejuízo do disposto nos nºs 4 e 5 do artigo 15º e no nº 2 do artigo 121º

3 – As campanhas eleitorais regem-se pelos seguintes princípios:

a) Liberdade de propaganda;
b) Igualdade de oportunidades e de tratamento das diversas candidaturas;
c) Imparcialidade das entidades públicas perante as candidaturas;
d) Transparência e fiscalização das contas eleitorais.

4 – Os cidadãos têm o dever de colaborar com a administração eleitoral, nas formas previstas na lei.

5 – A conversão dos votos em mandatos far-se-á de harmonia com o princípio da representação proporcional.

6 – No acto de dissolução de órgãos colegiais baseados no sufrágio directo tem de ser marcada a data das novas eleições, que se realizarão nos sessenta dias seguintes e pela lei eleitoral vigente ao tempo da dissolução, sob pena de inexistência jurídica daquele acto.

7 – O julgamento da regularidade e da validade dos actos de processo eleitoral compete aos tribunais.

ARTIGO 114º
Partidos políticos e direito de oposição

1 – Os partidos políticos participam nos órgãos baseados no sufrágio universal e directo, de acordo com a sua representatividade eleitoral.

2 – É reconhecido às minorias o direito de oposição democrática, nos termos da Constituição e da lei.

3 – Os partidos políticos representados na Assembleia da República e que não façam parte do Governo gozam, designadamente, do direito de serem informados regular e directamente pelo Governo sobre o andamento dos principais assuntos de interesse público, de igual direito gozando os partidos políticos representados nas Assembleias Legislativas das regiões autónomas e em quaisquer outras assembleias designadas por eleição directa relativamente aos correspondentes executivos de que não façam parte.

ARTIGO 115º
Referendo

1 – Os cidadãos eleitores recenseados no território nacional podem ser chamados a pronunciar-se directamente, a título vinculativo, através de referendo, por decisão do Presidente da República, mediante proposta da Assembleia da República ou do Governo, em matérias das respectivas competências, nos casos e nos termos previstos na Constituição e na lei.

2 – O referendo pode ainda resultar da iniciativa de cidadãos dirigida à Assembleia da República, que será apresentada e apreciada nos termos e nos prazos fixados por lei.

3 – O referendo só pode ter por objecto questões de relevante interesse nacional que devam ser decididas pela Assembleia da República ou pelo Governo através da aprovação de convenção internacional ou de acto legislativo.

4 – São excluídas do âmbito do referendo:

a) As alterações à Constituição;

b) As questões e os actos de conteúdo orçamental, tributário ou financeiro;

c) As matérias previstas no artigo 161º da Constituição, sem prejuízo do disposto no número seguinte;

d) As matérias previstas no artigo 164º da Constituição, com excepção do disposto na alínea *i*).

5 - O disposto no número anterior não prejudica a submissão a referendo das questões de relevante interesse nacional que devam ser objecto de convenção internacional, nos termos da alínea *i*) do artigo 161º da Constituição, excepto quando relativas à paz e à rectificação de fronteiras.

6 - Cada referendo recairá sobre uma só matéria, devendo as questões ser formuladas com objectividade, clareza e precisão e para respostas de sim ou não, num número máximo de perguntas a fixar por lei, a qual determinará igualmente as demais condições de formulação e efectivação de referendos.

7 - São excluídas a convocação e a efectivação de referendos entre a data da convocação e a da realização de eleições gerais para os órgãos de soberania, de governo próprio das regiões autónomas e do poder local, bem como de Deputados ao Parlamento Europeu.

8 - O Presidente da República submete a fiscalização preventiva obrigatória da constitucionalidade e da legalidade as propostas de referendo que lhe tenham sido remetidas pela Assembleia da República ou pelo Governo.

9 - São aplicáveis ao referendo, com as necessárias adaptações, as normas constantes dos nºs 1, 2, 3, 4 e 7 do artigo 113º

10 - As propostas de referendo recusadas pelo Presidente da República ou objecto de resposta negativa do eleitorado não podem ser renovadas na mesma sessão legislativa, salvo nova eleição da Assembleia da República, ou até à demissão do Governo.

11 - O referendo só tem efeito vinculativo quando o número de votantes for superior a metade dos eleitores inscritos no recenseamento.

12 - Nos referendos são chamados a participar cidadãos residentes no estrangeiro, regularmente recenseados ao abrigo do disposto no nº 2 do artigo 121º, quando recaiam sobre matéria que lhes diga também especificamente respeito.

13 - Os referendos podem ter âmbito regional, nos termos previstos no nº 2 do artigo 232º

ARTIGO 116º
Órgãos colegiais

1 - As reuniões das assembleias que funcionem como órgãos de soberania, das regiões autónomas ou do poder local são públicas, excepto nos casos previstos na lei.

2 - As deliberações dos órgãos colegiais são tomadas com a presença da maioria do número legal dos seus membros.

3 - Salvo nos casos previstos na Constituição, na lei e nos respectivos regimentos, as deliberações dos órgãos colegiais são tomadas à pluralidade de votos, não contando as abstenções para o apuramento da maioria.

ARTIGO 117º
Estatuto dos titulares de cargos políticos

1 - Os titulares de cargos políticos respondem política, civil e criminalmente pelas acções e omissões que pratiquem no exercício das suas funções.

2 – A lei dispõe sobre os deveres, responsabilidades e incompatibilidades dos titulares de cargos políticos, as consequências do respectivo incumprimento, bem como sobre os respectivos direitos, regalias e imunidades.

3 – A lei determina os crimes de responsabilidade dos titulares de cargos políticos, bem como as sanções aplicáveis e os respectivos efeitos, que podem incluir a destituição do cargo ou a perda do mandato.

ARTIGO 118º
Princípio da renovação

1 – Ninguém pode exercer a título vitalício qualquer cargo político de âmbito nacional, regional ou local.

2 – A lei pode determinar limites à renovação sucessiva de mandatos dos titulares de cargos políticos executivos.

ARTIGO 119º
Publicidade dos actos

1 – São publicados no jornal oficial, *Diário da República*:

a) As leis constitucionais;

b) As convenções internacionais e os respectivos avisos de ratificação, bem como os restantes avisos a elas respeitantes;

c) As leis, os decretos-leis e os decretos legislativos regionais;

d) Os decretos do Presidente da República;

e) As resoluções da Assembleia da República e das Assembleias Legislativas das regiões autónomas;

f) Os regimentos da Assembleia da República, do Conselho de Estado e das Assembleias Legislativas das regiões autónomas;

g) As decisões do Tribunal Constitucional, bem como as dos outros tribunais a que a lei confira força obrigatória geral;

h) Os decretos regulamentares e os demais decretos e regulamentos do Governo, bem como os decretos dos Representantes da República para as regiões autónomas e os decretos regulamentares regionais;

i) Os resultados de eleições para os órgãos de soberania, das regiões autónomas e do poder local, bem como para o Parlamento Europeu e ainda os resultados de referendos de âmbito nacional e regional.

2 – A falta de publicidade dos actos previstos nas alíneas *a*) a *h*) do número anterior e de qualquer acto de conteúdo genérico dos órgãos de soberania, das regiões autónomas e do poder local implica a sua ineficácia jurídica.

3 – A lei determina as formas de publicidade dos demais actos e as consequências da sua falta.

TÍTULO II
Presidente da República

CAPÍTULO I
Estatuto e eleição

ARTIGO 120º
Definição

O Presidente da República representa a República Portuguesa, garante a independência nacional, a unidade do Estado e o regular funcionamento das instituições democráticas e é, por inerência, Comandante Supremo das Forças Armadas.

ARTIGO 121º
Eleição

1 – O Presidente da República é eleito por sufrágio universal, directo e secreto dos cidadãos portugueses eleitores recenseados no território nacional, bem como dos cidadãos portugueses residentes no estrangeiro nos termos do número seguinte.

2 – A lei regula o exercício do direito de voto dos cidadãos portugueses residentes no estrangeiro, devendo ter em conta a existência de laços de efectiva ligação à comunidade nacional.

3 – O direito de voto no território nacional é exercido presencialmente.

ARTIGO 122º
Elegibilidade

São elegíveis os cidadãos eleitores, portugueses de origem, maiores de 35 anos.

ARTIGO 123º
Reelegibilidade

1 – Não é admitida a reeleição para um terceiro mandato consecutivo, nem durante o quinquénio imediatamente subsequente ao termo do segundo mandato consecutivo.

2 – Se o Presidente da República renunciar ao cargo, não poderá candidatar-se nas eleições imediatas nem nas que se realizem no quinquénio imediatamente subsequente à renúncia.

ARTIGO 124º
Candidaturas

1 – As candidaturas para Presidente da República são propostas por um mínimo de 7 500 e um máximo de 15 000 cidadãos eleitores.

2 – As candidaturas devem ser apresentadas até trinta dias antes da data marcada para a eleição, perante o Tribunal Constitucional.

3 – Em caso de morte de qualquer candidato ou de qualquer outro facto que o incapacite para o exercício da função presidencial, será reaberto o processo eleitoral, nos termos a definir por lei.

ARTIGO 125º
Data da eleição

1 – O Presidente da República será eleito nos sessenta dias anteriores ao termo do mandato do seu antecessor ou nos sessenta dias posteriores à vagatura do cargo.

2 – A eleição não poderá efectuar-se nos noventa dias anteriores ou posteriores à data de eleições para a Assembleia da República.

3 – No caso previsto no número anterior, a eleição efectuar-se-á nos dez dias posteriores ao final do período aí estabelecido, sendo o mandato do Presidente cessante automaticamente prolongado pelo período necessário.

ARTIGO 126º
Sistema eleitoral

1 – Será eleito Presidente da República o candidato que obtiver mais de metade dos votos validamente expressos, não se considerando como tal os votos em branco.

2 – Se nenhum dos candidatos obtiver esse número de votos, proceder-se-á a segundo sufrágio até ao vigésimo primeiro dia subsequente à primeira votação.

3 – A este sufrágio concorrerão apenas os dois candidatos mais votados que não tenham retirado a candidatura.

ARTIGO 127º
Posse e juramento

1 – O Presidente eleito toma posse perante a Assembleia da República.

2 – A posse efectua-se no último dia do mandato do Presidente cessante ou, no caso de eleição por vagatura, no oitavo dia subsequente ao dia da publicação dos resultados eleitorais.

3 – No acto de posse, o Presidente da República eleito prestará a seguinte declaração de compromisso:

Juro por minha honra desempenhar fielmente as funções em que fico investido e defender, cumprir e fazer cumprir a Constituição da República Portuguesa.

ARTIGO 128º
Mandato

1 – O mandato do Presidente da República tem a duração de cinco anos e termina com a posse do novo Presidente eleito.

2 – Em caso de vagatura, o Presidente da República a eleger inicia um novo mandato.

ARTIGO 129º
Ausência do território nacional

1 – O Presidente da República não pode ausentar-se do território nacional sem o assentimento da Assembleia da República ou da sua Comissão Permanente, se aquela não estiver em funcionamento.

2 – O assentimento é dispensado nos casos de passagem em trânsito ou de viagem sem carácter oficial de duração não superior a cinco dias, devendo, porém, o Presidente da República dar prévio conhecimento delas à Assembleia da República.

3 – A inobservância do disposto no nº 1 envolve, de pleno direito, a perda do cargo.

ARTIGO 130º
Responsabilidade criminal

1 – Por crimes praticados no exercício das suas funções, o Presidente da República responde perante o Supremo Tribunal de Justiça.

2 – A iniciativa do processo cabe à Assembleia da República, mediante proposta de um quinto e deliberação aprovada por maioria de dois terços dos Deputados em efectividade de funções.

3 – A condenação implica a destituição do cargo e a impossibilidade de reeleição.

4 – Por crimes estranhos ao exercício das suas funções o Presidente da República responde depois de findo o mandato perante os tribunais comuns.

ARTIGO 131º
Renúncia ao mandato

1 – O Presidente da República pode renunciar ao mandato em mensagem dirigida à Assembleia da República.

2 – A renúncia torna-se efectiva com o conhecimento da mensagem pela Assembleia da República, sem prejuízo da sua ulterior publicação no *Diário da República*.

ARTIGO 132º
Substituição interina

1 – Durante o impedimento temporário do Presidente da República, bem como durante a vagatura do cargo até tomar posse o novo Presidente eleito, assumirá as funções o Presidente da Assembleia da República ou, no impedimento deste, o seu substituto.

2 – Enquanto exercer interinamente as funções de Presidente da República, o mandato de Deputado do Presidente da Assembleia da República ou do seu substituto suspende-se automaticamente.

3 – O Presidente da República, durante o impedimento temporário, mantém os direitos e regalias inerentes à sua função.

4 – O Presidente da República interino goza de todas as honras e prerrogativas da função, mas os direitos que lhe assistem são os do cargo para que foi eleito.

CAPÍTULO II
Competência

ARTIGO 133º
Competência quanto a outros órgãos

Compete ao Presidente da República, relativamente a outros órgãos:

a) Presidir ao Conselho de Estado;

b) Marcar, de harmonia com a lei eleitoral, o dia das eleições do Presidente da República, dos Deputados à Assembleia da República, dos Deputados ao Parlamento Europeu e dos deputados às Assembleias Legislativas das regiões autónomas;

c) Convocar extraordinariamente a Assembleia da República;

d) Dirigir mensagens à Assembleia da República e às Assembleias Legislativas das regiões autónomas;

e) Dissolver a Assembleia da República, observado o disposto no artigo 172º, ouvidos os partidos nela representados e o Conselho de Estado;

f) Nomear o Primeiro-Ministro, nos termos do nº 1 do artigo 187º;

g) Demitir o Governo, nos termos do nº 2 do artigo 195º, e exonerar o Primeiro-Ministro, nos termos do nº 4 do artigo 186º;

h) Nomear e exonerar os membros do Governo, sob proposta do Primeiro-Ministro;

i) Presidir ao Conselho de Ministros, quando o Primeiro-Ministro lho solicitar;

j) Dissolver as Assembleias Legislativas das regiões autónomas, ouvidos o Conselho de Estado e os partidos nelas representados, observado o disposto no artigo 172º, com as necessárias adaptações;

l) Nomear e exonerar, ouvido o Governo, os Representantes da República para as regiões autónomas;

m) Nomear e exonerar, sob proposta do Governo, o presidente do Tribunal de Contas e o Procurador-Geral da República;

n) Nomear cinco membros do Conselho de Estado e dois vogais do Conselho Superior da Magistratura;

o) Presidir ao Conselho Superior de Defesa Nacional;

p) Nomear e exonerar, sob proposta do Governo, o Chefe do Estado-Maior-General das Forças Armadas, o Vice-Chefe do Estado-Maior-General das Forças Armadas, quando exista, e os Chefes de Estado-Maior dos três ramos das Forças Armadas, ouvido, nestes dois últimos casos, o Chefe do Estado-Maior-General das Forças Armadas.

ARTIGO 134º
Competência para prática de actos próprios

Compete ao Presidente da República, na prática de actos próprios:

a) Exercer as funções de Comandante Supremo das Forças Armadas;

b) Promulgar e mandar publicar as leis, os decretos-leis e os decretos regulamentares, assinar as resoluções da Assembleia da República que aprovem acordos internacionais e os restantes decretos do Governo;

c) Submeter a referendo questões de relevante interesse nacional, nos termos do artigo 115º, e as referidas no nº 2 do artigo 232º e no nº 3 do artigo 256º;

d) Declarar o estado de sítio ou o estado de emergência, observado o disposto nos artigos 19º e 138º;

e) Pronunciar-se sobre todas as emergências graves para a vida da República;

f) Indultar e comutar penas, ouvido o Governo;

g) Requerer ao Tribunal Constitucional a apreciação preventiva da constitucionalidade de normas constantes de leis, decretos-leis e convenções internacionais;

h) Requerer ao Tribunal Constitucional a declaração de inconstitucionalidade de normas jurídicas, bem como a verificação de inconstitucionalidade por omissão;

i) Conferir condecorações, nos termos da lei, e exercer a função de grão-mestre das ordens honoríficas portuguesas.

ARTIGO 135º
Competência nas relações internacionais

Compete ao Presidente da República, nas relações internacionais:

a) Nomear os embaixadores e os enviados extraordinários, sob proposta do Governo, e acreditar os representantes diplomáticos estrangeiros;

b) Ratificar os tratados internacionais, depois de devidamente aprovados;

c) Declarar a guerra em caso de agressão efectiva ou iminente e fazer a paz, sob proposta do Governo, ouvido o Conselho de Estado e mediante autorização da Assembleia da República, ou, quando esta não estiver reunida nem for possível a sua reunião imediata, da sua Comissão Permanente.

ARTIGO 136º
Promulgação e veto

1 – No prazo de vinte dias contados da recepção de qualquer decreto da Assembleia da República para ser promulgado como lei, ou da publicação da decisão do Tribunal Constitucional que não se pronuncie pela inconstitucionalidade de norma dele constante, deve o Presidente da República promulgá-lo ou exercer o direito de veto, solicitando nova apreciação do diploma em mensagem fundamentada.

2 – Se a Assembleia da República confirmar o voto por maioria absoluta dos Deputados em efectividade de funções, o Presidente da República deverá promulgar o diploma no prazo de oito dias a contar da sua recepção.

3 – Será, porém, exigida a maioria de dois terços dos Deputados presentes, desde que superior à maioria absoluta dos Deputados em efectividade de funções, para a confirmação dos decretos que revistam a forma de lei orgânica, bem como dos que respeitem às seguintes matérias:

a) Relações externas;

b) Limites entre o sector público, o sector privado e o sector cooperativo e social de propriedade dos meios de produção;

c) Regulamentação dos actos eleitorais previstos na Constituição, que não revista a forma de lei orgânica.

4 – No prazo de quarenta dias contados da recepção de qualquer decreto do Governo para ser promulgado, ou da publicação da decisão do Tribunal Constitucional que não se pronuncie pela inconstitucionalidade de norma dele constante, deve o Presidente da República promulgá-lo ou exercer o direito de veto, comunicando por escrito ao Governo o sentido do veto.

5 – O Presidente da República exerce ainda o direito de veto nos termos dos artigos 278º e 279º

ARTIGO 137º
Falta de promulgação ou de assinatura

A falta de promulgação ou de assinatura pelo Presidente da República de qualquer dos actos previstos na alínea *b*) do artigo 134º implica a sua inexistência jurídica.

ARTIGO 138º
Declaração do estado de sítio ou do estado de emergência

1 – A declaração do estado de sítio ou do estado de emergência depende de audição do Governo e de autorização da Assembleia da República ou, quando esta não estiver reunida nem for possível a sua reunião imediata, da respectiva Comissão Permanente.

2 – A declaração do estado de sítio ou do estado de emergência, quando autorizada pela Comissão Permanente da Assembleia da República, terá de ser confirmada pelo Plenário logo que seja possível reuni-lo.

ARTIGO 139º
Actos do Presidente da República interino

1 – O Presidente da República interino não pode praticar qualquer dos actos previstos nas alíneas *e*) e *n*) do artigo 133º e na alínea *c*) do artigo 134º

2 – O Presidente da República interino só pode praticar qualquer dos actos previstos nas alíneas *b*), *c*), *f*), *m*) e *p*) do artigo 133º, na alínea *a*) do artigo 134º e na alínea *a*) do artigo 135º, após audição do Conselho de Estado.

ARTIGO 140º
Referenda ministerial

1 – Carecem de referenda do Governo os actos do Presidente da República praticados ao abrigo das alíneas *h*), *j*), *l*), *m*) e *p*) do artigo 133º, das alíneas *b*), *d*) e *f*) do artigo 134º e das alíneas *a*), *b*) e *c*) do artigo 135º

2 – A falta de referenda determina a inexistência jurídica do acto.

CAPÍTULO III
Conselho de Estado

ARTIGO 141º
Definição

O Conselho de Estado é o órgão político de consulta do Presidente da República.

ARTIGO 142º
Composição

O Conselho de Estado é presidido pelo Presidente da República e composto pelos seguintes membros:

a) O Presidente da Assembleia da República;

b) O Primeiro-Ministro;

c) O Presidente do Tribunal Constitucional;

d) O Provedor de Justiça;

e) Os presidentes dos Governos Regionais;

f) Os antigos presidentes da República eleitos na vigência da Constituição que não hajam sido destituídos do cargo;

g) Cinco cidadãos designados pelo Presidente da República pelo período correspondente à duração do seu mandato;

h) Cinco cidadãos eleitos pela Assembleia da República, de harmonia com o princípio da representação proporcional, pelo período correspondente à duração da legislatura.

ARTIGO 143º
Posse e mandato

1 – Os membros do Conselho de Estado são empossados pelo Presidente da República.

2 – Os membros do Conselho de Estado previstos nas alíneas *a*) a *e*) do artigo 142º mantêm-se em funções enquanto exercerem os respectivos cargos.

3 – Os membros do Conselho de Estado previstos nas alíneas *g*) e *h*) do artigo 142º mantêm-se em funções até à posse dos que os substituírem no exercício dos respectivos cargos.

ARTIGO 144º
Organização e funcionamento

1 – Compete ao Conselho de Estado elaborar o seu regimento.

2 – As reuniões do Conselho de Estado não são públicas.

ARTIGO 145º
Competência

Compete ao Conselho de Estado:

a) Pronunciar-se sobre a dissolução da Assembleia da República e das Assembleias Legislativas das regiões autónomas;

b) Pronunciar-se sobre a demissão do Governo, no caso previsto no nº 2 do artigo 195º;

c) Pronunciar-se sobre a declaração da guerra e a feitura da paz;

d) Pronunciar-se sobre os actos do Presidente da República interino referidos no artigo 139º;

e) Pronunciar-se nos demais casos previstos na Constituição e, em geral, aconselhar o Presidente da República no exercício das suas funções, quando este lho solicitar.

ARTIGO 146º
Emissão dos pareceres

Os pareceres do Conselho de Estado previstos nas alíneas *a*) a *e*) do artigo 145º são emitidos na reunião que para o efeito for convocada pelo Presidente da República e tornados públicos quando da prática do acto a que se referem.

TÍTULO III
Assembleia da República

CAPÍTULO I
Estatuto e eleição

ARTIGO 147º
Definição

A Assembleia da República é a assembleia representativa de todos os cidadãos portugueses.

ARTIGO 148º
Composição

A Assembleia da República tem o mínimo de cento e oitenta e o máximo de duzentos e trinta Deputados, nos termos da lei eleitoral.

ARTIGO 149º
Círculos eleitorais

1 – Os Deputados são eleitos por círculos eleitorais geograficamente definidos na lei, a qual pode determinar a existência de círculos plurinominais e uninominais, bem

como a respectiva natureza e complementaridade, por forma a assegurar o sistema de representação proporcional e o método da média mais alta de Hondt na conversão dos votos em número de mandatos.

2 - O número de Deputados por cada círculo plurinominal do território nacional, exceptuando o círculo nacional, quando exista, é proporcional ao número de cidadãos eleitores nele inscritos.

ARTIGO 150º
Condições de elegibilidade

São elegíveis os cidadãos portugueses eleitores, salvas as restrições que a lei eleitoral estabelecer por virtude de incompatibilidades locais ou de exercício de certos cargos.

ARTIGO 151º
Candidaturas

1 - As candidaturas são apresentadas, nos termos da lei, pelos partidos políticos, isoladamente ou em coligação, podendo as listas integrar cidadãos não inscritos nos respectivos partidos.

2 - Ninguém pode ser candidato por mais de um círculo eleitoral da mesma natureza, exceptuando o círculo nacional quando exista, ou figurar em mais de uma lista.

ARTIGO 152º
Representação política

1 - A lei não pode estabelecer limites à conversão dos votos em mandatos por exigência de uma percentagem de votos nacional mínima.

2 - Os Deputados representam todo o país e não os círculos por que são eleitos.

ARTIGO 153º
Início e termo do mandato

1 - O mandato dos Deputados inicia-se com a primeira reunião da Assembleia da República após eleições e cessa com a primeira reunião após as eleições subsequentes, sem prejuízo da suspensão ou da cessação individual do mandato.

2 - O preenchimento das vagas que ocorrerem na Assembleia, bem como a substituição temporária de Deputados por motivo relevante, são regulados pela lei eleitoral.

ARTIGO 154º
Incompatibilidades e impedimentos

1 - Os Deputados que forem nomeados membros do Governo não podem exercer o mandato até à cessação destas funções, sendo substituídos nos termos do artigo anterior.

2 – A lei determina as demais incompatibilidades.

3 – A lei regula os casos e as condições em que os Deputados carecem de autorização da Assembleia da República para serem jurados, árbitros, peritos ou testemunhas.

ARTIGO 155º
Exercício da função de Deputado

1 – Os Deputados exercem livremente o seu mandato, sendo-lhes garantidas condições adequadas ao eficaz exercício das suas funções, designadamente ao indispensável contacto com os cidadãos eleitores e à sua informação regular.

2 – A lei regula as condições em que a falta dos Deputados, por causa de reuniões ou missões da Assembleia, a actos ou diligências oficiais a ela estranhos constitui motivo justificado de adiamento destes.

3 – As entidades públicas têm, nos termos da lei, o dever de cooperar com os Deputados no exercício das suas funções.

ARTIGO 156º
Poderes dos Deputados

Constituem poderes dos Deputados:

a) Apresentar projectos de revisão constitucional;

b) Apresentar projectos de lei, de Regimento ou de resolução, designadamente de referendo, e propostas de deliberação e requerer o respectivo agendamento;

c) Participar e intervir nos debates parlamentares, nos termos do Regimento;

d) Fazer perguntas ao Governo sobre quaisquer actos deste ou da Administração Pública e obter resposta em prazo razoável, salvo o disposto na lei em matéria de segredo de Estado;

e) Requerer e obter do Governo ou dos órgãos de qualquer entidade pública os elementos, informações e publicações oficiais que considerem úteis para o exercício do seu mandato;

f) Requerer a constituição de comissões parlamentares de inquérito;

g) Os consignados no Regimento.

ARTIGO 157º
Imunidades

1 – Os Deputados não respondem civil, criminal ou disciplinarmente pelos votos e opiniões que emitirem no exercício das suas funções.

2 – Os Deputados não podem ser ouvidos como declarantes nem como arguidos sem autorização da Assembleia, sendo obrigatória a decisão de autorização, no segundo caso, quando houver fortes indícios de prática de crime doloso a que corresponda pena de prisão cujo limite máximo seja superior a três anos.

3 - Nenhum Deputado pode ser detido ou preso sem autorização da Assembleia, salvo por crime doloso a que corresponda a pena de prisão referida no número anterior e em flagrante delito.

4 - Movido procedimento criminal contra algum Deputado, e acusado este definitivamente, a Assembleia decidirá se o Deputado deve ou não ser suspenso para efeito de seguimento do processo, sendo obrigatória a decisão de suspensão quando se trate de crime do tipo referido nos números anteriores.

ARTIGO 158º
Direitos e regalias

Os Deputados gozam dos seguintes direitos e regalias:

a) Adiamento do serviço militar, do serviço cívico ou da mobilização civil;

b) Livre trânsito e direito a passaporte especial nas suas deslocações oficiais ao estrangeiro;

c) Cartão especial de identificação;

d) Subsídios que a lei prescrever.

ARTIGO 159º
Deveres

Constituem deveres dos Deputados:

a) Comparecer às reuniões do Plenário e às das comissões a que pertençam;

b) Desempenhar os cargos na Assembleia e as funções para que sejam designados, sob proposta dos respectivos grupos parlamentares;

c) Participar nas votações.

ARTIGO 160º
Perda e renúncia do mandato

1 - Perdem o mandato os Deputados que:

a) Venham a ser feridos por alguma das incapacidades ou incompatibilidades previstas na lei;

b) Não tomem assento na Assembleia ou excedam o número de faltas estabelecido no Regimento;

c) Se inscrevam em partido diverso daquele pelo qual foram apresentados a sufrágio;

d) Sejam judicialmente condenados por crime de responsabilidade no exercício da sua função em tal pena ou por participação em organizações racistas ou que perfilhem a ideologia fascista.

2 - Os Deputados podem renunciar ao mandato, mediante declaração escrita.

CAPÍTULO II
Competência

ARTIGO 161º
Competência política e legislativa

Compete à Assembleia da República:

a) Aprovar alterações à Constituição, nos termos dos artigos 284º a 289º;

b) Aprovar os estatutos político-administrativos e as leis relativas à eleição dos deputados às Assembleias Legislativas das regiões autónomas;

c) Fazer leis sobre todas as matérias, salvo as reservadas pela Constituição ao Governo;

d) Conferir ao Governo autorizações legislativas;

e) Conferir às Assembleias Legislativas das regiões autónomas as autorizações previstas na alínea *b*) do nº 1 do artigo 227º da Constituição;

f) Conceder amnistias e perdões genéricos;

g) Aprovar as leis das grandes opções dos planos nacionais e o Orçamento do Estado, sob proposta do Governo;

h) Autorizar o Governo a contrair e a conceder empréstimos e a realizar outras operações de crédito que não sejam de dívida flutuante, definindo as respectivas condições gerais, e estabelecer o limite máximo dos avales a conceder em cada ano pelo Governo;

i) Aprovar os tratados, designadamente os tratados de participação de Portugal em organizações internacionais, os tratados de amizade, de paz, de defesa, de rectificação de fronteiras e os respeitantes a assuntos militares, bem como os acordos internacionais que versem matérias da sua competência reservada ou que o Governo entenda submeter à sua apreciação;

j) Propor ao Presidente da República a sujeição a referendo de questões de relevante interesse nacional;

l) Autorizar e confirmar a declaração do estado de sítio e do estado de emergência;

m) Autorizar o Presidente da República a declarar a guerra e a fazer paz;

n) Pronunciar-se, nos termos da lei, sobre as matérias pendentes de decisão em órgãos no âmbito da União Europeia que incidam na esfera da sua competência legislativa reservada;

o) Desempenhar as demais funções que lhe sejam atribuídas pela Constituição e pela lei.

ARTIGO 162º
Competência de fiscalização

Compete à Assembleia da República, no exercício de funções de fiscalização:

a) Vigiar pelo cumprimento da Constituição e das leis e apreciar os actos do Governo e da Administração;

b) Apreciar a aplicação da declaração do estado de sítio ou do estado de emergência;

c) Apreciar, para efeito de cessação de vigência ou de alteração, os decretos-leis, salvo os feitos no exercício da competência legislativa exclusiva do Governo, e os decretos legislativos regionais previstos na alínea *b*) do nº 1 do artigo 227º;

d) Tomar as contas do Estado e das demais entidades públicas que a lei determinar, as quais serão apresentadas até 31 de Dezembro do ano subsequente, com o parecer do Tribunal de Contas e os demais elementos necessários à sua apreciação;

e) Apreciar os relatórios de execução dos planos nacionais.

ARTIGO 163º
Competência quanto a outros órgãos

Compete à Assembleia da República, relativamente a outros órgãos:

a) Testemunhar a tomada de posse do Presidente da República;

b) Dar assentimento à ausência do Presidente da República do território nacional;

c) Promover o processo de acusação contra o Presidente da República por crimes praticados no exercício das suas funções e decidir sobre a suspensão de membros do Governo, no caso previsto no artigo 196º;

d) Apreciar o programa do Governo;

e) Votar moções de confiança e de censura ao Governo;

f) Acompanhar e apreciar, nos termos da lei, a participação de Portugal no processo de construção da União Europeia;

g) Eleger, segundo o sistema de representação proporcional, cinco membros do Conselho de Estado e os membros do Conselho Superior do Ministério Público que lhe competir designar;

h) Eleger, por maioria de dois terços dos Deputados presentes, desde que superior à maioria absoluta dos Deputados em efectividade de funções, dez juízes do Tribunal Constitucional, o Provedor de Justiça, o Presidente do Conselho Económico e Social, sete vogais do Conselho Superior da Magistratura, os membros da entidade de regulação da comunicação social, e de outros órgãos constitucionais cuja designação, nos termos da lei, seja cometida à Assembleia da República;

i) Acompanhar, nos termos da lei, o envolvimento de contingentes militares e de forças de segurança no estrangeiro.

ARTIGO 164º
Reserva absoluta de competência legislativa

É da exclusiva competência da Assembleia da República legislar sobre as seguintes matérias:

a) Eleições dos titulares dos órgãos de soberania;

b) Regimes dos referendos;

c) Organização, funcionamento e processo do Tribunal Constitucional;

d) Organização da defesa nacional, definição dos deveres dela decorrentes e bases gerais da organização, do funcionamento, do reequipamento e da disciplina das Forças Armadas;

e) Regimes do estado de sítio e do estado de emergência;

f) Aquisição, perda e reaquisição da cidadania portuguesa;

g) Definição dos limites das águas territoriais, da zona económica exclusiva e dos direitos de Portugal aos fundos marinhos contíguos;

h) Associações e partidos políticos;

i) Bases do sistema de ensino;

j) Eleições dos deputados às Assembleias Legislativas das regiões autónomas;

l) Eleições dos titulares dos órgãos do poder local ou outras realizadas por sufrágio directo e universal, bem como dos restantes órgãos constitucionais;

m) Estatuto dos titulares dos órgãos de soberania e do poder local, bem como dos restantes órgãos constitucionais ou eleitos por sufrágio directo e universal;

n) Criação, extinção e modificação de autarquias locais e respectivo regime, sem prejuízo dos poderes das regiões autónomas;

o) Restrições ao exercício de direitos por militares e agentes militarizados dos quadros permanentes em serviço efectivo, bem como por agentes dos serviços e forças de segurança;

p) Regime de designação dos membros de órgãos da União Europeia, com excepção da Comissão;

q) Regime do sistema de informações da República e do segredo de Estado;

r) Regime geral de elaboração e organização dos orçamentos do Estado, das regiões autónomas e das autarquias locais;

s) Regime dos símbolos nacionais;

t) Regime de finanças das regiões autónomas;

u) Regime das forças de segurança;

v) Regime da autonomia organizativa, administrativa e financeira dos serviços de apoio do Presidente da República.

ARTIGO 165º
Reserva relativa de competência legislativa

1 – É da exclusiva competência da Assembleia da República legislar sobre as seguintes matérias, salvo autorização ao Governo:

a) Estado e capacidade das pessoas;

b) Direitos, liberdades e garantias;

c) Definição dos crimes, penas, medidas de segurança e respectivos pressupostos, bem como processo criminal;

d) Regime geral de punição das infracções disciplinares, bem como dos actos ilícitos de mera ordenação social e do respectivo processo;

e) Regime geral da requisição e da expropriação por utilidade pública;

f) Bases do sistema de segurança social e do serviço nacional de saúde;

g) Bases do sistema de protecção da natureza, do equilíbrio ecológico e do património cultural;

h) Regime geral do arrendamento rural e urbano;

i) Criação de impostos e sistema fiscal e regime geral das taxas e demais contribuições financeiras a favor das entidades públicas;

j) Definição dos sectores de propriedade dos meios de produção, incluindo a dos sectores básicos nos quais seja vedada a actividade às empresas privadas e a outras entidades da mesma natureza;

l) Meios e formas de intervenção, expropriação, nacionalização e privatização dos meios de produção e solos por motivo de interesse público, bem como critérios de fixação, naqueles casos, de indemnizações;

m) Regime dos planos de desenvolvimento económico e social e composição do Conselho Económico e Social;

n) Bases da política agrícola, incluindo a fixação dos limites máximos e mínimos das unidades de exploração agrícola;

o) Sistema monetário e padrão de pesos e medidas;

p) Organização e competência dos tribunais e do Ministério Público e estatuto dos respectivos magistrados, bem como das entidades não jurisdicionais de composição de conflitos;

q) Estatuto das autarquias locais, incluindo o regime das finanças locais;

r) Participação das organizações de moradores no exercício do poder local;

s) Associações públicas, garantias dos administrados e responsabilidade civil da Administração;

t) Bases do regime e âmbito da função pública;

u) Bases gerais do estatuto das empresas públicas e das fundações públicas;

v) Definição e regime dos bens do domínio público;

x) Regime dos meios de produção integrados no sector cooperativo e social de propriedade;

z) Bases do ordenamento do território e do urbanismo;

aa) Regime e forma de criação das polícias municipais.

2 – As leis de autorização legislativa devem definir o objecto, o sentido, a extensão e a duração da autorização, a qual pode ser prorrogada.

3 – As autorizações legislativas não podem ser utilizadas mais de uma vez, sem prejuízo da sua execução parcelada.

4 – As autorizações caducam com a demissão do Governo a que tiverem sido concedidas, com o termo da legislatura ou com a dissolução da Assembleia da República.

5 – As autorizações concedidas ao Governo na lei do Orçamento observam o disposto no presente artigo e, quando incidam sobre matéria fiscal, só caducam no termo do ano económico a que respeitam.

ARTIGO 166º
Forma dos actos

1 – Revestem a forma de lei constitucional os actos previstos na alínea *a*) do artigo 161º

2 – Revestem a forma de lei orgânica os actos previstos nas alíneas *a*) a *f*), *h*), *j*), primeira parte da alínea *l*), *q*) e *t*) do artigo 164º e no artigo 255º

3 – Revestem a forma de lei os actos previstos nas alíneas *b*) a *h*) do artigo 161º

4 – Revestem a forma de moção os actos previstos nas alíneas *d*) e *e*) do artigo 163º

5 – Revestem a forma de resolução os demais actos da Assembleia da República, bem como os actos da Comissão Permanente previstos nas alíneas *e*) e *f*) do nº 3 do artigo 179º

6 – As resoluções são publicadas independentemente de promulgação.

ARTIGO 167º
Iniciativa da lei e do referendo

1 – A iniciativa da lei e do referendo compete aos Deputados, aos grupos parlamentares e ao Governo, e ainda, nos termos e condições estabelecidos na lei, a grupos de cidadãos eleitores, competindo a iniciativa da lei, no respeitante às regiões autónomas, às respectivas Assembleias Legislativas.

2 – Os Deputados, os grupos parlamentares, as Assembleias Legislativas das regiões autónomas e os grupos de cidadãos eleitores não podem apresentar projectos de lei, propostas de lei ou propostas de alteração que envolvam, no ano económico em curso, aumento das despesas ou diminuição das receitas do Estado previstas no Orçamento.

3 – Os Deputados, os grupos parlamentares e os grupos de cidadãos eleitores não podem apresentar projectos de referendo que envolvam, no ano económico em curso, aumento das despesas ou diminuição das receitas do Estado previstas no Orçamento.

4 – Os projectos e as propostas de lei e de referendo definitivamente rejeitados não podem ser renovados na mesma sessão legislativa, salvo nova eleição da Assembleia da República.

5 – Os projectos de lei, as propostas de lei do Governo e os projectos e propostas de referendo não votados na sessão legislativa em que tiverem sido apresentados não carecem de ser renovados na sessão legislativa seguinte, salvo termo da legislatura.

6 – As propostas de lei e de referendo caducam com a demissão do Governo.

7 – As propostas de lei da iniciativa das Assembleias Legislativas das regiões autónomas caducam com o termo da respectiva legislatura, caducando apenas com o termo da legislatura da Assembleia da República as que já tenham sido objecto de aprovação na generalidade.

8 – As comissões parlamentares podem apresentar textos de substituição, sem prejuízo dos projectos e das propostas de lei e de referendo a que se referem, quando não retirados.

ARTIGO 168º
Discussão e votação

1 - A discussão dos projectos e propostas de lei compreende um debate na generalidade e outro na especialidade.

2 - A votação compreende uma votação na generalidade, uma votação na especialidade e uma votação final global.

3 - Se a Assembleia assim o deliberar, os textos aprovados na generalidade serão votados na especialidade pelas comissões, sem prejuízo do poder de avocação pela Assembleia e do voto final desta para aprovação global.

4 - São obrigatoriamente votadas na especialidade pelo Plenário as leis sobre as matérias previstas nas alíneas *a*) a *f*), *h*), *n*) e *o*) do artigo 164º, bem como na alínea *q*) do nº 1 do artigo 165º

5 - As leis orgânicas carecem de aprovação, na votação final global, por maioria absoluta dos Deputados em efectividade de funções, devendo as disposições relativas à delimitação territorial das regiões, previstas no artigo 255º, ser aprovadas, na especialidade, em Plenário, por idêntica maioria.

6 - Carecem de aprovação por maioria de dois terços dos Deputados presentes, desde que superior à maioria absoluta dos Deputados em efectividade de funções:

a) A lei respeitante à entidade de regulação da comunicação social;

b) As normas que disciplinam o disposto no nº 2 do artigo 118º;

c) A lei que regula o exercício do direito previsto no nº 2 do artigo 121º;

d) As disposições das leis que regulam as matérias referidas nos artigos 148º e 149º e as relativas ao sistema e método de eleição dos órgãos previstos no nº 3 do artigo 239º;

e) As disposições que regulam a matéria da alínea *o*) do artigo 164º;

f) As disposições dos estatutos político-administrativos das regiões autónomas que enunciem as matérias que integram o respectivo poder legislativo.

ARTIGO 169º
Apreciação parlamentar de actos legislativos

1 - Os decretos-leis, salvo os aprovados no exercício da competência legislativa exclusiva do Governo, podem ser submetidos a apreciação da Assembleia da República, para efeitos de cessação de vigência ou de alteração, a requerimento de dez Deputados, nos trinta dias subsequentes à publicação, descontados os períodos de suspensão do funcionamento da Assembleia da República.

2 - Requerida a apreciação de um decreto-lei elaborado no uso de autorização legislativa, e no caso de serem apresentadas propostas de alteração, a Assembleia poderá suspender, no todo ou em parte, a vigência do decreto-lei até à publicação da lei que o vier a alterar ou até à rejeição de todas aquelas propostas.

3 - A suspensão caduca decorridas dez reuniões plenárias sem que a Assembleia se tenha pronunciado a final.

4 - Se for aprovada a cessação da sua vigência, o diploma deixará de vigorar desde o dia em que a resolução for publicada no *Diário da República* e não poderá voltar a ser publicado no decurso da mesma sessão legislativa.

5 – Se, requerida a apreciação, a Assembleia não se tiver sobre ela pronunciado ou, havendo deliberado introduzir emendas, não tiver votado a respectiva lei até ao termo da sessão legislativa em curso, desde que decorridas quinze reuniões plenárias, considerar-se-á caduco o processo.

6 – Os processos de apreciação parlamentar de decretos-leis gozam de prioridade, nos termos do Regimento.

ARTIGO 170º
Processo de urgência

1 – A Assembleia da República pode, por iniciativa de qualquer Deputado ou grupo parlamentar, ou do Governo, declarar a urgência do processamento de qualquer projecto ou proposta de lei ou de resolução.

2 – A Assembleia pode ainda, por iniciativa das Assembleias Legislativas das regiões autónomas, declarar a urgência do processamento de qualquer proposta de lei por estas apresentada.

CAPÍTULO III
Organização e funcionamento

ARTIGO 171º
Legislatura

1 – A legislatura tem a duração de quatro sessões legislativas.

2 – No caso de dissolução, a Assembleia então eleita inicia nova legislatura cuja duração será inicialmente acrescida do tempo necessário para se completar o período correspondente à sessão legislativa em curso à data da eleição.

ARTIGO 172º
Dissolução

1 – A Assembleia da República não pode ser dissolvida nos seis meses posteriores à sua eleição, no último semestre do mandato do Presidente da República ou durante a vigência do estado de sítio ou do estado de emergência.

2 – A inobservância do disposto no número anterior determina a inexistência jurídica do decreto de dissolução.

3 – A dissolução da Assembleia não prejudica a subsistência do mandato dos Deputados, nem da competência da Comissão Permanente, até à primeira reunião da Assembleia após as subsequentes eleições.

ARTIGO 173º
Reunião após eleições

1 – A Assembleia da República reúne por direito próprio no terceiro dia posterior ao apuramento dos resultados gerais das eleições ou, tratando-se de eleições por

termo de legislatura, se aquele dia recair antes do termo desta, no primeiro dia da legislatura subsequente.

2 - Recaindo aquela data fora do período de funcionamento efectivo da Assembleia, esta reunir-se-á para efeito do disposto no artigo 175º

ARTIGO 174º
Sessão legislativa, período de funcionamento e convocação

1 - A sessão legislativa tem a duração de um ano e inicia-se a 15 de Setembro.

2 - O período normal de funcionamento da Assembleia da República decorre de 15 de Setembro a 15 de Junho, sem prejuízo das suspensões que a Assembleia deliberar por maioria de dois terços dos Deputados presentes.

3 - Fora do período indicado no número anterior, a Assembleia da República pode funcionar por deliberação do Plenário, prorrogando o período normal de funcionamento, por iniciativa da Comissão Permanente ou, na impossibilidade desta e em caso de grave emergência, por iniciativa de mais de metade dos Deputados.

4 - A Assembleia pode ainda ser convocada extraordinariamente pelo Presidente da República para se ocupar de assuntos específicos.

5 - As comissões podem funcionar independentemente do funcionamento do Plenário da Assembleia, mediante deliberação desta, nos termos do nº 2.

ARTIGO 175º
Competência interna da Assembleia

Compete à Assembleia da República:

a) Elaborar e aprovar o seu Regimento, nos termos da Constituição;

b) Eleger por maioria absoluta dos Deputados em efectividade de funções o seu Presidente e os demais membros da Mesa, sendo os quatro Vice-Presidentes eleitos sob proposta dos quatro maiores grupos parlamentares;

c) Constituir a Comissão Permanente e as restantes comissões.

ARTIGO 176º
Ordem do dia das reuniões plenárias

1 - A ordem do dia é fixada pelo Presidente da Assembleia da República, segundo a prioridade das matérias definidas no Regimento, e sem prejuízo do direito de recurso para o Plenário da Assembleia e da competência do Presidente da República prevista no nº 4 do artigo 174º

2 - O Governo e os grupos parlamentares podem solicitar prioridade para assuntos de interesse nacional de resolução urgente.

3 - Todos os grupos parlamentares têm direito à determinação da ordem do dia de um certo número de reuniões, segundo critério a estabelecer no Regimento, ressalvando-se sempre a posição dos partidos minoritários ou não representados no Governo.

4 – As Assembleias Legislativas das regiões autónomas podem solicitar prioridade para assuntos de interesse regional de resolução urgente.

ARTIGO 177º
Participação dos membros do Governo

1 – Os Ministros têm o direito de comparecer às reuniões plenárias da Assembleia da República, podendo ser coadjuvados ou substituídos pelos Secretários de Estado, e uns e outros usar da palavra, nos termos do Regimento.

2 – Serão marcadas reuniões em que os membros do Governo estarão presentes para responder a perguntas e pedidos de esclarecimento dos Deputados, as quais se realizarão com a periodicidade mínima fixada no Regimento e em datas a estabelecer por acordo com o Governo.

3 – Os membros do Governo podem solicitar a sua participação nos trabalhos das comissões e devem comparecer perante as mesmas quando tal seja requerido.

ARTIGO 178º
Comissões

1 – A Assembleia da República tem as comissões previstas no Regimento e pode constituir comissões eventuais de inquérito ou para qualquer outro fim determinado.

2 – A composição das comissões corresponde à representatividade dos partidos na Assembleia da República.

3 – As petições dirigidas à Assembleia são apreciadas pelas comissões ou por comissão especialmente constituída para o efeito, que poderá ouvir as demais comissões competentes em razão da matéria, em todos os casos podendo ser solicitado o depoimento de quaisquer cidadãos.

4 – Sem prejuízo da sua constituição nos termos gerais, as comissões parlamentares de inquérito são obrigatoriamente constituídas sempre que tal seja requerido por um quinto dos Deputados em efectividade de funções, até ao limite de uma por Deputado e por sessão legislativa.

5 – As comissões parlamentares de inquérito gozam de poderes de investigação próprios das autoridades judiciais.

6 – As presidências das comissões são no conjunto repartidas pelos grupos parlamentares em proporção com o número dos seus Deputados.

7 – Nas reuniões das comissões em que se discutam propostas legislativas regionais, podem participar representantes da Assembleia Legislativa da região autónoma proponente, nos termos do Regimento.

ARTIGO 179º
Comissão Permanente

1 – Fora do período de funcionamento efectivo da Assembleia da República, durante o período em que ela se encontrar dissolvida, e nos restantes casos previstos na Constituição, funciona a Comissão Permanente da Assembleia da República.

2 - A Comissão Permanente é presidida pelo Presidente da Assembleia da República e composta pelos Vice-Presidentes e por Deputados indicados por todos os partidos, de acordo com a respectiva representatividade na Assembleia.

3 - Compete à Comissão Permanente:

a) Vigiar pelo cumprimento da Constituição e das leis e acompanhar a actividade do Governo e da Administração;

b) Exercer os poderes da Assembleia relativamente ao mandato dos Deputados;

c) Promover a convocação da Assembleia sempre que tal seja necessário;

d) Preparar a abertura da sessão legislativa;

e) Dar assentimento à ausência do Presidente da República do território nacional;

f) Autorizar o Presidente da República a declarar o estado de sítio ou o estado de emergência, a declarar guerra e a fazer a paz.

4 - No caso da alínea *f*) do número anterior, a Comissão Permanente promoverá a convocação da Assembleia no prazo mais curto possível.

ARTIGO 180º
Grupos parlamentares

1 - Os Deputados eleitos por cada partido ou coligação de partidos podem constituir-se em grupo parlamentar.

2 - Constituem direitos de cada grupo parlamentar:

a) Participar nas comissões da Assembleia em função do número dos seus membros, indicando os seus representantes nelas;

b) Ser ouvido na fixação da ordem do dia e interpor recurso para o Plenário da ordem do dia fixada;

c) Provocar, com a presença do Governo, o debate de questões de interesse público actual e urgente;

d) Provocar, por meio de interpelação ao Governo, a abertura de dois debates em cada sessão legislativa sobre assunto de política geral ou sectorial;

e) Solicitar à Comissão Permanente que promova a convocação da Assembleia;

f) Requerer a constituição de comissões parlamentares de inquérito;

g) Exercer iniciativa legislativa;

h) Apresentar moções de rejeição do programa do Governo;

i) Apresentar moções de censura ao Governo;

j) Ser informado, regular e directamente, pelo Governo, sobre o andamento dos principais assuntos de interesse público.

3 - Cada grupo parlamentar tem direito a dispor de locais de trabalho na sede da Assembleia, bem como de pessoal técnico e administrativo da sua confiança, nos termos que a lei determinar.

4 - Aos Deputados não integrados em grupos parlamentares são assegurados direitos e garantias mínimos, nos termos do Regimento.

ARTIGO 181º
Funcionários e especialistas ao serviço da Assembleia

Os trabalhos da Assembleia e os das comissões serão coadjuvados por um corpo permanente de funcionários técnicos e administrativos e por especialistas requisitados ou temporariamente contratados, no número que o Presidente considerar necessário.

TÍTULO IV
Governo

CAPÍTULO I
Função e estrutura

ARTIGO 182º
Definição

O Governo é o órgão de condução da política geral do país e o órgão superior da Administração Pública.

ARTIGO 183º
Composição

1 – O Governo é constituído pelo Primeiro-Ministro, pelos Ministros e pelos Secretários e Subsecretários de Estado.

2 – O Governo pode incluir um ou mais Vice-Primeiros-Ministros.

3 – O número, a designação e as atribuições dos ministérios e secretarias de Estado, bem como as formas de coordenação entre eles, serão determinados, consoante os casos, pelos decretos de nomeação dos respectivos titulares ou por decreto-lei.

ARTIGO 184º
Conselho de Ministros

1 – O Conselho de Ministros é constituído pelo Primeiro-Ministro, pelos Vice-Primeiros-Ministros, se os houver, e pelos Ministros.

2 – A lei pode criar Conselhos de Ministros especializados em razão da matéria.

3 – Podem ser convocados para participar nas reuniões do Conselho de Ministros os Secretários e Subsecretários de Estado.

ARTIGO 185º
Substituição de membros do Governo

1 – Não havendo Vice-Primeiro-Ministro, o Primeiro-Ministro é substituído na sua ausência ou no seu impedimento pelo Ministro que indicar ao Presidente da

República ou, na falta de tal indicação, pelo Ministro que for designado pelo Presidente da República.

2 - Cada Ministro será substituído na sua ausência ou impedimento pelo Secretário de Estado que indicar ao Primeiro-Ministro ou, na falta de tal indicação, pelo membro do Governo que o Primeiro-Ministro designar.

ARTIGO 186º
Início e cessação de funções

1 - As funções do Primeiro-Ministro iniciam-se com a sua posse e cessam com a sua exoneração pelo Presidente da República.

2 - As funções dos restantes membros do Governo iniciam-se com a sua posse e cessam com a sua exoneração ou com a exoneração do Primeiro-Ministro.

3 - As funções dos Secretários e Subsecretários de Estado cessam ainda com a exoneração do respectivo Ministro.

4 - Em caso de demissão do Governo, o Primeiro-Ministro do Governo cessante é exonerado na data da nomeação e posse do novo Primeiro-Ministro.

5 - Antes da apreciação do seu programa pela Assembleia da República, ou após a sua demissão, o Governo limitar-se-á à prática dos actos estritamente necessários para assegurar a gestão dos negócios públicos.

CAPÍTULO II
Formação e responsabilidade

ARTIGO 187º
Formação

1 - O Primeiro-Ministro é nomeado pelo Presidente da República, ouvidos os partidos representados na Assembleia da República e tendo em conta os resultados eleitorais.

2 - Os restantes membros do Governo são nomeados pelo Presidente da República, sob proposta do Primeiro-Ministro.

ARTIGO 188º
Programa do Governo

Do programa do Governo constarão as principais orientações políticas e medidas a adoptar ou a propor nos diversos domínios da actividade governamental.

ARTIGO 189º
Solidariedade governamental

Os membros do Governo estão vinculados ao programa do Governo e às deliberações tomadas em Conselho de Ministros.

ARTIGO 190º
Responsabilidade do Governo

O Governo é responsável perante o Presidente da República e a Assembleia da República.

ARTIGO 191º
Responsabilidade dos membros do Governo

1 – O Primeiro-Ministro é responsável perante o Presidente da República e, no âmbito da responsabilidade política do Governo, perante a Assembleia da República.

2 – Os Vice-Primeiros-Ministros e os Ministros são responsáveis perante o Primeiro-Ministro e, no âmbito da responsabilidade política do Governo, perante a Assembleia da República.

3 – Os Secretários e Subsecretários de Estado são responsáveis perante o Primeiro-Ministro e o respectivo Ministro.

ARTIGO 192º
Apreciação do programa do Governo

1 – O programa do Governo é submetido à apreciação da Assembleia da República, através de uma declaração do Primeiro-Ministro, no prazo máximo de dez dias após a sua nomeação.

2 – Se a Assembleia da República não se encontrar em funcionamento efectivo, será obrigatoriamente convocada para o efeito pelo seu Presidente.

3 – O debate não pode exceder três dias e até ao seu encerramento pode qualquer grupo parlamentar propor a rejeição do programa ou o Governo solicitar a aprovação de um voto de confiança.

4 – A rejeição do programa do Governo exige maioria absoluta dos Deputados em efectividade de funções.

ARTIGO 193º
Solicitação de voto de confiança

O Governo pode solicitar à Assembleia da República a aprovação de um voto de confiança sobre uma declaração de política geral ou sobre qualquer assunto relevante de interesse nacional.

ARTIGO 194º
Moções de censura

1 – A Assembleia da República pode votar moções de censura ao Governo sobre a execução do seu programa ou assunto relevante de interesse nacional, por iniciativa de um quarto dos Deputados em efectividade de funções ou de qualquer grupo parlamentar.

2 – As moções de censura só podem ser apreciadas quarenta e oito horas após a sua apresentação, em debate de duração não superior a três dias.

3 – Se a moção de censura não for aprovada, os seus signatários não podem apresentar outra durante a mesma sessão legislativa.

ARTIGO 195º
Demissão do Governo

1 – Implicam a demissão do Governo:

a) O início de nova legislatura;
b) A aceitação pelo Presidente da República do pedido de demissão apresentado pelo Primeiro-Ministro;
c) A morte ou a impossibilidade física duradoura do Primeiro-Ministro;
d) A rejeição do programa do Governo;
e) A não aprovação de uma moção de confiança;
f) A aprovação de uma moção de censura por maioria absoluta dos Deputados em efectividade de funções.

2 – O Presidente da República só pode demitir o Governo quando tal se torne necessário para assegurar o regular funcionamento das instituições democráticas, ouvido o Conselho de Estado.

ARTIGO 196º
Efectivação da responsabilidade criminal dos membros do Governo

1 – Nenhum membro do Governo pode ser detido ou preso sem autorização da Assembleia da República, salvo por crime doloso a que corresponda pena de prisão cujo limite máximo seja superior a três anos e em flagrante delito.

2 – Movido procedimento criminal contra algum membro do Governo, e acusado este definitivamente, a Assembleia da República decidirá se o membro do Governo deve ou não ser suspenso para efeito de seguimento do processo, sendo obrigatória a decisão de suspensão quando se trate de crime do tipo referido no número anterior.

CAPÍTULO III
Competência

ARTIGO 197º
Competência política

1 – Compete ao Governo, no exercício de funções políticas:

a) Referendar os actos do Presidente da República, nos termos do artigo 140º;
b) Negociar e ajustar convenções internacionais;

c) Aprovar os acordos internacionais cuja aprovação não seja da competência da Assembleia da República ou que a esta não tenham sido submetidos;

d) Apresentar propostas de lei e de resolução à Assembleia da República;

e) Propor ao Presidente da República a sujeição a referendo de questões de relevante interesse nacional, nos termos do artigo 115º;

f) Pronunciar-se sobre a declaração do estado de sítio ou do estado de emergência;

g) Propor ao Presidente da República a declaração da guerra ou a feitura da paz;

h) Apresentar à Assembleia da República, nos termos da alínea *d*) do artigo 162º, as contas do Estado e das demais entidades públicas que a lei determinar;

i) Apresentar, em tempo útil, à Assembleia da República, para efeitos do disposto na alínea *n*) do artigo 161º e na alínea *f*) do artigo 163º, informação referente ao processo de construção da União Europeia;

j) Praticar os demais actos que lhe sejam cometidos pela Constituição ou pela lei.

2 – A aprovação pelo Governo de acordos internacionais reveste a forma de decreto.

ARTIGO 198º
Competência legislativa

1 – Compete ao Governo, no exercício de funções legislativas:

a) Fazer decretos-leis em matérias não reservadas à Assembleia da República;

b) Fazer decretos-leis em matérias de reserva relativa da Assembleia da República, mediante autorização desta;

c) Fazer decretos-leis de desenvolvimento dos princípios ou das bases gerais dos regimes jurídicos contidos em leis que a eles se circunscrevam.

2 – É da exclusiva competência legislativa do Governo a matéria respeitante à sua própria organização e funcionamento.

3 – Os decretos-leis previstos nas alíneas *b*) e *c*) do nº 1 devem invocar expressamente a lei de autorização legislativa ou a lei de bases ao abrigo da qual são aprovados.

ARTIGO 199º
Competência administrativa

Compete ao Governo, no exercício de funções administrativas:

a) Elaborar os planos, com base nas leis das respectivas grandes opções, e fazê-los executar;

b) Fazer executar o Orçamento do Estado;

c) Fazer os regulamentos necessários à boa execução das leis;

d) Dirigir os serviços e a actividade da administração directa do Estado, civil e militar, superintender na administração indirecta e exercer a tutela sobre esta e sobre a administração autónoma;

e) Praticar todos os actos exigidos pela lei respeitantes aos funcionários e agentes do Estado e de outras pessoas colectivas públicas;

f) Defender a legalidade democrática;

g) Praticar todos os actos e tomar todas as providências necessárias à promoção do desenvolvimento económico-social e à satisfação das necessidades colectivas.

ARTIGO 200º
Competência do Conselho de Ministros

1 – Compete ao Conselho de Ministros:

a) Definir as linhas gerais da política governamental, bem como as da sua execução;

b) Deliberar sobre o pedido de confiança à Assembleia da República;

c) Aprovar as propostas de lei e de resolução;

d) Aprovar os decretos-leis, bem como os acordos internacionais não submetidos à Assembleia da República;

e) Aprovar os planos;

f) Aprovar os actos do Governo que envolvam aumento ou diminuição das receitas ou despesas públicas;

g) Deliberar sobre outros assuntos da competência do Governo que lhe sejam atribuídos por lei ou apresentados pelo Primeiro-Ministro ou por qualquer Ministro.

2 – Os Conselhos de Ministros especializados exercem a competência que lhes for atribuída por lei ou delegada pelo Conselho de Ministros.

ARTIGO 201º
Competência dos membros do Governo

1 – Compete ao Primeiro-Ministro:

a) Dirigir a política geral do Governo, coordenando e orientando a acção de todos os Ministros;

b) Dirigir o funcionamento do Governo e as suas relações de carácter geral com os demais órgãos do Estado;

c) Informar o Presidente da República acerca dos assuntos respeitantes à condução da política interna e externa do país;

d) Exercer as demais funções que lhe sejam atribuídas pela Constituição e pela lei.

2 – Compete aos Ministros:

a) Executar a política definida para os seus Ministérios;

b) Assegurar as relações de carácter geral entre o Governo e os demais órgãos do Estado, no âmbito dos respectivos Ministérios.

3 – Os decretos-leis e os demais decretos do Governo são assinados pelo Primeiro-Ministro e pelos Ministros competentes em razão da matéria.

TÍTULO V
Tribunais

CAPÍTULO I
Princípios gerais

ARTIGO 202º
Função jurisdicional

1 – Os tribunais são os órgãos de soberania com competência para administrar a justiça em nome do povo.

2 – Na administração da justiça incumbe aos tribunais assegurar a defesa dos direitos e interesses legalmente protegidos dos cidadãos, reprimir a violação da legalidade democrática e dirimir os conflitos de interesses públicos e privados.

3 – No exercício das suas funções os tribunais têm direito à coadjuvação das outras autoridades.

4 – A lei poderá institucionalizar instrumentos e formas de composição não jurisdicional de conflitos.

ARTIGO 203º
Independência

Os tribunais são independentes e apenas estão sujeitos à lei.

ARTIGO 204º
Apreciação da inconstitucionalidade

Nos feitos submetidos a julgamento não podem os tribunais aplicar normas que infrinjam o disposto na Constituição ou os princípios nela consignados.

ARTIGO 205º
Decisões dos tribunais

1 – As decisões dos tribunais que não sejam de mero expediente são fundamentadas na forma prevista na lei.

2 – As decisões dos tribunais são obrigatórias para todas as entidades públicas e privadas e prevalecem sobre as de quaisquer outras autoridades.

3 – A lei regula os termos da execução das decisões dos tribunais relativamente a qualquer autoridade e determina as sanções a aplicar aos responsáveis pela sua inexecução.

ARTIGO 206º
Audiências dos tribunais

As audiências dos tribunais são públicas, salvo quando o próprio tribunal decidir o contrário, em despacho fundamentado, para salvaguarda da dignidade das pessoas e da moral pública ou para garantir o seu normal funcionamento.

ARTIGO 207º
Júri, participação popular e assessoria técnica

1 - O júri, nos casos e com a composição que a lei fixar, intervém no julgamento dos crimes graves, salvo os de terrorismo e os de criminalidade altamente organizada, designadamente quando a acusação ou a defesa o requeiram.

2 - A lei poderá estabelecer a intervenção de juízes sociais no julgamento de questões de trabalho, de infracções contra a saúde pública, de pequenos delitos, de execução de penas ou outras em que se justifique uma especial ponderação dos valores sociais ofendidos.

3 - A lei poderá estabelecer ainda a participação de assessores tecnicamente qualificados para o julgamento de determinadas matérias.

ARTIGO 208º
Patrocínio forense

A lei assegura aos advogados as imunidades necessárias ao exercício do mandato e regula o patrocínio forense como elemento essencial à administração da justiça.

CAPÍTULO II
Organização dos tribunais

ARTIGO 209º
Categorias de tribunais

1 - Além do Tribunal Constitucional, existem as seguintes categorias de tribunais:

a) O Supremo Tribunal de Justiça e os tribunais judiciais de primeira e de segunda instância;

b) O Supremo Tribunal Administrativo e os demais tribunais administrativos e fiscais;

c) O Tribunal de Contas.

2 - Podem existir tribunais marítimos, tribunais arbitrais e julgados de paz.

3 - A lei determina os casos e as formas em que os tribunais previstos nos números anteriores se podem constituir, separada ou conjuntamente, em tribunais de conflitos.

4 - Sem prejuízo do disposto quanto aos tribunais militares, é proibida a existência de tribunais com competência exclusiva para o julgamento de certas categorias de crimes.

ARTIGO 210º
Supremo Tribunal de Justiça e instâncias

1 - O Supremo Tribunal de Justiça é o órgão superior da hierarquia dos tribunais judiciais, sem prejuízo da competência própria do Tribunal Constitucional.

2 – O Presidente do Supremo Tribunal de Justiça é eleito pelos respectivos juízes.

3 – Os tribunais de primeira instância são, em regra, os tribunais de comarca, aos quais se equiparam os referidos no nº 2 do artigo seguinte.

4 – Os tribunais de segunda instância são, em regra, os tribunais da Relação.

5 – O Supremo Tribunal de Justiça funcionará como tribunal de instância nos casos que a lei determinar.

ARTIGO 211º
Competência e especialização dos tribunais judiciais

1 – Os tribunais judiciais são os tribunais comuns em matéria cível e criminal e exercem jurisdição em todas as áreas não atribuídas a outras ordens judiciais.

2 – Na primeira instância pode haver tribunais com competência específica e tribunais especializados para o julgamento de matérias determinadas.

3 – Da composição dos tribunais de qualquer instância que julguem crimes de natureza estritamente militar fazem parte um ou mais juízes militares, nos termos da lei.

4 – Os tribunais da Relação e o Supremo Tribunal de Justiça podem funcionar em secções especializadas.

ARTIGO 212º
Tribunais administrativos e fiscais

1 – O Supremo Tribunal Administrativo é o órgão superior da hierarquia dos tribunais administrativos e fiscais, sem prejuízo da competência própria do Tribunal Constitucional.

2 – O Presidente do Supremo Tribunal Administrativo é eleito de entre e pelos respectivos juízes.

3 – Compete aos tribunais administrativos e fiscais o julgamento das acções e recursos contenciosos que tenham por objecto dirimir os litígios emergentes das relações jurídicas administrativas e fiscais.

ARTIGO 213º
Tribunais militares

Durante a vigência do estado de guerra serão constituídos tribunais militares com competência para o julgamento de crimes de natureza estritamente militar.

ARTIGO 214º
Tribunal de Contas

1 – O Tribunal de Contas é o órgão supremo de fiscalização da legalidade das despesas públicas e de julgamento das contas que a lei mandar submeter-lhe, competindo-lhe, nomeadamente:

a) Dar parecer sobre a Conta Geral do Estado, incluindo a da segurança social;

b) Dar parecer sobre as contas das Regiões Autónomas dos Açores e da Madeira;
c) Efectivar a responsabilidade por infracções financeiras, nos termos da lei;
d) Exercer as demais competências que lhe forem atribuídas por lei.

2 – O mandato do Presidente do Tribunal de Contas tem a duração de quatro anos, sem prejuízo do disposto na alínea *m*) do artigo 133º

3 – O Tribunal de Contas pode funcionar descentralizadamente, por secções regionais, nos termos da lei.

4 – Nas Regiões Autónomas dos Açores e da Madeira há secções do Tribunal de Contas com competência plena em razão da matéria na respectiva região, nos termos da lei.

CAPÍTULO III
Estatuto dos juízes

ARTIGO 215º
Magistratura dos tribunais judiciais

1 – Os juízes dos tribunais judiciais formam um corpo único e regem-se por um só estatuto.

2 – A lei determina os requisitos e as regras de recrutamento dos juízes dos tribunais judiciais de primeira instância.

3 – O recrutamento dos juízes dos tribunais judiciais de segunda instância faz-se com prevalência do critério do mérito, por concurso curricular entre juízes da primeira instância.

4 – O acesso ao Supremo Tribunal de Justiça faz-se por concurso curricular aberto aos magistrados judiciais e do Ministério Público e a outros juristas de mérito, nos termos que a lei determinar.

ARTIGO 216º
Garantias e incompatibilidades

1 – Os juízes são inamovíveis, não podendo ser transferidos, suspensos, aposentados ou demitidos senão nos casos previstos na lei.

2 – Os juízes não podem ser responsabilizados pelas suas decisões, salvas as excepções consignadas na lei.

3 – Os juízes em exercício não podem desempenhar qualquer outra função pública ou privada, salvo as funções docentes ou de investigação científica de natureza jurídica, não remuneradas, nos termos da lei.

4 – Os juízes em exercício não podem ser nomeados para comissões de serviço estranhas à actividade dos tribunais sem autorização do conselho superior competente.

5 – A lei pode estabelecer outras incompatibilidades com o exercício da função de juiz.

ARTIGO 217º
Nomeação, colocação, transferência e promoção de juízes

1 – A nomeação, a colocação, a transferência e a promoção dos juízes dos tribunais judiciais e o exercício da acção disciplinar competem ao Conselho Superior da Magistratura, nos termos da lei.

2 – A nomeação, a colocação, a transferência e a promoção dos juízes dos tribunais administrativos e fiscais, bem como o exercício da acção disciplinar, competem ao respectivo conselho superior, nos termos da lei.

3 – A lei define as regras e determina a competência para a colocação, transferência e promoção, bem como para o exercício da acção disciplinar em relação aos juízes dos restantes tribunais, com salvaguarda das garantias previstas na Constituição.

ARTIGO 218º
Conselho Superior da Magistratura

1 – O Conselho Superior da Magistratura é presidido pelo Presidente do Supremo Tribunal de Justiça e composto pelos seguintes vogais:

a) Dois designados pelo Presidente da República;

b) Sete eleitos pela Assembleia da República;

c) Sete juízes eleitos pelos seus pares, de harmonia com o princípio da representação proporcional.

2 – As regras sobre garantias dos juízes são aplicáveis a todos os vogais do Conselho Superior da Magistratura.

3 – A lei poderá prever que do Conselho Superior da Magistratura façam parte funcionários de justiça, eleitos pelos seus pares, com intervenção restrita à discussão e votação das matérias relativas à apreciação do mérito profissional e ao exercício da função disciplinar sobre os funcionários de justiça.

CAPÍTULO IV
Ministério Público

ARTIGO 219º
Funções e estatuto

1 – Ao Ministério Público compete representar o Estado e defender os interesses que a lei determinar, bem como, com observância do disposto no número seguinte e nos termos da lei, participar na execução da política criminal definida pelos órgãos de soberania, exercer a acção penal orientada pelo princípio da legalidade e defender a legalidade democrática.

2 – O Ministério Público goza de estatuto próprio e de autonomia, nos termos da lei.

3 – A lei estabelece formas especiais de assessoria junto do Ministério Público nos casos dos crimes estritamente militares.

4 – Os agentes do Ministério Público são magistrados responsáveis, hierarquicamente subordinados, e não podem ser transferidos, suspensos, aposentados ou demitidos senão nos casos previstos na lei.

5 – A nomeação, colocação, transferência e promoção dos agentes do Ministério Público e o exercício da acção disciplinar competem à Procuradoria-Geral da República.

ARTIGO 220º
Procuradoria-Geral da República

1 – A Procuradoria-Geral da República é o órgão superior do Ministério Público, com a composição e a competência definidas na lei.

2 – A Procuradoria-Geral da República é presidida pelo Procurador-Geral da República e compreende o Conselho Superior do Ministério Público, que inclui membros eleitos pela Assembleia da República e membros de entre si eleitos pelos magistrados do Ministério Público.

3 – O mandato do Procurador-Geral da República tem a duração de seis anos, sem prejuízo do disposto na alínea *m*) do artigo 133º

TÍTULO VI
Tribunal Constitucional

ARTIGO 221º
Definição

O Tribunal Constitucional é o tribunal ao qual compete especificamente administrar a justiça em matérias de natureza jurídico-constitucional.

ARTIGO 222º
Composição e estatuto dos juízes

1 – O Tribunal Constitucional é composto por treze juízes, sendo dez designados pela Assembleia da República e três cooptados por estes.

2 – Seis de entre os juízes designados pela Assembleia da República ou cooptados são obrigatoriamente escolhidos de entre juízes dos restantes tribunais e os demais de entre juristas.

3 – O mandato dos juízes do Tribunal Constitucional tem a duração de nove anos e não é renovável.

4 – O Presidente do Tribunal Constitucional é eleito pelos respectivos juízes.

5 – Os juízes do Tribunal Constitucional gozam das garantias de independência, inamovibilidade, imparcialidade e irresponsabilidade e estão sujeitos às incompatibilidades dos juízes dos restantes tribunais.

6 – A lei estabelece as imunidades e as demais regras relativas ao estatuto dos juízes do Tribunal Constitucional.

ARTIGO 223º
Competência

1 – Compete ao Tribunal Constitucional apreciar a inconstitucionalidade e a ilegalidade, nos termos dos artigos 277º e seguintes.

2 – Compete também ao Tribunal Constitucional:

a) Verificar a morte e declarar a impossibilidade física permanente do Presidente da República, bem como verificar os impedimentos temporários do exercício das suas funções;

b) Verificar a perda do cargo de Presidente da República, nos casos previstos no nº 3 do artigo 129º e no nº 3 do artigo 130º;

c) Julgar em última instância a regularidade e a validade dos actos de processo eleitoral, nos termos da lei;

d) Verificar a morte e declarar a incapacidade para o exercício da função presidencial de qualquer candidato a Presidente da República, para efeitos do disposto no nº 3 do artigo 124º;

e) Verificar a legalidade da constituição de partidos políticos e suas coligações, bem como apreciar a legalidade das suas denominações, siglas e símbolos, e ordenar a respectiva extinção, nos termos da Constituição e da lei;

f) Verificar previamente a constitucionalidade e a legalidade dos referendos nacionais, regionais e locais, incluindo a apreciação dos requisitos relativos ao respectivo universo eleitoral;

g) Julgar, a requerimento dos Deputados, nos termos da lei, os recursos relativos à perda do mandato e às eleições realizadas na Assembleia da República e nas Assembleias Legislativas das regiões autónomas;

h) Julgar as acções de impugnação de eleições e deliberações de órgãos de partidos políticos que, nos termos da lei, sejam recorríveis.

3 – Compete ainda ao Tribunal Constitucional exercer as demais funções que lhe sejam atribuídas pela Constituição e pela lei.

ARTIGO 224º
Organização e funcionamento

1 – A lei estabelece as regras relativas à sede, à organização e ao funcionamento do Tribunal Constitucional.

2 – A lei pode determinar o funcionamento do Tribunal Constitucional por secções, salvo para efeito da fiscalização abstracta da constitucionalidade e da legalidade.

3 – A lei regula o recurso para o pleno do Tribunal Constitucional das decisões contraditórias das secções no domínio de aplicação da mesma norma.

TÍTULO VII
Regiões Autónomas

ARTIGO 225º
Regime político-administrativo dos Açores e da Madeira

1 - O regime político-administrativo próprio dos arquipélagos dos Açores e da Madeira fundamenta-se nas suas características geográficas, económicas, sociais e culturais e nas históricas aspirações autonomistas das populações insulares.

2 - A autonomia das regiões visa a participação democrática dos cidadãos, o desenvolvimento económico-social e a promoção e defesa dos interesses regionais, bem como o reforço da unidade nacional e dos laços de solidariedade entre todos os portugueses.

3 - A autonomia político-administrativa regional não afecta a integridade da soberania do Estado e exerce-se no quadro da Constituição.

ARTIGO 226º
Estatutos e leis eleitorais

1 - Os projectos de estatutos político-administrativos e de leis relativas à eleição dos deputados às Assembleias Legislativas das regiões autónomas são elaborados por estas e enviados para discussão e aprovação à Assembleia da República.

2 - Se a Assembleia da República rejeitar o projecto ou lhe introduzir alterações, remetê-lo-á à respectiva Assembleia Legislativa para apreciação e emissão de parecer.

3 - Elaborado o parecer, a Assembleia da República procede à discussão e deliberação final.

4 - O regime previsto nos números anteriores é aplicável às alterações dos estatutos político-administrativos e das leis relativas à eleição dos deputados às Assembleias Legislativas das regiões autónomas.

ARTIGO 227º
Poderes das regiões autónomas

1 - As regiões autónomas são pessoas colectivas territoriais e têm os seguintes poderes, a definir nos respectivos estatutos:

a) Legislar no âmbito regional em matérias enunciadas no respectivo estatuto político-administrativo e que não estejam reservadas aos órgãos de soberania;

b) Legislar em matérias de reserva relativa da Assembleia da República, mediante autorização desta, com excepção das previstas nas alíneas *a*) a *c*), na primeira parte da alínea *d*), nas alíneas *f*) e *i*), na segunda parte da alínea *m*) e nas alíneas *o*), *p*), *q*), *s*), *t*), *v*), *x*) e *aa*) do nº 1 do artigo 165º;

c) Desenvolver para o âmbito regional os princípios ou as bases gerais dos regimes jurídicos contidos em lei que a eles se circunscrevam;

d) Regulamentar a legislação regional e as leis emanadas dos órgãos de soberania que não reservem para estes o respectivo poder regulamentar;

e) Exercer a iniciativa estatutária, bem como a iniciativa legislativa em matéria relativa à eleição dos deputados às respectivas Assembleias Legislativas, nos termos do artigo 226º;

f) Exercer a iniciativa legislativa, nos termos do nº 1 do artigo 167º, mediante a apresentação à Assembleia da República de propostas de lei e respectivas propostas de alteração;

g) Exercer poder executivo próprio;

h) Administrar e dispor do seu património e celebrar os actos e contratos em que tenham interesse;

i) Exercer poder tributário próprio, nos termos da lei, bem como adaptar o sistema fiscal nacional às especificidades regionais, nos termos de lei-quadro da Assembleia da República;

j) Dispor, nos termos dos estatutos e da lei de finanças das regiões autónomas, das receitas fiscais nelas cobradas ou geradas, bem como de uma participação nas receitas tributárias do Estado, estabelecida de acordo com um princípio que assegure a efectiva solidariedade nacional, e de outras receitas que lhes sejam atribuídas e afectá-las às suas despesas;

l) Criar e extinguir autarquias locais, bem como modificar a respectiva área, nos termos da lei;

m) Exercer poder de tutela sobre as autarquias locais;

n) Elevar povoações à categoria de vilas ou cidades;

o) Superintender nos serviços, institutos públicos e empresas públicas e nacionalizadas que exerçam a sua actividade exclusiva ou predominantemente na região, e noutros casos em que o interesse regional o justifique;

p) Aprovar o plano de desenvolvimento económico e social, o orçamento regional e as contas da região e participar na elaboração dos planos nacionais;

q) Definir actos ilícitos de mera ordenação social e respectivas sanções, sem prejuízo do disposto na alínea *d*) do nº 1 do artigo 165º;

r) Participar na definição e execução das políticas fiscal, monetária, financeira e cambial, de modo a assegurar o controlo regional dos meios de pagamento em circulação e o financiamento dos investimentos necessários ao seu desenvolvimento económico-social;

s) Participar na definição das políticas respeitantes às águas territoriais, à zona económica exclusiva e aos fundos marinhos contíguos;

t) Participar nas negociações de tratados e acordos internacionais que directamente lhes digam respeito, bem como nos benefícios deles decorrentes;

u) Estabelecer cooperação com outras entidades regionais estrangeiras e participar em organizações que tenham por objecto fomen-tar o diálogo e a cooperação inter-regional, de acordo com as orientações definidas pelos órgãos de soberania com competência em matéria de política externa;

v) Pronunciar-se, por sua iniciativa ou sob consulta dos órgãos de soberania, sobre as questões da competência destes que lhes digam respeito, bem como, em matérias do seu interesse específico, na definição das posições do Estado Português no âmbito do processo de construção europeia;

x) Participar no processo de construção europeia, mediante representação nas respectivas instituições regionais e nas delegações envolvidas em processos de decisão da União Europeia, quando estejam em causa matérias que lhes digam respeito, bem como transpor actos jurídicos da União, nos termos do artigo 112º

2 - As propostas de lei de autorização devem ser acompanhadas do anteprojecto do decreto legislativo regional a autorizar, aplicando-se às correspondentes leis de autorização o disposto nos nºs 2 e 3 do artigo 165º

3 - As autorizações referidas no número anterior caducam com o termo da legislatura ou a dissolução, quer da Assembleia da República, quer da Assembleia Legislativa a que tiverem sido concedidas.

4 - Os decretos legislativos regionais previstos nas alíneas *b*) e *c*) do nº 1 devem invocar expressamente as respectivas leis de autorização ou leis de bases, sendo aplicável aos primeiros o disposto no artigo 169º, com as necessárias adaptações.

ARTIGO 228º
Autonomia legislativa

1 - A autonomia legislativa das regiões autónomas incide sobre as matérias enunciadas no respectivo estatuto político-administrativo que não estejam reservadas aos órgãos de soberania.

2 - Na falta de legislação regional própria sobre matéria não reservada à competência dos órgãos de soberania, aplicam-se nas regiões autónomas as normas legais em vigor.

ARTIGO 229º
Cooperação dos órgãos de soberania e dos órgãos regionais

1 - Os órgãos de soberania asseguram, em cooperação com os órgãos de governo próprio, o desenvolvimento económico e social das regiões autónomas, visando, em especial, a correcção das desigualdades derivadas da insularidade.

2 - Os órgãos de soberania ouvirão sempre, relativamente às questões da sua competência respeitantes às regiões autónomas, os órgãos de governo regional.

3 - As relações financeiras entre a República e as regiões autónomas são reguladas através da lei prevista na alínea *t*) do artigo 164º

4 - O Governo da República e os Governos Regionais podem acordar outras formas de cooperação envolvendo, nomeadamente, actos de delegação de competências, estabelecendo-se em cada caso a correspondente transferência de meios financeiros e os mecanismos de fiscalização aplicáveis.

ARTIGO 230º
Representante da República

1 – Para cada uma das regiões autónomas há um Representante da República, nomeado e exonerado pelo Presidente da República, ouvido o Governo.

2 – Salvo o caso de exoneração, o mandato do Representante da República tem a duração do mandato do Presidente da República e termina com a posse do novo Representante da República.

3 – Em caso de vagatura do cargo, bem como nas suas ausências e impedimentos, o Representante da República é substituído pelo presidente da Assembleia Legislativa.

ARTIGO 231º
Órgãos de governo próprio das regiões autónomas

1 – São órgãos de governo próprio de cada região autónoma a Assembleia Legislativa e o Governo Regional.

2 – A Assembleia Legislativa é eleita por sufrágio universal, directo e secreto, de harmonia com o princípio da representação proporcional.

3 – O Governo Regional é politicamente responsável perante a Assembleia Legislativa da região autónoma e o seu presidente é nomeado pelo Representante da República, tendo em conta os resultados eleitorais.

4 – O Representante da República nomeia e exonera os restantes membros do Governo Regional, sob proposta do respectivo presidente.

5 – O Governo Regional toma posse perante a Assembleia Legislativa da região autónoma.

6 – É da exclusiva competência do Governo Regional a matéria respeitante à sua própria organização e funcionamento.

7 – O estatuto dos titulares dos órgãos de governo próprio das regiões autónomas é definido nos respectivos estatutos político-administrativos.

ARTIGO 232º
Competência da Assembleia Legislativa da região autónoma

1 – É da exclusiva competência da Assembleia Legislativa da região autónoma o exercício das atribuições referidas nas alíneas *a*), *b*) e *c*), na segunda parte da alínea *d*), na alínea *f*), na primeira parte da alínea *i*) e nas alíneas *l*), *n*) e *q*) do nº 1 do artigo 227º, bem como a aprovação do orçamento regional, do plano de desenvolvimento económico e social e das contas da região e ainda a adaptação do sistema fiscal nacional às especificidades da região.

2 – Compete à Assembleia Legislativa da região autónoma apresentar propostas de referendo regional, através do qual os cidadãos eleitores recenseados no respectivo território possam, por decisão do Presidente da República, ser chamados a pronunciar-se directamente, a título vinculativo, acerca de questões de relevante interesse específico regional, aplicando-se, com as necessárias adaptações, o disposto no artigo 115º

3 - Compete à Assembleia Legislativa da região autónoma elaborar e aprovar o seu regimento, nos termos da Constituição e do respectivo estatuto político-administrativo.

4 - Aplica-se à Assembleia Legislativa da região autónoma e respectivos grupos parlamentares, com as necessárias adaptações, o disposto na alínea *c*) do artigo 175º, nos nºs 1 a 6 do artigo 178º e no artigo 179º, com excepção do disposto nas alíneas *e*) e *f*) do nº 3 e no nº 4, bem como no artigo 180º

ARTIGO 233º
Assinatura e veto do Representante da República

1 - Compete ao Representante da República assinar e mandar publicar os decretos legislativos regionais e os decretos regulamentares regionais.

2 - No prazo de quinze dias, contados da recepção de qualquer decreto da Assembleia Legislativa da região autónoma que lhe haja sido enviado para assinatura, ou da publicação da decisão do Tribunal Constitucional que não se pronuncie pela inconstitucionalidade de norma dele constante, deve o Representante da República assiná-lo ou exercer o direito de veto, solicitando nova apreciação do diploma em mensagem fundamentada.

3 - Se a Assembleia Legislativa da região autónoma confirmar o voto por maioria absoluta dos seus membros em efectividade de funções, o Representante da República deverá assinar o diploma no prazo de oito dias a contar da sua recepção.

4 - No prazo de vinte dias, contados da recepção de qualquer decreto do Governo Regional que lhe tenha sido enviado para assinatura, deve o Representante da República assiná-lo ou recusar a assinatura, comunicando por escrito o sentido dessa recusa ao Governo Regional, o qual poderá converter o decreto em proposta a apresentar à Assembleia Legislativa da região autónoma.

5 - O Representante da República exerce ainda o direito de veto, nos termos dos artigos 278º e 279º

ARTIGO 234º
Dissolução e demissão dos órgãos de governo próprio

1 - As Assembleias Legislativas das regiões autónomas podem ser dissolvidas pelo Presidente da República, ouvidos o Conselho de Estado e os partidos nelas representados.

2 - A dissolução da Assembleia Legislativa da região autónoma acarreta a demissão do Governo Regional, que fica limitado à prática dos actos estritamente necessários para assegurar a gestão dos negócios públicos, até à tomada de posse do novo Governo após a realização de eleições.

3 - A dissolução da Assembleia Legislativa da região autónoma não prejudica a subsistência do mandato dos deputados, nem da competência da Comissão Permanente, até à primeira reunião da Assembleia após as subsequentes eleições.

TÍTULO VIII
Poder Local

CAPÍTULO I
Princípios gerais

ARTIGO 235º
Autarquias locais

1 – A organização democrática do Estado compreende a existência de autarquias locais.

2 – As autarquias locais são pessoas colectivas territoriais dotadas de órgãos representativos, que visam a prossecução de interesses próprios das populações respectivas.

ARTIGO 236º
Categorias de autarquias locais e divisão administrativa

1 – No continente, as autarquias locais são as freguesias, os municípios e as regiões administrativas.

2 – As regiões autónomas dos Açores e da Madeira compreendem freguesias e municípios.

3 – Nas grandes áreas urbanas e nas ilhas, a lei poderá estabelecer, de acordo com as suas condições específicas, outras formas de organização territorial autárquica.

4 – A divisão administrativa do território será estabelecida por lei.

ARTIGO 237º
Descentralização administrativa

1 – As atribuições e a organização das autarquias locais, bem como a competência dos seus órgãos, serão reguladas por lei, de harmonia com o princípio da descentralização administrativa.

2 – Compete à assembleia da autarquia local o exercício dos poderes atribuídos pela lei, incluindo aprovar as opções do plano e o orçamento.

3 – As polícias municipais cooperam na manutenção da tranquilidade pública e na protecção das comunidades locais.

ARTIGO 238º
Património e finanças locais

1 – As autarquias locais têm património e finanças próprios.

2 – O regime das finanças locais será estabelecido por lei e visará a justa repartição dos recursos públicos pelo Estado e pelas autarquias e a necessária correcção de desigualdades entre autarquias do mesmo grau.

3 – As receitas próprias das autarquias locais incluem obrigatoriamente as provenientes da gestão do seu património e as cobradas pela utilização dos seus serviços.

4 – As autarquias locais podem dispor de poderes tributários, nos casos e nos termos previstos na lei.

ARTIGO 239º
Órgãos deliberativos e executivos

1 – A organização das autarquias locais compreende uma assembleia eleita dotada de poderes deliberativos e um órgão executivo colegial perante ela responsável.

2 – A assembleia é eleita por sufrágio universal, directo e secreto dos cidadãos recenseados na área da respectiva autarquia, segundo o sistema da representação proporcional.

3 – O órgão executivo colegial é constituído por um número adequado de membros, sendo designado presidente o primeiro candidato da lista mais votada para a assembleia ou para o executivo, de acordo com a solução adoptada na lei, a qual regulará também o processo eleitoral, os requisitos da sua constituição e destituição e o seu funcionamento.

4 – As candidaturas para as eleições dos órgãos das autarquias locais podem ser apresentadas por partidos políticos, isoladamente ou em coligação, ou por grupos de cidadãos eleitores, nos termos da lei.

ARTIGO 240º
Referendo local

1 – As autarquias locais podem submeter a referendo dos respectivos cidadãos eleitores matérias incluídas nas competências dos seus órgãos, nos casos, nos termos e com a eficácia que a lei estabelecer.

2 – A lei pode atribuir a cidadãos eleitores o direito de iniciativa de referendo.

ARTIGO 241º
Poder regulamentar

As autarquias locais dispõem de poder regulamentar próprio nos limites da Constituição, das leis e dos regulamentos emanados das autarquias de grau superior ou das autoridades com poder tutelar.

ARTIGO 242º
Tutela administrativa

1 – A tutela administrativa sobre as autarquias locais consiste na verificação do cumprimento da lei por parte dos órgãos autárquicos e é exercida nos casos e segundo as formas previstas na lei.

2 – As medidas tutelares restritivas da autonomia local são precedidas de parecer de um órgão autárquico, nos termos a definir por lei.

3 – A dissolução de órgãos autárquicos só pode ter por causa acções ou omissões ilegais graves.

ARTIGO 243º
Pessoal das autarquias locais

1 – As autarquias locais possuem quadros de pessoal próprio, nos termos da lei.

2 – É aplicável aos funcionários e agentes da administração local o regime dos funcionários e agentes do Estado, com as adaptações necessárias, nos termos da lei.

3 – A lei define as formas de apoio técnico e em meios humanos do Estado às autarquias locais, sem prejuízo da sua autonomia.

CAPÍTULO II
Freguesia

ARTIGO 244º
Órgãos da freguesia

Os órgãos representativos da freguesia são a assembleia de freguesia e a junta de freguesia.

ARTIGO 245º
Assembleia de freguesia

1 – A assembleia de freguesia é o órgão deliberativo da freguesia.

2 – A lei pode determinar que nas freguesias de população diminuta a assembleia de freguesia seja substituída pelo plenário dos cidadãos eleitores.

ARTIGO 246º
Junta de freguesia

A junta de freguesia é o órgão executivo colegial da freguesia.

ARTIGO 247º
Associação

As freguesias podem constituir, nos termos da lei, associações para administração de interesses comuns.

ARTIGO 248º
Delegação de tarefas

A assembleia de freguesia pode delegar nas organizações de moradores tarefas administrativas que não envolvam o exercício de poderes de autoridade.

CAPÍTULO III
Município

ARTIGO 249º
Modificação dos municípios

A criação ou a extinção de municípios, bem como a alteração da respectiva área, é efectuada por lei, precedendo consulta dos órgãos das autarquias abrangidas.

ARTIGO 250º
Órgãos do município

Os órgãos representativos do município são a assembleia municipal e a câmara municipal.

ARTIGO 251º
Assembleia municipal

A assembleia municipal é o órgão deliberativo do município e é constituída por membros eleitos directamente em número superior ao dos presidentes de junta de freguesia, que a integram.

ARTIGO 252º
Câmara municipal

A câmara municipal é o órgão executivo colegial do município.

ARTIGO 253º
Associação e federação

Os municípios podem constituir associações e federações para a administração de interesses comuns, às quais a lei pode conferir atribuições e competências próprias.

ARTIGO 254º
Participação nas receitas dos impostos directos

1 – Os municípios participam, por direito próprio e nos termos definidos pela lei, nas receitas provenientes dos impostos directos.

2 – Os municípios dispõem de receitas tributárias próprias, nos termos da lei.

CAPÍTULO IV
Região Administrativa

ARTIGO 255º
Criação legal

As regiões administrativas são criadas simultaneamente, por lei, a qual define os respectivos poderes, a composição, a competência e o funcionamento dos seus órgãos, podendo estabelecer diferenciações quanto ao regime aplicável a cada uma.

ARTIGO 256º
Instituição em concreto

1 – A instituição em concreto das regiões administrativas, com aprovação da lei de instituição de cada uma delas, depende da lei prevista no artigo anterior e do voto favorável expresso pela maioria dos cidadãos eleitores que se tenham pronunciado em consulta directa, de alcance nacional e relativa a cada área regional.

2 – Quando a maioria dos cidadãos eleitores participantes não se pronunciar favoravelmente em relação a pergunta de alcance nacional sobre a instituição em concreto das regiões administrativas, as respostas a perguntas que tenham tido lugar relativas a cada região criada na lei não produzirão efeitos.

3 – As consultas aos cidadãos eleitores previstas nos números anteriores terão lugar nas condições e nos termos estabelecidos em lei orgânica, por decisão do Presidente da República, mediante proposta da Assembleia da República, aplicando-se, com as devidas adaptações, o regime decorrente do artigo 115º

ARTIGO 257º
Atribuições

Às regiões administrativas são conferidas, designadamente, a direcção de serviços públicos e tarefas de coordenação e apoio à acção dos municípios no respeito da autonomia destes e sem limitação dos respectivos poderes.

ARTIGO 258º
Planeamento

As regiões administrativas elaboram planos regionais e participam na elaboração dos planos nacionais.

ARTIGO 259º
Órgãos da região

Os órgãos representativos da região administrativa são a assembleia regional e a junta regional.

ARTIGO 260º
Assembleia regional

A assembleia regional é o órgão deliberativo da região e é constituída por membros eleitos directamente e por membros, em número inferior ao daqueles, eleitos pelo sistema da representação proporcional e o método da média mais alta de Hondt, pelo colégio eleitoral formado pelos membros das assembleias municipais da mesma área designados por eleição directa.

ARTIGO 261º
Junta regional

A junta regional é o órgão executivo colegial da região.

ARTIGO 262º
Representante do Governo

Junto de cada região pode haver um representante do Governo, nomeado em Conselho de Ministros, cuja competência se exerce igualmente junto das autarquias existentes na área respectiva.

CAPÍTULO V
Organizações de moradores

ARTIGO 263º
Constituição e área

1 – A fim de intensificar a participação das populações na vida administrativa local, podem ser constituídas organizações de moradores residentes em área inferior à da respectiva freguesia.

2 – A assembleia de freguesia, por sua iniciativa ou a requerimento de comissões de moradores ou de um número significativo de moradores, demarcará as áreas territoriais das organizações referidas no número anterior, solucionando os eventuais conflitos daí resultantes.

ARTIGO 264º
Estrutura

1 – A estrutura das organizações de moradores é fixada por lei e compreende a assembleia de moradores e a comissão de moradores.

2 – A assembleia de moradores é composta pelos residentes inscritos no recenseamento da freguesia.

3 – A comissão de moradores é eleita, por escrutínio secreto, pela assembleia de moradores e por ela livremente destituída.

ARTIGO 265º
Direitos e competência

1 – As organizações de moradores têm direito:

a) De petição perante as autarquias locais relativamente a assuntos administrativos de interesse dos moradores;

b) De participação, sem voto, através de representantes seus, na assembleia de freguesia.

2 – Às organizações de moradores compete realizar as tarefas que a lei lhes confiar ou os órgãos da respectiva freguesia nelas delegarem.

TÍTULO IX
Administração Pública

ARTIGO 266º
Princípios fundamentais

1 – A Administração Pública visa a prossecução do interesse público, no respeito pelos direitos e interesses legalmente protegidos dos cidadãos.

2 – Os órgãos e agentes administrativos estão subordinados à Constituição e à lei e devem actuar, no exercício das suas funções, com respeito pelos princípios da igualdade, da proporcionalidade, da justiça, da imparcialidade e da boa-fé.

ARTIGO 267º
Estrutura da Administração

1 – A Administração Pública será estruturada de modo a evitar a burocratização, a aproximar os serviços das populações e a assegurar a participação dos interessados na sua gestão efectiva, designadamente por intermédio de associações públicas, organizações de moradores e outras formas de representação democrática.

2 – Para efeito do disposto no número anterior, a lei estabelecerá adequadas formas de descentralização e desconcentração administrativas, sem prejuízo da necessária eficácia e unidade de acção da Administração e dos poderes de direcção, superintendência e tutela dos órgãos competentes.

3 – A lei pode criar entidades administrativas independentes.

4 – As associações públicas só podem ser constituídas para a satisfação de necessidades específicas, não podem exercer funções próprias das associações sindicais e têm organização interna baseada no respeito dos direitos dos seus membros e na formação democrática dos seus órgãos.

5 – O processamento da actividade administrativa será objecto de lei especial, que assegurará a racionalização dos meios a utilizar pelos serviços e a participação dos cidadãos na formação das decisões ou deliberações que lhes disserem respeito.

6 – As entidades privadas que exerçam poderes públicos podem ser sujeitas, nos termos da lei, a fiscalização administrativa.

ARTIGO 268º
Direitos e garantias dos administrados

1 - Os cidadãos têm o direito de ser informados pela Administração, sempre que o requeiram, sobre o andamento dos processos em que sejam directamente interessados, bem como o de conhecer as resoluções definitivas que sobre eles forem tomadas.

2 - Os cidadãos têm também o direito de acesso aos arquivos e registos administrativos, sem prejuízo do disposto na lei em matérias relativas à segurança interna e externa, à investigação criminal e à intimidade das pessoas.

3 - Os actos administrativos estão sujeitos a notificação aos interessados, na forma prevista na lei, e carecem de fundamentação expressa e acessível quando afectem direitos ou interesses legalmente protegidos.

4 - É garantido aos administrados tutela jurisdicional efectiva dos seus direitos ou interesses legalmente protegidos, incluindo, nomeadamente, o reconhecimento desses direitos ou interesses, a impugnação de quaisquer actos administrativos que os lesem, independentemente da sua forma, a determinação da prática de actos administrativos legalmente devidos e a adopção de medidas cautelares adequadas.

5 - Os cidadãos têm igualmente direito de impugnar as normas administrativas com eficácia externa lesivas dos seus direitos ou interesses legalmente protegidos.

6 - Para efeitos dos nºs 1 e 2, a lei fixará um prazo máximo de resposta por parte da Administração.

ARTIGO 269º
Regime da função pública

1 - No exercício das suas funções, os trabalhadores da Administração Pública e demais agentes do Estado e outras entidades públicas estão exclusivamente ao serviço do interesse público, tal como é definido, nos termos da lei, pelos órgãos competentes da Administração.

2 - Os trabalhadores da Administração Pública e demais agentes do Estado e outras entidades públicas não podem ser prejudicados ou beneficiados em virtude do exercício de quaisquer direitos políticos previstos na Constituição, nomeadamente por opção partidária.

3 - Em processo disciplinar são garantidas ao arguido a sua audiência e defesa.

4 - Não é permitida a acumulação de empregos ou cargos públicos, salvo nos casos expressamente admitidos por lei.

5 - A lei determina as incompatibilidades entre o exercício de empregos ou cargos públicos e o de outras actividades.

ARTIGO 270º
Restrições ao exercício de direitos

A lei pode estabelecer, na estrita medida das exigências próprias das respectivas funções, restrições ao exercício dos direitos de expressão, reunião, manifestação, associação e petição colectiva e à capacidade eleitoral passiva por militares e agentes militarizados dos quadros permanentes em serviço efectivo, bem como por agentes dos serviços e das forças de segurança e, no caso destas, a não admissão do direito à greve, mesmo quando reconhecido o direito de associação sindical.

ARTIGO 271º
Responsabilidade dos funcionários e agentes

1 – Os funcionários e agentes do Estado e das demais entidades públicas são responsáveis civil, criminal e disciplinarmente pelas acções ou omissões praticadas no exercício das suas funções e por causa desse exercício de que resulte violação dos direitos ou interesses legalmente protegidos dos cidadãos, não dependendo a acção ou procedimento, em qualquer fase, de autorização hierárquica.

2 – É excluída a responsabilidade do funcionário ou agente que actue no cumprimento de ordens ou instruções emanadas de legítimo superior hierárquico e em matéria de serviço, se previamente delas tiver reclamado ou tiver exigido a sua transmissão ou confirmação por escrito.

3 – Cessa o dever de obediência sempre que o cumprimento das ordens ou instruções implique a prática de qualquer crime.

4 – A lei regula os termos em que o Estado e as demais entidades públicas têm direito de regresso contra os titulares dos seus órgãos, funcionários e agentes.

ARTIGO 272º
Polícia

1 – A polícia tem por funções defender a legalidade democrática e garantir a segurança interna e os direitos dos cidadãos.

2 – As medidas de polícia são as previstas na lei, não devendo ser utilizadas para além do estritamente necessário.

3 – A prevenção dos crimes, incluindo a dos crimes contra a segurança do Estado, só pode fazer-se com observância das regras gerais sobre polícia e com respeito pelos direitos, liberdades e garantias dos cidadãos.

4 – A lei fixa o regime das forças de segurança, sendo a organização de cada uma delas única para todo o território nacional.

TÍTULO X
Defesa Nacional

ARTIGO 273º
Defesa nacional

1 – É obrigação do Estado assegurar a defesa nacional.

2 – A defesa nacional tem por objectivos garantir, no respeito da ordem constitucional, das instituições democráticas e das convenções internacionais, a independên-

cia nacional, a integridade do território e a liberdade e a segurança das populações contra qualquer agressão ou ameaça externas.

ARTIGO 274º
Conselho Superior de Defesa Nacional

1 - O Conselho Superior de Defesa Nacional é presidido pelo Presidente da República e tem a composição que a lei determinar, a qual incluirá membros eleitos pela Assembleia da República.

2 - O Conselho Superior de Defesa Nacional é o órgão específico de consulta para os assuntos relativos à defesa nacional e à organização, funcionamento e disciplina das Forças Armadas, podendo dispor da competência administrativa que lhe for atribuída por lei.

ARTIGO 275º
Forças Armadas

1 - Às Forças Armadas incumbe a defesa militar da República.

2 - As Forças Armadas compõem-se exclusivamente de cidadãos portugueses e a sua organização é única para todo o território nacional.

3 - As Forças Armadas obedecem aos órgãos de soberania competentes, nos termos da Constituição e da lei.

4 - As Forças Armadas estão ao serviço do povo português, são rigorosamente apartidárias e os seus elementos não podem aproveitar-se da sua arma, do seu posto ou da sua função para qualquer intervenção política.

5 - Incumbe às Forças Armadas, nos termos da lei, satisfazer os compromissos internacionais do Estado Português no âmbito militar e participar em missões humanitárias e de paz assumidas pelas organizações internacionais de que Portugal faça parte.

6 - As Forças Armadas podem ser incumbidas, nos termos da lei, de colaborar em missões de protecção civil, em tarefas relacionadas com a satisfação de necessidades básicas e a melhoria da qualidade de vida das populações, e em acções de cooperação técnico-militar no âmbito da política nacional de cooperação.

7 - As leis que regulam o estado de sítio e o estado de emergência fixam as condições do emprego das Forças Armadas quando se verifiquem essas situações.

ARTIGO 276º
Defesa da Pátria, serviço militar e serviço cívico

1 - A defesa da Pátria é direito e dever fundamental de todos os portugueses.

2 - O serviço militar é regulado por lei, que fixa as formas, a natureza voluntária ou obrigatória, a duração e o conteúdo da respectiva prestação.

3 - Os cidadãos sujeitos por lei à prestação do serviço militar e que forem considerados inaptos para o serviço militar armado prestarão serviço militar não armado ou serviço cívico adequado à sua situação.

4 – Os objectores de consciência ao serviço militar a que legalmente estejam sujeitos prestarão serviço cívico de duração e penosidade equivalentes à do serviço militar armado.

5 – O serviço cívico pode ser estabelecido em substituição ou complemento do serviço militar e tornado obrigatório por lei para os cidadãos não sujeitos a deveres militares.

6 – Nenhum cidadão poderá conservar nem obter emprego do Estado ou de outra entidade pública se deixar de cumprir os seus deveres militares ou de serviço cívico quando obrigatório.

7 – Nenhum cidadão pode ser prejudicado na sua colocação, nos seus benefícios sociais ou no seu emprego permanente por virtude do cumprimento do serviço militar ou do serviço cívico obrigatório.

PARTE IV
GARANTIA E REVISÃO DA CONSTITUIÇÃO

TÍTULO I
Fiscalização da constitucionalidade

ARTIGO 277º
Inconstitucionalidade por acção

1 – São inconstitucionais as normas que infrinjam o disposto na Constituição ou os princípios nela consignados.

2 – A inconstitucionalidade orgânica ou formal de tratados internacionais regularmente ratificados não impede a aplicação das suas normas na ordem jurídica portuguesa, desde que tais normas sejam aplicadas na ordem jurídica da outra parte, salvo se tal inconstitucionalidade resultar de violação de uma disposição fundamental.

ARTIGO 278º
Fiscalização preventiva da constitucionalidade

1 – O Presidente da República pode requerer ao Tribunal Constitucional a apreciação preventiva da constitucionalidade de qualquer norma constante de tratado internacional que lhe tenha sido submetido para ratificação, de decreto que lhe tenha sido enviado para promulgação como lei ou como decreto-lei ou de acordo internacional cujo decreto de aprovação lhe tenha sido remetido para assinatura.

2 – Os Representantes da República podem igualmente requerer ao Tribunal Constitucional a apreciação preventiva da constitucionalidade de qualquer norma constante de decreto legislativo regional que lhes tenha sido enviado para assinatura.

3 – A apreciação preventiva da constitucionalidade deve ser requerida no prazo de oito dias a contar da data da recepção do diploma.

4 – Podem requerer ao Tribunal Constitucional a apreciação preventiva da constitucionalidade de qualquer norma constante de decreto que tenha sido enviado ao Presidente da República para promulgação como lei orgânica, além deste, o Primeiro-

-Ministro ou um quinto dos Deputados à Assembleia da República em efectividade de funções.

5 – O Presidente da Assembleia da República, na data em que enviar ao Presidente da República decreto que deva ser promulgado como lei orgânica, dará disso conhecimento ao Primeiro-Ministro e aos grupos parlamentares da Assembleia da República.

6 – A apreciação preventiva da constitucionalidade prevista no nº 4 deve ser requerida no prazo de oito dias a contar da data prevista no número anterior.

7 – Sem prejuízo do disposto no nº 1, o Presidente da República não pode promulgar os decretos a que se refere o nº 4 sem que decorram oito dias após a respectiva recepção ou antes de o Tribunal Constitucional sobre eles se ter pronunciado, quando a intervenção deste tiver sido requerida.

8 – O Tribunal Constitucional deve pronunciar-se no prazo de vinte e cinco dias, o qual, no caso do nº 1, pode ser encurtado pelo Presidente da República, por motivo de urgência.

ARTIGO 279º
Efeitos da decisão

1 – Se o Tribunal Constitucional se pronunciar pela inconstitucionalidade de norma constante de qualquer decreto ou acordo internacional, deverá o diploma ser vetado pelo Presidente da República ou pelo Representante da República, conforme os casos, e devolvido ao órgão que o tiver aprovado.

2 – No caso previsto no nº 1, o decreto não poderá ser promulgado ou assinado sem que o órgão que o tiver aprovado expurgue a norma julgada inconstitucional ou, quando for caso disso, o confirme por maioria de dois terços dos Deputados presentes, desde que superior à maioria absoluta dos Deputados em efectividade de funções.

3 – Se o diploma vier a ser reformulado, poderá o Presidente da República ou o Representante da República, conforme os casos, requerer a apreciação preventiva da constitucionalidade de qualquer das suas normas.

4 – Se o Tribunal Constitucional se pronunciar pela inconstitucionalidade de norma constante de tratado, este só poderá ser ratificado se a Assembleia da República o vier a aprovar por maioria de dois terços dos Deputados presentes, desde que superior à maioria absoluta dos Deputados em efectividade de funções.

ARTIGO 280º
Fiscalização concreta da constitucionalidade e da legalidade

1 – Cabe recurso para o Tribunal Constitucional das decisões dos tribunais:

a) Que recusem a aplicação de qualquer norma com fundamento na sua inconstitucionalidade;

b) Que apliquem norma cuja inconstitucionalidade haja sido suscitada durante o processo.

2 – Cabe igualmente recurso para o Tribunal Constitucional das decisões dos tribunais:

a) Que recusem a aplicação de norma constante de acto legislativo com fundamento na sua ilegalidade por violação da lei com valor reforçado;
b) Que recusem a aplicação de norma constante de diploma regional com fundamento na sua ilegalidade por violação do estatuto da região autónoma;
c) Que recusem a aplicação de norma constante de diploma emanado de um órgão de soberania com fundamento na sua ilegalidade por violação do estatuto de uma região autónoma;
d) Que apliquem norma cuja ilegalidade haja sido suscitada durante o processo com qualquer dos fundamentos referidos nas alíneas *a*), *b*) e *c*).

3 – Quando a norma cuja aplicação tiver sido recusada constar de convenção internacional, de acto legislativo ou de decreto regulamentar, os recursos previstos na alínea *a*) do nº 1 e na alínea *a*) do nº 2 são obrigatórios para o Ministério Público.
4 – Os recursos previstos na alínea *b*) do nº 1 e na alínea *d*) do nº 2 só podem ser interpostos pela parte que haja suscitado a questão da inconstitucionalidade ou da ilegalidade, devendo a lei regular o regime de admissão desses recursos.
5 – Cabe ainda recurso para o Tribunal Constitucional, obrigatório para o Ministério Público, das decisões dos tribunais que apliquem norma anteriormente julgada inconstitucional ou ilegal pelo próprio Tribunal Constitucional.
6 – Os recursos para o Tribunal Constitucional são restritos à questão da inconstitucionalidade ou da ilegalidade, conforme os casos.

ARTIGO 281º
Fiscalização abstracta da constitucionalidade e da legalidade

1 – O Tribunal Constitucional aprecia e declara, com força obrigatória geral:

a) A inconstitucionalidade de quaisquer normas;
b) A ilegalidade de quaisquer normas constantes de acto legislativo com fundamento em violação de lei com valor reforçado;
c) A ilegalidade de quaisquer normas constantes de diploma regional, com fundamento em violação do estatuto da região autónoma;
d) A ilegalidade de quaisquer normas constantes de diploma emanado dos órgãos de soberania com fundamento em violação dos direitos de uma região consagrados no seu estatuto.

2 – Podem requerer ao Tribunal Constitucional a declaração de inconstitucionalidade ou de ilegalidade, com força obrigatória geral:

a) O Presidente da República;
b) O Presidente da Assembleia da República;
c) O Primeiro-Ministro;

d) O Provedor de Justiça;

e) O Procurador-Geral da República;

f) Um décimo dos Deputados à Assembleia da República;

g) Os Representantes da República, as Assembleias Legislativas das regiões autónomas, os presidentes das Assembleias Legislativas das regiões autónomas, os presidentes dos Governos Regionais ou um décimo dos deputados à respectiva Assembleia Legislativa, quando o pedido de declaração de inconstitucionalidade se fundar em violação dos direitos das regiões autónomas ou o pedido de declaração de ilegalidade se fundar em violação do respectivo estatuto.

3 – O Tribunal Constitucional aprecia e declara ainda, com força obrigatória geral, a inconstitucionalidade ou a ilegalidade de qualquer norma, desde que tenha sido por ele julgada inconstitucional ou ilegal em três casos concretos.

ARTIGO 282º
Efeitos da declaração de inconstitucionalidade ou de ilegalidade

1 – A declaração de inconstitucionalidade ou de ilegalidade com força obrigatória geral produz efeitos desde a entrada em vigor da norma declarada inconstitucional ou ilegal e determina a repristinação das normas que ela, eventualmente, haja revogado.

2 – Tratando-se, porém, de inconstitucionalidade ou de ilegalidade por infracção de norma constitucional ou legal posterior, a declaração só produz efeitos desde a entrada em vigor desta última.

3 – Ficam ressalvados os casos julgados, salvo decisão em contrário do Tribunal Constitucional quando a norma respeitar a matéria penal, disciplinar ou de ilícito de mera ordenação social e for de conteúdo menos favorável ao arguido.

4 – Quando a segurança jurídica, razões de equidade ou interesse público de excepcional relevo, que deverá ser fundamentado, o exigirem, poderá o Tribunal Constitucional fixar os efeitos da inconstitucionalidade ou da ilegalidade com alcance mais restrito do que o previsto nos nºs 1 e 2.

ARTIGO 283º
Inconstitucionalidade por omissão

1 – A requerimento do Presidente da República, do Provedor de Justiça ou, com fundamento em violação de direitos das regiões autónomas, dos presidentes das Assembleias Legislativas das regiões autónomas, o Tribunal Constitucional aprecia e verifica o não cumprimento da Constituição por omissão das medidas legislativas necessárias para tornar exequíveis as normas constitucionais.

2 – Quando o Tribunal Constitucional verificar a existência de inconstitucionalidade por omissão, dará disso conhecimento ao órgão legislativo competente.

TÍTULO II
Revisão constitucional

ARTIGO 284º
Competência e tempo de revisão

1 – A Assembleia da República pode rever a Constituição decorridos cinco anos sobre a data da publicação da última lei de revisão ordinária.

2 – A Assembleia da República pode, contudo, assumir em qualquer momento poderes de revisão extraordinária por maioria de quatro quintos dos Deputados em efectividade de funções.

ARTIGO 285º
Iniciativa da revisão

1 – A iniciativa da revisão compete aos Deputados.

2 – Apresentado um projecto de revisão constitucional, quaisquer outros terão de ser apresentados no prazo de trinta dias.

ARTIGO 286º
Aprovação e promulgação

1 – As alterações da Constituição são aprovadas por maioria de dois terços dos Deputados em efectividade de funções.

2 – As alterações da Constituição que forem aprovadas serão reunidas numa única lei de revisão.

3 – O Presidente da República não pode recusar a promulgação da lei de revisão.

ARTIGO 287º
Novo texto da Constituição

1 – As alterações da Constituição serão inseridas no lugar próprio, mediante as substituições, as supressões e os aditamentos necessários.

2 – A Constituição, no seu novo texto, será publicada conjuntamente com a lei de revisão.

ARTIGO 288º
Limites materiais da revisão

As leis de revisão constitucional terão de respeitar:

a) A independência nacional e a unidade do Estado;

b) A forma republicana de governo;

c) A separação das Igrejas do Estado;

d) Os direitos, liberdades e garantias dos cidadãos;

e) Os direitos dos trabalhadores, das comissões de trabalhadores e das associações sindicais;

f) A coexistência do sector público, do sector privado e do sector cooperativo e social de propriedade dos meios de produção;

g) A existência de planos económicos no âmbito de uma economia mista;

h) O sufrágio universal, directo, secreto e periódico na designação dos titulares electivos dos órgãos de soberania, das regiões autónomas e do poder local, bem como o sistema de representação proporcional;

i) O pluralismo de expressão e organização política, incluindo partidos políticos, e o direito de oposição democrática;

j) A separação e a interdependência dos órgãos de soberania;

l) A fiscalização da constitucionalidade por acção ou por omissão de normas jurídicas;

m) A independência dos tribunais;

n) A autonomia das autarquias locais;

o) A autonomia político-administrativa dos arquipélagos dos Açores e da Madeira.

ARTIGO 289º
Limites circunstanciais da revisão

Não pode ser praticado nenhum acto de revisão constitucional na vigência de estado de sítio ou de estado de emergência.

DISPOSIÇÕES FINAIS E TRANSITÓRIAS

ARTIGO 290º
Direito anterior

1 – As leis constitucionais posteriores a 25 de Abril de 1974 não ressalvadas neste capítulo são consideradas leis ordinárias, sem prejuízo do disposto no número seguinte.

2 – O Direito ordinário anterior à entrada em vigor da Constituição mantém-se, desde que não seja contrário à Constituição ou aos princípios nela consignados.

ARTIGO 291º
Distritos

1 – Enquanto as regiões administrativas não estiverem concretamente instituídas, subsistirá a divisão distrital no espaço por elas não abrangido.

2 – Haverá em cada distrito, em termos a definir por lei, uma assembleia deliberativa, composta por representantes dos municípios.

3 – Compete ao governador civil, assistido por um conselho, representar o Governo e exercer os poderes de tutela na área do distrito.

ARTIGO 292º
Incriminação e julgamento dos agentes e responsáveis da PIDE/DGS

1 – Mantém-se em vigor a Lei nº 8/75, de 25 de Julho, com as alterações introduzidas pela Lei nº 16/75, de 23 de Dezembro, e pela Lei nº 18/75, de 26 de Dezembro.

2 – A lei poderá precisar as tipificações criminais constantes do nº 2 do artigo 2º, do artigo 3º, da alínea *b*) do artigo 4º e do artigo 5º do diploma referido no número anterior.

3 – A lei poderá regular especialmente a atenuação extraordinária prevista no artigo 7º do mesmo diploma.

ARTIGO 293º
Reprivatização de bens nacionalizados depois de 25 de Abril de 1974

1 – Lei-quadro, aprovada por maioria absoluta dos Deputados em efectividade de funções, regula a reprivatização da titularidade ou do direito de exploração de meios de produção e outros bens nacionalizados depois de 25 de Abril de 1974, observando os seguintes princípios fundamentais:

a) A reprivatização da titularidade ou do direito de exploração de meios de produção e outros bens nacionalizados depois de 25 de Abril de 1974 realizar-se-á, em regra e preferencialmente, através de concurso público, oferta na bolsa de valores ou subscrição pública;

b) As receitas obtidas com as reprivatizações serão utilizadas apenas para amortização da dívida pública e do sector empresarial do Estado, para o serviço da dívida resultante de nacionalizações ou para novas aplicações de capital no sector produtivo;

c) Os trabalhadores das empresas objecto de reprivatização manterão no processo de reprivatização da respectiva empresa todos os direitos e obrigações de que forem titulares;

d) Os trabalhadores das empresas objecto de reprivatização adquirirão o direito à subscrição preferencial de uma percentagem do respectivo capital social;

e) Proceder-se-á à avaliação prévia dos meios de produção e outros bens a reprivatizar, por intermédio de mais de uma entidade independente.

2 – As pequenas e médias empresas indirectamente nacionalizadas situadas fora dos sectores básicos da economia poderão ser reprivatizadas nos termos da lei.

ARTIGO 294º
Regime aplicável aos órgãos das autarquias locais

Até à entrada em vigor da lei prevista no nº 3 do artigo 239º, os órgãos das autarquias locais são constituídos e funcionam nos termos de legislação correspondente ao texto da Constituição na redacção que lhe foi dada pela Lei Constitucional nº 1/92, de 25 de Novembro.

ARTIGO 295º
Referendo sobre tratado europeu

O disposto no nº 3 do artigo 115º não prejudica a possibilidade de convocação e de efectivação de referendo sobre a aprovação de tratado que vise a construção e aprofundamento da união europeia.

ARTIGO 296º
Data e entrada em vigor da Constituição

1 – A Constituição da República Portuguesa tem a data da sua aprovação pela Assembleia Constituinte, 2 de Abril de 1976.

2 – A Constituição da República Portuguesa entra em vigor no dia 25 de Abril de 1976.

II
Legislação Complementar

Declaração Universal dos Direitos do Homem*

PREÂMBULO

Considerando que o reconhecimento da dignidade inerente a todos os membros da família humana e dos seus direitos iguais e inalienáveis constitui o fundamento da liberdade, da justiça e da paz no mundo;

Considerando que o desconhecimento e o desprezo dos direitos do homem conduziram a actos de barbárie que revoltam a consciência da Humanidade e que o advento de um mundo em que os seres humanos sejam livres de falar e de crer, libertos do terror e da miséria, foi proclamado como a mais alta aspiração do homem;

Considerando que é essencial a protecção dos direitos do homem através de um regime de Direito, para que o homem não seja compelido, em supremo recurso, à revolta contra a tirania e a opressão;

Considerando que é essencial encorajar o desenvolvimento de relações amistosas entre as nações;

Considerando que, na Carta, os povos das Nações Unidas proclamam, de novo, a sua fé nos direitos fundamentais do homem, na dignidade e no valor da pessoa humana, na igualdade de direitos dos homens e das mulheres e se declaram resolvidos a favorecer o processo social e a instaurar melhores condições de vida dentro de uma liberdade mais ampla;

Considerando que os Estados membros se comprometeram a promover, em cooperação com a Organização das Nações Unidas, o respeito universal e efectivo dos direitos do homem e das liberdades fundamentais;

Considerando que uma concepção comum destes direitos e liberdades é da mais alta importância para dar plena satisfação a tal compromisso:

* De 10 de Dezembro de 1948. Texto oficial em português publicado no *Diário da República*, I Série, nº 57, de 9 de Março de 1978, pp. 489 e ss., através de aviso do Ministério dos Negócios Estrangeiros.

A Assembleia Geral

Proclama a presente Declaração Universal dos Direitos do Homem como ideal comum a atingir por todos os povos e todas as nações, a fim de que todos os indivíduos e todos os órgãos da sociedade, tendo-a constantemente no espírito, se esforcem, pelo ensino e pela educação, por desenvolver o respeito desses direitos e liberdades e por promover, por medidas progressivas de ordem nacional e internacional, o seu reconhecimento e a sua aplicação universais e efectivos tanto entre as populações dos próprios Estados membros como entre as dos territórios colocados sob a sua jurisdição.

ARTIGO 1º

Todos os seres humanos nascem livres e iguais em dignidade e em direitos. Dotados de razão e de consciência, devem agir uns para com os outros em espírito de fraternidade.

ARTIGO 2º

Todos os seres humanos podem invocar os direitos e as liberdades proclamadas na presente Declaração, sem distinção alguma, nomeadamente de raça, de cor, de sexo, de língua, de religião, de opinião política ou outra, de origem nacional ou social, de fortuna, de nascimento ou de qualquer outra situação.

Além disso, não será feita nenhuma distinção fundada no estatuto político, jurídico ou internacional do país ou do território da naturalidade da pessoa, seja esse país ou território independente, sob tutela, autónoma ou sujeito a alguma limitação de soberania.

ARTIGO 3º

Todo o indivíduo tem direito à vida, à liberdade e à segurança pessoal.

ARTIGO 4º

Ninguém será mantido em escravatura ou em servidão; a escravatura e o trato dos escravos, sob todas as formas, são proibidos.

ARTIGO 5º

Ninguém será submetido a tortura nem a tratamentos cruéis, desumanos ou degradantes.

ARTIGO 6º

Todos os indivíduos têm direito ao reconhecimento em todos os lugares da sua personalidade jurídica.

ARTIGO 7º

Todos são iguais perante a lei e, sem distinção, têm direito a igual protecção da lei. Todos têm direito a protecção igual contra qualquer discriminação que viole a presente Declaração e contra qualquer incitamento a tal discriminação.

ARTIGO 8º

Toda a pessoa tem direito a recurso efectivo para as jurisdições nacionais competentes contra os actos que violem os direitos fundamentais reconhecidos pela Constituição ou pela lei.

ARTIGO 9º

Ninguém pode ser arbitrariamente preso, detido ou exilado.

ARTIGO 10º

Toda a pessoa tem direito, em plena igualdade, a que a sua causa seja equitativa e publicamente julgada por um tribunal independente e imparcial que decida dos seus direitos e obrigações ou das razões de qualquer acusação em matéria penal que contra ela seja deduzida.

ARTIGO 11º

1 – Toda a pessoa acusada de um acto delituoso presume-se inocente até que a sua culpabilidade fique legalmente provada no decurso de um processo público em que todas as garantias necessárias de defesa lhe sejam asseguradas.

2 – Ninguém será condenado por acções ou omissões que, no momento da sua prática, não constituíam acto delituoso à face do Direito Interno ou Internacional. Do mesmo modo, não será infligida pena mais grave do que a que era aplicável no momento em que o acto delituoso foi cometido.

ARTIGO 12º

Ninguém sofrerá intromissões arbitrárias na sua vida privada, na sua família, no seu domicílio ou na sua correspondência, nem ataques à sua honra e reputação. Contra tais intromissões ou ataques, toda a pessoa tem direito a protecção da lei.

ARTIGO 13º

1 – Toda a pessoa tem o direito de livremente circular e escolher a sua residência no interior de um Estado.

2 – Toda a pessoa tem o direito de abandonar o país em que se encontra, incluindo o seu, e o direito de regressar ao seu país.

ARTIGO 14º

1 – Toda a pessoa sujeita a perseguição tem o direito de procurar e de beneficiar de asilo em outros países.

2 – Este direito não pode, porém, ser invocado no caso de processo realmente existente por crime de Direito comum ou por actividades contrárias aos fins e aos princípios das Nações Unidas.

ARTIGO 15º

1 – Todo o indivíduo tem direito a ter uma nacionalidade.

2 – Ninguém pode ser arbitrariamente privado da sua nacionalidade nem do direito de mudar de nacionalidade.

ARTIGO 16º

1 – A partir da idade núbil, o homem e a mulher têm o direito de casar e de constituir família, sem restrição alguma de raça, nacionalidade ou religião. Durante o casamento e na altura da sua dissolução, ambos têm direitos iguais.

2 – O casamento não pode ser celebrado sem o livre e pleno consentimento dos futuros esposos.

3 – A família é o elemento natural e fundamental da sociedade e tem direito à protecção desta e do Estado.

ARTIGO 17º

1 – Toda a pessoa, individual ou colectivamente, tem direito à propriedade.

2 – Ninguém pode ser arbitrariamente privado da sua propriedade.

ARTIGO 18º

Toda a pessoa tem direito à liberdade de pensamento, de consciência e de religião; este direito implica a liberdade de mudar de religião ou de convicção, assim como a liberdade de manifestar a religião ou convicção, sozinho ou em comum, tanto em público como em privado, pelo ensino, pela prática, pelo culto e pelos ritos.

ARTIGO 19º

Todo o indivíduo tem direito à liberdade de opinião e de expressão, o que implica o direito de não ser inquietado pelas suas opiniões e o de procurar, receber e difundir, sem consideração de fronteiras, informações e ideias por qualquer meio de expressão.

ARTIGO 20º

1 – Toda a pessoa tem direito à liberdade de reunião e de associação pacíficas.

2 – Ninguém pode ser obrigado a fazer parte de uma associação.

ARTIGO 21º

1 – Toda a pessoa tem o direito de tomar parte na direcção dos negócios públicos do seu país, quer directamente quer por intermédio de representantes livremente escolhidos.

2 – Toda a pessoa tem direito de acesso, em condições de igualdade, às funções públicas do seu país.

3 – A vontade do povo é o fundamento da autoridade dos poderes públicos; e deve exprimir-se através de eleições honestas a realizar periodicamente por sufrágio universal e igual, com voto secreto ou segundo processo equivalente que salvaguarde a liberdade de voto.

ARTIGO 22º

Toda a pessoa, como membro da sociedade, tem direito à segurança social; e pode legitimamente exigir a satisfação dos direitos económicos, sociais e culturais indispensáveis, graças ao esforço nacional e à cooperação internacional, de harmonia com a organização e os recursos de cada país.

ARTIGO 23º

1 – Toda a pessoa tem direito ao trabalho, à livre escolha do trabalho, a condições equitativas e satisfatórias de trabalho e à protecção contra o desemprego.

2 – Todos têm direito, sem discriminação alguma, a salário igual por trabalho igual.

3 – Quem trabalha tem direito a uma remuneração equitativa e satisfatória, que lhe permita e à sua família uma existência conforme com a dignidade humana, e completada, se possível, por todos os outros meios de protecção social.

4 – Toda a pessoa tem o direito de fundar com outras pessoas sindicatos e de se filiar em sindicatos para a defesa dos seus interesses.

ARTIGO 24º

Toda a pessoa tem direito ao repouso e aos lazeres e, especialmente, a uma limitação razoável da duração do trabalho e a férias periódicas pagas.

ARTIGO 25º

1 – Toda a pessoa tem direito a um nível de vida suficiente para lhe assegurar e à sua família a saúde e o bem-estar, principalmente quanto à alimentação, ao vestuário, ao alojamento, à assistência médica e ainda quanto aos serviços sociais necessários, e tem direito à segurança no desemprego, na doença, na invalidez, na viuvez, na velhice ou noutros casos de perda de meios de subsistência por circunstâncias independentes da sua vontade.

2 – A maternidade e a infância têm direito a ajuda e a assistência especiais. Todas as crianças, nascidas dentro ou fora do matrimónio, gozam da mesma protecção social.

ARTIGO 26º

1 – Toda a pessoa tem direito à educação. A educação deve ser gratuita, pelo menos a correspondente ao ensino elementar fundamental. O ensino elementar é obrigatório. O ensino técnico e profissional deve ser generalizado; o acesso aos estudos superiores deve estar aberto a todos em plena igualdade, em função do seu mérito.

2 – A educação deve visar à plena expansão da personalidade humana e ao reforço dos direitos do homem e das liberdades fundamentais e deve favorecer a compreensão, a tolerância e a amizade entre todas as nações e todos os grupos raciais ou religiosos, bem como o desenvolvimento das actividades das Nações Unidas para a manutenção da paz.

3 – Aos pais pertence a prioridade do direito de escolher o género de educação a dar aos filhos.

ARTIGO 27º

1 – Toda a pessoa tem o direito de tomar parte livremente na vida cultural da comunidade, de fruir as artes e de participar no progresso científico e nos benefícios que deste resultam.

2 – Todos têm direito à protecção dos interesses morais e materiais ligados a qualquer produção científica, literária ou artística da sua autoria.

ARTIGO 28º

Toda a pessoa tem direito a que reine, no plano social e no plano internacional, uma ordem capaz de tomar plenamente efectivos os direitos e as liberdades enunciados na presente Declaração.

ARTIGO 29º

1 – O indivíduo tem deveres para com a comunidade, fora da qual não é possível o livre e pleno desenvolvimento da sua personalidade.

2 – No exercício destes direitos e no gozo destas liberdades, ninguém está sujeito senão às limitações estabelecidas pela lei com vista exclusivamente a promover o reconhecimento e o respeito dos direitos e liberdades dos outros e a fim de satisfazer as justas exigências da moral, da ordem pública e do bem-estar numa sociedade democrática.

3 – Em caso algum estes direitos e liberdades poderão ser exercidos contrariamente aos fins e aos princípios das Nações Unidas.

ARTIGO 30º

Nenhuma disposição da presente Declaração pode ser interpretada de maneira a envolver para qualquer Estado, agrupamento ou indivíduo o direito de se entregar a alguma actividade ou de praticar algum acto destinado a destruir os direitos e liberdades aqui enunciados.

Lei do Tribunal Constitucional

Lei nº 28/82, de 15 de novembro*

Organização, funcionamento e processo do Tribunal Constitucional

TÍTULO I
Disposições gerais

ARTIGO 1º
Jurisdição e sede

O Tribunal Constitucional exerce a sua jurisdição no âmbito de toda a ordem jurídica portuguesa e tem sede em Lisboa.

ARTIGO 2º
Decisões

As decisões do Tribunal Constitucional são obrigatórias para todas as entidades públicas e privadas e prevalecem sobre as dos restantes tribunais e de quaisquer outras autoridades.

ARTIGO 3º
Publicação das decisões

1 – São publicadas na 1ª série do *Diário da República* as decisões do Tribunal Constitucional que tenham por objeto:

a) Declarar a inconstitucionalidade ou a ilegalidade de quaisquer normas;

* Texto de acordo com a republicação da Lei Orgânica nº 1/2018, de 19 de abril.

b) Verificar a existência de inconstitucionalidade por omissão;

c) Verificar a morte, a impossibilidade física permanente ou a perda do cargo de Presidente da República;

d) Verificar o impedimento temporário do Presidente da República para o exercício das suas funções ou a cessação desse impedimento;

e) Verificar a morte ou a incapacidade para o exercício da função presidencial de qualquer candidato a Presidente da República;

f) Declarar que uma qualquer organização perfilha a ideologia fascista e decretar a respetiva extinção;

g) Verificar a constitucionalidade e a legalidade das propostas de referendo nacional, regional e local;

h) Apreciar, em sede de recurso, as decisões da Entidade das Contas e Financiamentos Políticos (ECFP) em matéria de regularidade e legalidade das contas dos partidos políticos e das campanhas eleitorais.

2 – São publicadas na 2ª série do *Diário da República* as demais decisões do Tribunal Constitucional, salvo as de natureza meramente interlocutória ou simplesmente repetitivas de outras anteriores.

ARTIGO 4º
Coadjuvação de outros tribunais e autoridades

No exercício das suas funções, o Tribunal Constitucional tem direito à coadjuvação dos restantes tribunais e das outras autoridades.

ARTIGO 5º
Regime administrativo e financeiro

O Tribunal Constitucional é dotado de autonomia administrativa e financeira, e dispõe de orçamento próprio, inscrito nos encargos gerais do Estado no Orçamento do Estado.

TÍTULO II
Competência, organização e funcionamento

CAPÍTULO I
Competência

ARTIGO 6º
Apreciação da inconstitucionalidade e da ilegalidade

Compete ao Tribunal Constitucional apreciar a inconstitucionalidade e a ilegalidade nos termos dos artigos 277º e seguintes da Constituição e nos da presente lei.

ARTIGO 7º
Competência relativa ao Presidente da República

Compete ao Tribunal Constitucional:

a) Verificar a morte e declarar a impossibilidade física permanente do Presidente da República, bem como verificar os impedimentos temporários do exercício das suas funções;

b) Verificar a perda do cargo de Presidente da República, nos casos previstos no nº 3 do artigo 129º da Constituição e no nº 3 do artigo 130º da Constituição.

ARTIGO 7º-A
Competência relativa ao contencioso da perda do mandato de deputados

Compete ao Tribunal Constitucional julgar os recursos relativos à perda do mandato de deputado à Assembleia da República ou de deputado a uma das Assembleias Legislativas das Regiões Autónomas.

ARTIGO 7º-B
Competência relativa à verificação de perda do mandato de Deputados ao Parlamento Europeu

Compete ao Tribunal Constitucional verificar a perda do mandato de Deputado ao Parlamento Europeu e comunicá-la, para os devidos efeitos, ao Parlamento Europeu.

(Aditado pela Lei Orgânica nº 1/2022, de 04-01)

ARTIGO 8º
Competência relativa a processos eleitorais

Compete ao Tribunal Constitucional:

a) Receber e admitir as candidaturas para Presidente da República;

b) Verificar a morte e declarar a incapacidade para o exercício da função presidencial de qualquer candidato a Presidente da República, para o efeito do disposto no nº 3 do artigo 124º da Constituição;

c) Julgar os recursos interpostos de decisões sobre reclamações e protestos apresentados nos atos de apuramento, parcial, distrital e geral da eleição do Presidente da República, nos termos dos artigos 114º e 115º do Decreto-Lei nº 319-A/76, de 3 de maio;

d) Julgar os recursos em matéria de contencioso de apresentação de candidaturas e de contencioso eleitoral relativamente às eleições para o Presidente da República, Assembleia da República, Assembleias Legislativas das Regiões Autónomas e órgãos de poder local;

e) Receber e admitir as candidaturas relativas à eleição dos deputados ao Parlamento Europeu e julgar os correspondentes recursos e, bem assim, julgar os recursos em matéria de contencioso eleitoral referente à mesma eleição;

f) Julgar os recursos contenciosos interpostos de atos administrativos definitivos e executórios praticados pela Comissão Nacional de Eleições ou por outros órgãos da administração eleitoral;

g) Julgar os recursos relativos às eleições realizadas na Assembleia da República e nas Assembleias Legislativas das Regiões Autónomas.

ARTIGO 9º
Competência relativa a partidos políticos, coligações e frentes

Compete ao Tribunal Constitucional:

a) Aceitar a inscrição de partidos políticos em registo próprio existente no Tribunal;
b) Apreciar a legalidade das denominações, siglas e símbolos dos partidos políticos e das coligações e frentes de partidos, ainda que constituídas apenas para fins eleitorais, bem como apreciar a sua identidade ou semelhança com as de outros partidos, coligações ou frentes;
c) Proceder às anotações referentes a partidos políticos, coligações ou frentes de partidos exigidas por lei;
d) Julgar as ações de impugnação de eleições e de deliberações de órgãos de partidos políticos que, nos termos da lei, sejam recorríveis;
e) Apreciar, em sede de recurso de plena jurisdição, em plenário, as decisões da ECFP em matéria de regularidade e legalidade das contas dos partidos políticos, nelas incluindo as dos grupos parlamentares, de deputado único representante de um partido e de deputados não inscritos em grupo parlamentar ou de deputados independentes, na Assembleia da República e nas Assembleias Legislativas das Regiões Autónomas, e das campanhas eleitorais, nos termos da lei, incluindo as decisões de aplicação de coimas;
f) Ordenar a extinção de partidos e de coligações de partidos, nos termos da lei.

ARTIGO 10º
Competência relativa a organizações que perfilhem a ideologia fascista

Compete ao Tribunal Constitucional declarar, nos termos e para os efeitos da Lei nº 64/78, de 6 de outubro, que uma qualquer organização perfilha a ideologia fascista e decretar a respetiva extinção.

ARTIGO 11º
Competência relativa a referendos nacionais, regionais e locais

Compete ao Tribunal Constitucional verificar previamente a constitucionalidade e a legalidade das propostas de referendo nacional, regional e local, previstos no nº 1 do artigo 115º, no nº 2 do artigo 232º e nos artigos 240º e 256º da Constituição, incluindo a apreciação dos requisitos relativos ao respetivo universo eleitoral, e o mais que, relativamente à realização desses referendos, lhe for cometido por lei.

ARTIGO 11º-A
Competência relativa a titulares de cargos públicos

Compete ao Tribunal Constitucional:

a) Designar os membros da Entidade para a Transparência, nos termos do respetivo Estatuto;
b) Aplicar as sanções previstas na presente lei em relação aos titulares e antigos titulares de cargos políticos nela identificados, por violação do regime do exercício de funções por titulares de cargos políticos e altos cargos públicos;

c) Decidir os recursos de decisões da Entidade para a Transparência previstos na presente lei em matéria de acesso e publicidade às declarações únicas de rendimento, património e interesses.

(Redação dada pela Lei Orgânica nº 4/2019, de 13-09)

CAPÍTULO II
Organização

SECÇÃO I
Composição e constituição do Tribunal

ARTIGO 12º
Composição

1 – O Tribunal Constitucional é composto por 13 juízes, sendo 10 designados pela Assembleia da República e 3 cooptados por estes.

2 – Seis de entre os juízes designados pela Assembleia da República ou cooptados são obrigatoriamente escolhidos de entre juízes dos restantes tribunais e os demais de entre juristas.

ARTIGO 13º
Requisitos de elegibilidade

1 – Podem ser eleitos juízes do Tribunal Constitucional os cidadãos portugueses no pleno gozo dos seus direitos civis e políticos que sejam doutores, mestres ou licenciados em Direito ou juízes dos restantes tribunais.

2 – Para efeito do número anterior, só são considerados os doutoramentos, os mestrados e as licenciaturas por escola portuguesa ou oficialmente reconhecidos em Portugal.

ARTIGO 14º
Candidaturas

1 – As candidaturas, devidamente instruídas com os elementos de prova da elegibilidade dos candidatos e respetivas declarações de aceitação de candidatura, são apresentadas em lista completa por um mínimo de 25 e um máximo de 50 deputados, perante o Presidente da Assembleia da República, até cinco dias antes da reunião marcada para a eleição.

2 – As listas propostas à eleição devem conter a indicação de candidatos em número igual ao dos mandatos vagos a preencher.

3 – Nenhum deputado pode subscrever mais de uma lista de candidatura.

4 – Compete ao Presidente da Assembleia da República verificar os requisitos de elegibilidade dos candidatos e demais requisitos de admissibilidade das candidaturas, devendo notificar, em caso de obscuridade ou irregularidade, o primeiro subscritor para, no prazo de dois dias, esclarecer as dúvidas ou suprir as deficiências.

5 – Da decisão do Presidente cabe recurso para o Plenário da Assembleia da República.

ARTIGO 15º
Relação nominal dos candidatos

Até dois dias antes da reunião marcada para a eleição, o Presidente da Assembleia da República organiza a relação nominal dos candidatos, a qual é publicada no *Diário da Assembleia da República.*

ARTIGO 16º
Votação

1 – Os boletins de voto contêm todas as listas de candidatura apresentadas, integrando cada uma delas os nomes de todos os candidatos, por ordem alfabética, com identificação dos que são juízes dos restantes tribunais.

2 – Ao lado de cada lista de candidatura figura um quadrado em branco destinado a ser assinalado com a escolha do eleitor.

3 – Cada deputado assinala com uma cruz o quadrado correspondente à lista de candidatura em que vota, não podendo votar em mais de uma lista, sob pena de inutilização do respetivo boletim.

4 – Consideram-se eleitos os candidatos que obtiverem o voto de dois terços dos deputados presentes, desde que superior à maioria absoluta dos deputados em efetividade de funções.

5 – A lista dos eleitos é publicada na 1ª série do *Diário da República,* sob a forma de resolução da Assembleia da República, no dia seguinte ao da eleição.

ARTIGO 17º
Reunião para cooptação

1 – Ocorrendo vagas de juízes cooptados, são as mesmas preenchidas pelos juízes eleitos pela Assembleia da República em reunião a realizar no prazo de 10 dias.

2 – Cabe ao juiz mais idoso marcar o dia, hora e local da reunião e dirigir os trabalhos e ao mais novo servir de secretário.

3 – Ocorrendo vagas de juízes eleitos pela Assembleia da República e de juízes cooptados, são aquelas preenchidas em primeiro lugar.

ARTIGO 18º
Relação nominal dos indigitados

1 – Após discussão prévia, cada juiz eleito pela Assembleia da República indica em boletim, que introduz na urna, o nome de um juiz dos restantes tribunais ou de um jurista, devendo o presidente da reunião, findo o escrutínio, organizar a relação nominal dos indigitados.

2 – A relação deve conter nomes em número igual ou superior ao das vagas a preencher, incluindo os de juízes dos restantes tribunais em número pelo menos suficiente para preenchimento da quota de lugares a estes reservada e ainda não completada, repetindo-se a operação as vezes necessárias para aquele efeito.

ARTIGO 19º
Votação e designação

1 – A cada juiz cooptante é distribuído um boletim de voto, do qual constem, por ordem alfabética, os nomes de todos os indigitados.

2 – À frente de cada nome figura um quadrado em branco destinado a ser assinalado com a escolha do cooptante.

3 – Cada cooptante assinala com uma cruz os quadrados correspondentes aos indigitados em que vota, não podendo votar num número de indigitados superior ao das vagas a preencher, nem num número de indigitados que não sejam juízes dos restantes tribunais que afete a quota de lugares a estes reservada, sob pena de inutilização do respetivo boletim.

4 – Considera-se designado o indigitado que obtiver um mínimo de sete votos na mesma votação e que aceitar a designação.

5 – Se após cinco votações não tiverem sido preenchidas todas as vagas, organiza-se nova relação nominal para preenchimento das restantes, observando-se o disposto no artigo anterior e nos nºs 1 a 4 do presente artigo.

6 – Feita a votação, o presidente da reunião comunica aos juízes que tiverem obtido o número de votos previstos no nº 4 para que declarem por escrito, no prazo de cinco dias, se aceitam a designação.

7 – Em caso de recusa, repete-se, para preenchimento da respetiva vaga, o processo previsto nos números e artigos anteriores.

8 – A cooptação de cada indigitado só se considera definitiva depois de preenchidas todas as vagas.

9 – A lista dos cooptados é publicada na 1ª série do *Diário da República*, sob forma de declaração assinada pelo juiz que tiver dirigido a reunião, no dia seguinte ao da cooptação.

ARTIGO 20º
Posse e juramento

1 – Os juízes do Tribunal Constitucional tomam posse perante o Presidente da República no prazo de 10 dias a contar da data da publicação da respetiva eleição ou cooptação.

2 – No ato de posse prestam o seguinte juramento:

«Juro por minha honra cumprir a Constituição da República Portuguesa e desempenhar fielmente as funções em que fico investido.»

ARTIGO 21º
Período de exercício

1 – Os juízes do Tribunal Constitucional são designados por um período de nove anos, contados da data da posse, e cessam funções com a posse do juiz designado para ocupar o respetivo lugar.

2 – O mandato dos juízes do Tribunal Constitucional não é renovável.

3 – Os juízes dos restantes tribunais designados para o Tribunal Constitucional que, durante o período de exercício, completem 70 anos mantêm-se em funções até ao termo do mandato.

SECÇÃO II
Estatuto dos juízes

ARTIGO 22º
Independência e inamovibilidade

Os juízes do Tribunal Constitucional são independentes e inamovíveis, não podendo as suas funções cessar antes do termo do mandato para que foram designados, salvo nos casos previstos no artigo seguinte.

ARTIGO 23º
Cessação de funções

1 – As funções dos juízes do Tribunal Constitucional cessam antes do termo do mandato quando se verifique qualquer das situações seguintes:

a) Morte ou impossibilidade física permanente;

b) Renúncia;

c) Aceitação de lugar ou prática de ato legalmente incompatível com o exercício das suas funções;

d) Demissão ou aposentação compulsiva, em consequência de processo disciplinar ou criminal.

2 – A renúncia é declarada por escrito ao Presidente do Tribunal, não dependendo de aceitação.

3 – Compete ao Tribunal verificar a ocorrência de qualquer das situações previstas nas alíneas *a*), *c*) e *d*) do nº 1, devendo a impossibilidade física permanente ser previamente comprovada por dois peritos médicos designados também pelo Tribunal.

4 – A cessação de funções em virtude do disposto no nº 1 é objeto de declaração que o Presidente do Tribunal fará publicar na 1ª série do *Diário da República*.

ARTIGO 23º-A
Regime de previdência e aposentação

1 – Os juízes do Tribunal Constitucional beneficiam do regime de previdência mais favorável aplicável ao funcionalismo público.

2 – No caso de os juízes do Tribunal Constitucional optarem pelo regime de previdência da sua atividade profissional, cabe ao Tribunal Constitucional a satisfação dos encargos que corresponderiam à entidade patronal.

3 – Nos 180 dias seguintes à cessação das respetivas funções, os juízes do Tribunal Constitucional podem requerer a aposentação voluntária por aquele cargo, indepen-

dentemente de apresentação a junta médica, desde que preencham uma das seguintes condições:

a) Tenham 12 anos de serviço, qualquer que seja a sua idade;
b) Possuam 40 anos de idade e reúnam 10 anos de serviço para efeitos de aposentação.

4 – Salvo no caso de cessação de funções por impossibilidade física permanente, verificada de acordo com o disposto no nº 3 do artigo 23º, a aposentação voluntária só pode ser requerida, nos termos do número anterior, quando o subscritor tiver exercido o cargo de juiz do Tribunal Constitucional até ao termo do respetivo mandato ou, ao menos, durante 10 anos, consecutivos ou interpolados.

5 – A eliminação da qualidade de subscritor da Caixa Geral de Aposentações, decorrente da cessação de funções como juiz do Tribunal Constitucional, não extingue o direito de requerer a aposentação voluntária nos termos do nº 3.

6 – Quanto aos juízes do Tribunal Constitucional, o limite a que se refere o nº 1 do artigo 27º da Lei nº 4/85, de 9 de abril, na redação que lhe foi dada pelo artigo 1º da Lei nº 26/95, de 18 de agosto, é o do respetivo vencimento.

7 – Aos juízes do Tribunal Constitucional que se aposentarem por incapacidade ou nos termos do nº 3 é aplicável o disposto nos artigos 67º e 68º do Estatuto dos Magistrados Judiciais.

8 – A pensão de aposentação dos juízes do Tribunal Constitucional é sempre calculada em função do preceituado nas correspondentes disposições do Estatuto dos Magistrados Judiciais.

ARTIGO 24º
Irresponsabilidade

Os juízes do Tribunal Constitucional não podem ser responsabilizados pelas suas decisões, salvo nos termos e limites em que o são os juízes dos tribunais judiciais.

ARTIGO 25º
Regime disciplinar

1 – Compete exclusivamente ao Tribunal Constitucional o exercício do poder disciplinar sobre os seus juízes, ainda que a ação disciplinar respeite a atos praticados no exercício de outras funções, pertencendo-lhe, designadamente, instaurar o processo disciplinar, nomear o respetivo instrutor de entre os seus membros, deliberar sobre a eventual suspensão preventiva e julgar definitivamente.

2 – Das decisões do Tribunal Constitucional em matéria disciplinar cabe recurso para o próprio Tribunal.

3 – Salvo o disposto nos números anteriores, aplica-se aos juízes do Tribunal Constitucional o regime disciplinar estabelecido na lei para os magistrados judiciais.

ARTIGO 26º
Responsabilidade civil e criminal

1 - São aplicáveis aos juízes do Tribunal Constitucional, com as necessárias adaptações, as normas que regulam a efetivação da responsabilidade civil e criminal dos juízes do Supremo Tribunal de Justiça, bem como as normas relativas à respetiva prisão preventiva.

2 - Movido procedimento criminal contra juiz do Tribunal Constitucional e acusado este por crime praticado no exercício das suas funções, o seguimento do processo depende de deliberação da Assembleia da República.

3 - Quando, na situação prevista no número anterior, for autorizado o seguimento do processo, o Tribunal suspenderá o juiz do exercício das suas funções.

4 - Deduzida acusação contra juiz do Tribunal Constitucional por crime estranho ao exercício das suas funções, o Tribunal decidirá se o juiz deve ou não ser suspenso de funções para o efeito de seguimento do processo, sendo obrigatória a decisão de suspensão quando se trate de crime doloso a que corresponda pena de prisão cujo limite máximo seja superior a três anos.

ARTIGO 27º
Incompatibilidades

1 - É incompatível com o desempenho do cargo de juiz do Tribunal Constitucional o exercício de funções em órgãos de soberania, das Regiões Autónomas ou do poder local, bem como o exercício de qualquer outro cargo ou função de natureza pública ou privada.

2 - Excetua-se do disposto na parte final do número anterior o exercício não remunerado de funções docentes ou de investigação científica de natureza jurídica.

ARTIGO 28º
Proibição de atividades políticas

1 - Os juízes do Tribunal Constitucional não podem exercer quaisquer funções em órgãos de partidos, de associações políticas ou de fundações com eles conexas, nem desenvolver atividades político-partidárias de caráter público.

2 - Durante o período de desempenho do cargo fica suspenso o estatuto decorrente da filiação em partidos ou associações políticas.

ARTIGO 29º
Impedimentos e suspeições

1 - É aplicável aos juízes do Tribunal Constitucional o regime de impedimentos e suspeições dos juízes dos tribunais judiciais.

2 - A filiação em partido ou associação política não constitui fundamento de suspeição.

3 - A verificação do impedimento e a apreciação da suspeição competem ao Tribunal.

ARTIGO 30º
Direitos, categorias, vencimentos e regalias

Os juízes do Tribunal Constitucional têm honras, direitos, categorias, tratamento, vencimentos e regalias iguais aos dos juízes do Supremo Tribunal de Justiça.

ARTIGO 30º-A
Trajo profissional

No exercício das suas funções no Tribunal e, quando o entendam, nas solenidades em que devam participar, os juízes do Tribunal Constitucional usam beca e um colar com as insígnias do Tribunal, de modelo a definir por este, podendo ainda usar capa sobre a beca.

ARTIGO 31º
Abonos complementares

1 – O Presidente do Tribunal Constitucional tem direito a um subsídio de 20% do vencimento, a título de despesas de representação, e ao uso de viatura oficial.

2 – No caso de o Presidente não residir habitualmente em qualquer dos concelhos referidos no nº 1 do artigo seguinte, terá ainda direito ao subsídio atribuído aos ministros em iguais circunstâncias.

3 – O Vice-Presidente do Tribunal Constitucional tem os direitos referidos nos números anteriores, sendo o subsídio para despesas de representação de 15%.

ARTIGO 32º
Ajudas de custo

1 – Os juízes residentes fora dos concelhos de Lisboa, Oeiras, Cascais, Loures, Sintra, Vila Franca de Xira, Almada, Seixal, Barreiro e Amadora têm direito à ajuda de custo fixada para os membros do Governo, abonada por cada dia de sessão do Tribunal em que participem, e mais dois dias por semana.

2 – Os juízes residentes nos concelhos indicados no número anterior têm direito, nos mesmos termos, a um terço da ajuda de custo aí referida.

3 – Os juízes não residentes nos concelhos referidos no nº 1 que se façam transportar em automóvel próprio entre Lisboa e a sua residência, e volta, têm direito ao reembolso das correspondentes despesas, segundo o regime aplicável aos funcionários públicos, uma vez por semana, por razões de funcionamento do Tribunal.

4 – Os juízes residentes nos concelhos referidos no nº 1, com exceção do de Lisboa, quando se façam transportar em automóvel próprio entre a sua residência e o Tribunal, têm direito ao reembolso das correspondentes despesas segundo regime análogo ao dos funcionários públicos, mas tendo em conta os quilómetros efetivamente percorridos.

ARTIGO 33º
Passaporte

Os juízes do Tribunal Constitucional têm direito a passaporte diplomático.

ARTIGO 34º
Distribuição de publicações oficiais

1 – Os juízes do Tribunal Constitucional têm direito à distribuição gratuita das 1ª e 2ª séries do *Diário da República*, do *Diário da Assembleia da República* e dos *Jornais Oficiais* das Regiões Autónomas, bem como do *Boletim do Ministério da Justiça* e do *Boletim do Trabalho e Emprego*, podendo ainda requerer, através do Presidente, as publicações oficiais que considerem necessárias ao exercício das suas funções.

2 – Os juízes do Tribunal Constitucional têm livre acesso às bibliotecas do Ministério da Justiça, dos tribunais superiores e da Procuradoria-Geral da República e, bem assim, direito a consultar nos mesmos serviços os dados doutrinais e jurisprudenciais que tenham sido objeto de tratamento informático.

ARTIGO 35º
Estabilidade de emprego

1 – Os juízes do Tribunal Constitucional não podem ser prejudicados na estabilidade do seu emprego, na sua carreira e no regime de segurança social de que beneficiem por causa do exercício das suas funções.

2 – Os juízes que cessem funções no Tribunal Constitucional retomam automaticamente as que exerciam à data da posse, ou aquelas para que foram transferidos ou nomeados durante o período de funções no Tribunal, designadamente por virtude de promoção, só podendo os respetivos lugares ser providos a título interino.

3 – Durante o exercício das suas funções, os juízes não perdem a antiguidade nos seus empregos nem podem ser prejudicados nas promoções a que entretanto tenham adquirido direito.

4 – No caso de os juízes se encontrarem à data da posse investidos em função pública temporária, por virtude de lei, ato ou contrato, ou em comissão de serviço, o exercício de funções no Tribunal Constitucional suspende o respetivo prazo.

SECÇÃO III
Organização interna

ARTIGO 36º
Competência interna

Compete ainda ao Tribunal Constitucional:

a) Eleger o Presidente e o Vice-Presidente;

b) Elaborar os regulamentos internos necessários ao seu bom funcionamento;

c) Aprovar a proposta do orçamento anual do Tribunal;

d) Fixar no início de cada ano judicial os dias e horas em que se realizam as sessões ordinárias;

e) Exercer as demais competências atribuídas por lei.

ARTIGO 37º
Eleição do Presidente e do Vice-Presidente

1 – Os juízes do Tribunal Constitucional elegem de entre si o Presidente e o Vice-Presidente do Tribunal Constitucional, os quais exercem funções por um período igual a metade do mandato de juiz do Tribunal Constitucional, podendo ser reconduzidos.

2 – A eleição do Presidente precede a do Vice-Presidente quando os dois lugares se encontrem vagos.

ARTIGO 38º
Forma de eleição e posse

1 – O Presidente e o Vice-Presidente são eleitos por voto secreto, sem discussão ou debate prévios, em sessão presidida, na falta do Presidente ou do Vice-Presidente, pelo juiz mais idoso e secretariada pelo mais novo.

2 – Cada juiz assinala o nome por si escolhido num boletim que introduz na urna.

3 – Considera-se eleito Presidente o juiz que, na mesma votação, obtiver o mínimo de nove votos; se, após quatro votações, nenhum juiz tiver reunido este número de votos, são admitidos às votações ulteriores somente os dois nomes mais votados na quarta votação; se, ao fim de mais quatro votações, nenhum dos dois tiver obtido aquele número de votos, considera-se eleito o juiz que primeiro obtiver oito votos na mesma votação.

4 – As votações são realizadas sem interrupção da sessão.

5 – Considera-se eleito Vice-Presidente o juiz que obtiver o mínimo de oito votos, após as votações necessárias, efetuadas nos termos dos números anteriores.

6 – A eleição do Presidente e do Vice-Presidente do Tribunal Constitucional é publicada na 1ª série do *Diário da República*, sob a forma de declaração assinada pelo juiz que tiver dirigido a reunião.

7 – Uma vez eleitos, o Presidente e o Vice-Presidente do Tribunal Constitucional tomam posse perante o plenário de juízes do Tribunal.

ARTIGO 39º
Competência do Presidente e do Vice-Presidente

1 – Compete ao Presidente do Tribunal Constitucional:

a) Representar o Tribunal e assegurar as suas relações com os outros órgãos de soberania e demais órgãos e autoridades públicas;

b) Receber as candidaturas e as declarações de desistência de candidatos a Presidente da República;

c) Presidir à assembleia de apuramento geral da eleição do Presidente da República e dos deputados ao Parlamento Europeu;

d) Presidir às sessões do Tribunal e dirigir os trabalhos;

e) Apurar o resultado das votações;

f) Convocar sessões extraordinárias;

g) Presidir à distribuição dos processos, assinar o expediente e ordenar a passagem de certidões;

h) Mandar organizar e afixar a tabela dos recursos e demais processos preparados para julgamento em cada sessão, conferindo prioridade aos referidos nos nºs 3 e 5 do artigo 43º e, bem assim, àqueles em que estiverem em causa direitos, liberdades e garantias pessoais;

i) Organizar anualmente o turno para assegurar o julgamento de processos durante as férias dos juízes, ouvidos estes em conferência;

j) Superintender na gestão e administração do Tribunal, bem como na secretaria e nos serviços de apoio;

l) Dar posse ao pessoal do Tribunal e exercer sobre ele o poder disciplinar, com recurso para o próprio Tribunal;

m) Exercer outras competências atribuídas por lei ou que o Tribunal nele delegar.

2 – Compete ao Vice-Presidente substituir o Presidente nas suas faltas e impedimentos, coadjuvá-lo no exercício das suas funções, nomeadamente presidindo a uma das secções a que não pertença, e praticar os atos respeitantes ao exercício das competências que por aquele lhe forem delegadas.

3 – Nas sessões presididas pelo Vice-Presidente não poderão ser apreciados processos de que ele seja relator.

CAPÍTULO III
Funcionamento

SECÇÃO I
Funcionamento do Tribunal

ARTIGO 40º
Sessões

1 – O Tribunal Constitucional funciona em sessões plenárias e por secções.

2 – O Tribunal Constitucional reúne ordinariamente segundo periodicidade a definir no regimento interno e extraordinariamente sempre que o Presidente o convocar, por iniciativa própria ou a requerimento da maioria dos juízes em efetividade de funções.

3 – *(Revogado.)*

ARTIGO 41º
Secções

1 – Haverá três secções não especializadas, cada uma delas constituída pelo Presidente ou pelo Vice-Presidente do Tribunal e por mais quatro juízes.

2 – A distribuição dos juízes, incluindo o Vice-Presidente, pelas secções e a determinação da secção normalmente presidida pelo Vice-Presidente serão feitas pelo Tribunal no início de cada ano judicial.

ARTIGO 42º
Quórum e deliberações

1 – O Tribunal Constitucional, em plenário ou em secção, só pode funcionar estando presente a maioria dos respetivos membros em efetividade de funções, incluindo o Presidente ou o Vice-Presidente.

2 – As deliberações são tomadas à pluralidade de votos dos membros presentes.

3 – Cada juiz dispõe de um voto e o Presidente, ou o Vice-Presidente, quando o substitua, dispõe de voto de qualidade.

4 – Os juízes do Tribunal Constitucional têm o direito de fazer lavrar voto de vencido.

ARTIGO 43º
Férias

1 – Aplica-se ao Tribunal Constitucional o regime geral sobre férias judiciais relativamente aos processos de fiscalização abstrata não preventiva da constitucionalidade e legalidade de normas jurídicas, aos recursos de decisões judiciais e às respostas nos processos de apreciação da regularidade e da legalidade das contas de partidos políticos e de campanhas eleitorais.

2 – Relativamente aos restantes processos não há férias judiciais.

3 – Nos recursos interpostos de decisões judiciais proferidas em matéria penal em que algum dos interessados esteja detido ou preso ainda sem condenação definitiva, os prazos processuais previstos na lei ocorrem em férias judiciais, salvo o disposto no número seguinte.

4 – Suspendem-se durante o mês de agosto os prazos destinados à apresentação de alegações ou respostas pelos interessados detidos ou presos, sem prejuízo, porém, da possibilidade de o relator determinar o contrário ou de o interessado praticar o ato durante esse período.

5 – Podem ainda correr em férias judiciais, por determinação do relator a requerimento de qualquer dos interessados no recurso, os prazos processuais previstos na lei, quando se trate de recurso de constitucionalidade interposto de decisão proferida em processo qualificado como urgente pela respetiva lei processual.

6 – Os juízes gozarão as suas férias de 15 de agosto a 14 de setembro, devendo ficar assegurada a permanente existência do quórum de funcionamento do plenário e de cada uma das secções do Tribunal.

7 – Na secretaria não há férias judiciais.

ARTIGO 44º
Representação do Ministério Público

O Ministério Público é representado junto do Tribunal Constitucional pelo Procurador-Geral da República, que poderá delegar as suas funções no Vice-Procurador-Geral ou num ou mais Procuradores-Gerais-Adjuntos.

SECÇÃO II
Secretaria e serviços de apoio

ARTIGO 45º
Organização

O Tribunal Constitucional tem uma secretaria e serviços de apoio, cuja organização, composição e funcionamento são regulados por decreto-lei.

ARTIGO 46º
Pessoal do Tribunal

1 – A secretaria e os serviços de apoio, salvo os gabinetes, são coordenados por um secretário-geral, sob a superintendência do Presidente do Tribunal.

2 – Os direitos, deveres e regalias do pessoal do Tribunal constam de decreto-lei.

3 – O pessoal da secretaria tem os direitos e regalias e está sujeito aos deveres e incompatibilidades do pessoal da secretaria do Supremo Tribunal de Justiça.

ARTIGO 47º
Provimento

O provimento do pessoal da secretaria e dos serviços de apoio do Tribunal Constitucional compete ao Presidente do Tribunal.

CAPÍTULO IV
Regime financeiro

ARTIGO 47º-A
Orçamento

1 – O Tribunal aprova o projeto do seu orçamento e apresenta-o ao Governo nos prazos determinados para a elaboração da proposta de lei do Orçamento do Estado, a submeter à Assembleia da República, devendo ainda fornecer os elementos que esta lhe solicite sobre a matéria.

2 – O Tribunal aprova o orçamento das suas receitas próprias, previstas no artigo seguinte, e das correspondentes despesas, inscritas segundo o regime de compensação em receitas.

ARTIGO 47º-B
Receitas próprias

1 – Além das dotações do Orçamento do Estado, são receitas próprias do Tribunal Constitucional o saldo da gerência do ano anterior, o produto de custas e multas, o produto da venda de publicações por ele editadas ou de serviços prestados pelo seu núcleo de apoio documental e ainda quaisquer outras que lhe sejam atribuídas por lei, contrato ou outro título.

2 – O produto das receitas próprias referidas no número anterior pode ser aplicado na realização de despesas correntes e de capital que, em cada ano, não possam ser suportadas pelas verbas inscritas no Orçamento do Estado, de despesas resultantes da edição de publicações ou da prestação de serviços pelo núcleo de apoio documental e, bem assim, de despesas derivadas da realização de estudos, análises e outros trabalhos extraordinários, incluindo a correspondente remuneração ao pessoal do quadro ou contratado.

ARTIGO 47º-C
Gestão financeira

1 – Cabe ao Tribunal Constitucional, relativamente à execução do seu orçamento, a competência ministerial comum em matéria de administração financeira, nomeadamente a prevista no artigo 3º e no artigo 4º do Decreto-Lei nº 71/95, de 15 de abril, podendo delegá-la no Presidente.

2 – Cabe ao Presidente do Tribunal autorizar a realização de despesas até aos limites estabelecidos na alínea *b*) do nº 1, na alínea *b*) do nº 2 e na alínea *b*) do nº 3 do Decreto-Lei nº 197/99, de 8 de junho, podendo delegá-la, quanto a certas despesas e dentro dos limites fixados no correspondente despacho, no chefe do seu Gabinete ou no secretário-geral.

3 – As despesas que, pela sua natureza ou montante, ultrapassem a competência referida no número anterior e, bem assim, as que o Presidente entenda submeter-lhe serão autorizadas pelo Tribunal.

ARTIGO 47º-D
Conselho Administrativo

1 – O Tribunal Constitucional disporá de um conselho administrativo, constituído pelo Presidente do Tribunal, por dois juízes designados pelo Tribunal, pelo secretário-geral e pelo chefe de secção de expediente e contabilidade.

2 – Cabe ao Conselho Administrativo promover e acompanhar a gestão financeira do Tribunal, competindo-lhe, designadamente:

a) Elaborar os projetos de orçamento do Tribunal e pronunciar-se, quando para tal solicitado, sobre as propostas de alteração orçamental que se mostrem necessárias;

b) Autorizar o pagamento de despesas, qualquer que seja a entidade que tenha autorizado a sua realização;

c) Autorizar a constituição, no Gabinete do Presidente, na secretaria e no núcleo de apoio documental, de fundos permanentes, a cargo dos respetivos responsáveis, para o pagamento direto de pequenas despesas, estabelecendo as regras a que obedecerá o seu controlo;

d) Orientar a contabilidade e fiscalizar a sua escrituração;

e) Exercer as demais funções previstas na lei.

ARTIGO 47º-E
Requisição de fundos

1 – O Tribunal requisita mensalmente à Direção-Geral do Orçamento as importâncias que forem necessárias por conta da dotação global que lhe é atribuída.

2 – As requisições referidas no número anterior, depois de visadas pela Direção-Geral do Orçamento, são transmitidas, com as competentes autorizações para pagamento ao Banco de Portugal, sendo as importâncias levantadas e depositadas, à ordem daquele, na Caixa Geral de Depósitos.

3 – O Presidente do Tribunal pode autorizar a dispensa do regime duodecimal de qualquer das dotações orçamentais do Tribunal Constitucional e, bem assim, solicitar a antecipação, total ou parcial, dos respetivos duodécimos.

ARTIGO 47º-F
Conta

A conta de gerência anual do Tribunal Constitucional é organizada pelo Conselho Administrativo e submetida, no prazo legal, ao julgamento do Tribunal de Contas.

TÍTULO III
Processo

CAPÍTULO I
Distribuição

ARTIGO 48º
Legislação aplicável

À distribuição de processos são aplicáveis as normas do Código de Processo Civil que regulam a distribuição nos tribunais superiores em tudo o que não se achar especialmente regulado nesta lei.

ARTIGO 49º
Espécies

Para efeitos de distribuição há as seguintes espécies de processos:

1ª Processos de fiscalização preventiva da constitucionalidade;
2ª Outros processos de fiscalização abstrata da constitucionalidade ou legalidade;
3ª Recursos;
4ª Reclamações;
5ª Outros processos.

ARTIGO 50º
Relatores

1 – Para efeitos de distribuição e substituição de relatores, a ordem dos juízes é sorteada anualmente na 1ª sessão do ano judicial.

2 – Ao Presidente não são distribuídos processos para relato.

3 – O Vice-Presidente fica isento da distribuição de processos da 2ª e da 4ª espécies, sendo-lhe distribuído apenas um quarto dos processos da 3ª espécie que couberem a cada um dos restantes juízes.

CAPÍTULO II
Processos de fiscalização da constitucionalidade e da legalidade

SUBCAPÍTULO I
Processos de fiscalização abstrata

SECÇÃO I
Disposições comuns

ARTIGO 51º
Recebimento e admissão

1 – O pedido de apreciação da constitucionalidade ou da legalidade das normas jurídicas referidas nos artigos 278º e 281º da Constituição é dirigido ao Presidente do Tribunal Constitucional e deve especificar, além das normas cuja apreciação se requer, as normas ou os princípios constitucionais violados.

2 – Autuado pela secretaria e registado no competente livro, é o requerimento concluso ao Presidente do Tribunal, que decide sobre a sua admissão, sem prejuízo dos números e do artigo seguintes.

3 – No caso de falta, insuficiência ou manifesta obscuridade das indicações a que se refere o nº 1, o Presidente notifica o autor do pedido para suprir as deficiências, após o que os autos lhe serão novamente conclusos para o efeito do número anterior.

4 – A decisão do Presidente que admite o pedido não faz precludir a possibilidade de o Tribunal vir, em definitivo, a rejeitá-lo.

5 – O Tribunal só pode declarar a inconstitucionalidade ou a ilegalidade de normas cuja apreciação tenha sido requerida, mas pode fazê-lo com fundamentação na

violação de normas ou princípios constitucionais diversos daqueles cuja violação foi invocada.

ARTIGO 52º
Não admissão do pedido

1 – O pedido não deve ser admitido quando formulado por pessoa ou entidade sem legitimidade, quando as deficiências que apresentar não tiverem sido supridas ou quando tiver sido apresentado fora de prazo.

2 – Se o Presidente entender que o pedido não deve ser admitido, submete os autos à conferência, mandando simultaneamente entregar cópias do requerimento aos restantes juízes.

3 – O Tribunal decide no prazo de 10 dias ou, tratando-se de fiscalização preventiva, de dois dias.

4 – A decisão que não admita o pedido é notificada à entidade requerente.

ARTIGO 53º
Desistência do pedido

Só é admitida a desistência do pedido nos processos de fiscalização preventiva da constitucionalidade.

ARTIGO 54º
Audição do órgão autor da norma

Admitido o pedido, o Presidente notifica o órgão de que tiver emanado a norma impugnada para, querendo, se pronunciar sobre ele no prazo de 30 dias ou, tratando-se de fiscalização preventiva, de 3 dias.

ARTIGO 55º
Notificações

1 – As notificações referidas nos artigos anteriores são efetuadas mediante protocolo ou por via postal, telegráfica, telex ou telecópia, consoante as circunstâncias.

2 – As notificações são acompanhadas, conforme os casos, de cópia do despacho ou da decisão, com os respetivos fundamentos, ou da petição apresentada.

3 – Tratando-se de órgão colegial ou seus titulares, as notificações são feitas na pessoa do respetivo Presidente ou de quem o substitua.

ARTIGO 56º
Prazos

1 – Os prazos referidos nos artigos anteriores e nas secções seguintes são contínuos.

2 – Quando o prazo para a prática de ato processual terminar em dia em que o Tribunal esteja encerrado, incluindo aqueles em que for concedida tolerância de ponto, transfere-se o seu termo para o primeiro dia útil seguinte.

3 – Os prazos nos processos regulados nas secções III e IV suspendem-se, no entanto, durante as férias judiciais.

4 – Aos mesmos prazos acresce a dilação de 10 dias ou, tratando-se de fiscalização preventiva, de 2 dias quando os atos respeitem a órgão ou entidade sediados fora do continente da República.

SECÇÃO II
Processos de fiscalização preventiva

ARTIGO 57º
Prazos para apresentação e recebimento

1 – Os pedidos de apreciação da constitucionalidade a que se referem os nºs 1, 2 e 4 do artigo 278º da Constituição devem ser apresentados no prazo de oito dias referido, consoante os casos, nos nºs 3 e 6 do mesmo artigo.

2 – É de um dia o prazo para o Presidente do Tribunal Constitucional admitir o pedido, usar da faculdade prevista no nº 3 do artigo 51º ou submeter os autos à conferência para os efeitos do nº 2 do artigo 52º

3 – O prazo para o autor do pedido suprir deficiências é de dois dias.

ARTIGO 58º
Distribuição

1 – A distribuição é feita no prazo de um dia, contado do dia da entrada do pedido no Tribunal.

2 – O processo é imediatamente concluso ao relator, a fim de, no prazo de cinco dias, elaborar um memorando contendo o enunciado das questões sobre que o Tribunal deverá pronunciar-se e da solução que para elas propõe, com indicação sumária dos respetivos fundamentos, cabendo à secretaria comunicar-lhe a resposta do órgão de que emanou o diploma, logo que recebida.

3 – Distribuído o processo, são entregues cópias do pedido a todos os juízes, do mesmo modo se procedendo com a resposta e o memorando, logo que recebidos pela secretaria.

ARTIGO 59º
Formação da decisão

1 – Com a entrega ao Presidente da cópia do memorando é-lhe concluso o respetivo processo, para o inscrever na ordem do dia da sessão plenária a realizar no prazo de 10 dias a contar do recebimento do pedido.

2 – A decisão não deve ser proferida antes de decorridos dois dias sobre a entrega das cópias do memorando a todos os juízes.

3 – Concluída a discussão e tomada a decisão do Tribunal, o processo é concluso ao relator ou, no caso de este ficar vencido, ao juiz que deva substituí-lo, para elaboração do acórdão, no prazo de sete dias, e sua subsequente assinatura.

ARTIGO 60º
Processo de urgência

Os prazos referidos nos artigos anteriores são encurtados pelo Presidente do Tribunal, quando o Presidente da República haja usado a faculdade que lhe é conferida pelo nº 8 do artigo 278º da Constituição.

ARTIGO 61º
Efeitos da decisão

A decisão em que o Tribunal Constitucional se pronuncie pela inconstitucionalidade em processo de fiscalização preventiva tem os efeitos previstos no artigo 279º da Constituição.

SECÇÃO III
Processos de fiscalização sucessiva

ARTIGO 62º
Prazo para admissão do pedido

1 – Os pedidos de apreciação da inconstitucionalidade ou da ilegalidade a que se referem as alíneas *a*) a *c*) do nº 1 do artigo 281º da Constituição podem ser apresentados a todo o tempo.

2 – É de 5 dias o prazo para a secretaria autuar e apresentar o pedido ao Presidente do Tribunal e de 10 dias o prazo para este decidir da sua admissão ou fazer uso das faculdades previstas no nº 3 do artigo 51º e no nº 2 do artigo 52º

3 – O prazo para o autor do pedido suprir deficiências é de 10 dias.

ARTIGO 63º
Debate preliminar e distribuição

1 – Junta a resposta do órgão de que emanou a norma, ou decorrido o prazo fixado para o efeito sem que haja sido recebida, é entregue uma cópia dos autos a cada um dos juízes, acompanhada de um memorando onde são formuladas pelo Presidente do Tribunal as questões prévias e de fundo a que o Tribunal há de responder, bem como de quaisquer elementos documentais reputados de interesse.

2 – Decorridos 15 dias, pelo menos, sobre a entrega do memorando, é o mesmo submetido a debate e, fixada a orientação do Tribunal sobre as questões a resolver, é o processo distribuído a um relator designado por sorteio ou, se o Tribunal assim o entender, pelo Presidente.

ARTIGO 64º
Pedidos com objeto idêntico

1 – Admitido um pedido, quaisquer outros com objeto idêntico que venham a ser igualmente admitidos são incorporados no processo respeitante ao primeiro.

2 – O órgão de que emanou a norma é notificado da apresentação dos pedidos subsequentes, mas o Presidente do Tribunal ou o relator podem dispensar a sua audição sobre os mesmos sempre que a julguem desnecessária.

3 – Entendendo-se que não deve ser dispensada nova audição, é concedido para o efeito o prazo de 15 dias, ou prorrogado por 10 dias o prazo inicial, se ainda não estiver esgotado.

4 – No caso de já ter havido distribuição, considera-se prorrogado por 15 dias o prazo a que se refere o nº 1 do artigo 65º

ARTIGO 64º-A
Requisição de elementos

O Presidente do Tribunal, o relator ou o próprio Tribunal podem requisitar a quaisquer órgãos ou entidades os elementos que julguem necessários ou convenientes para a apreciação do pedido e a decisão do processo.

ARTIGO 65º
Formação da decisão

1 – Concluso o processo ao relator, é por este elaborado, no prazo de 40 dias, um projeto de acórdão, de harmonia com a orientação fixada pelo Tribunal.

2 – A secretaria distribui por todos os juízes cópias do projeto referido no número anterior e conclui o processo ao Presidente, com a entrega da cópia que lhe é destinada, para inscrição em tabela na sessão do Tribunal que se realize decorridos 15 dias, pelo menos, sobre a distribuição das cópias.

3 – Quando ponderosas razões o justifiquem, pode o Presidente, ouvido o Tribunal, encurtar até metade os prazos referidos nos números anteriores.

4 – Havendo solicitação fundamentada do requerente nesse sentido e acordo do órgão autor da norma, o Presidente, ouvido o Tribunal, decidirá sobre a atribuição de prioridade à apreciação e decisão do processo.

ARTIGO 66º
Efeitos da declaração

A declaração de inconstitucionalidade ou de ilegalidade com força obrigatória geral tem os efeitos previstos no artigo 282º da Constituição.

SECÇÃO IV
Processos de fiscalização da inconstitucionalidade por omissão

ARTIGO 67º
Remissão

Ao processo de apreciação do não cumprimento da Constituição por omissão das medidas legislativas necessárias para tornar exequíveis as normas constitucionais, é aplicável o regime estabelecido na secção anterior, salvo quanto aos efeitos.

ARTIGO 68º
Efeitos da verificação

A decisão em que o Tribunal Constitucional verifique a existência de inconstitucionalidade por omissão tem o efeito previsto no nº 2 do artigo 283º da Constituição.

SUBCAPÍTULO II
Processos de fiscalização concreta

ARTIGO 69º
Legislação aplicável

À tramitação dos recursos para o Tribunal Constitucional são subsidiariamente aplicáveis as normas do Código de Processo Civil, em especial as respeitantes ao recurso de apelação.

ARTIGO 70º
Decisões de que pode recorrer-se

1 – Cabe recurso para o Tribunal Constitucional, em secção, das decisões dos tribunais:

a) Que recusem a aplicação de qualquer norma, com fundamento em inconstitucionalidade;
b) Que apliquem norma cuja inconstitucionalidade haja sido suscitada durante o processo;
c) Que recusem a aplicação de norma constante de ato legislativo com fundamento na sua ilegalidade por violação de lei com valor reforçado;
d) Que recusem a aplicação de norma constante de diploma regional, com fundamento na sua ilegalidade por violação do Estatuto da Região Autónoma ou de lei geral da República;
e) Que recusem a aplicação de norma emanada de um órgão de soberania, com fundamento na sua ilegalidade por violação do Estatuto de uma Região Autónoma;
f) Que apliquem norma cuja ilegalidade haja sido suscitada durante o processo com qualquer dos fundamentos referidos nas alíneas *c*), *d*) e *e*);
g) Que apliquem norma já anteriormente julgada inconstitucional ou ilegal pelo próprio Tribunal Constitucional;
h) Que apliquem norma já anteriormente julgada inconstitucional pela Comissão Constitucional, nos precisos termos em que seja requerida a sua apreciação ao Tribunal Constitucional;
i) Que recusem a aplicação de norma constante de ato legislativo com fundamento na sua contrariedade com uma convenção internacional, ou a apliquem em desconformidade com o anteriormente decidido sobre a questão pelo Tribunal Constitucional.

2 – Os recursos previstos nas alíneas *b*) e *f*) do número anterior apenas cabem de decisões que não admitam recurso ordinário, por a lei o não prever ou por já haverem sido esgotados todos os que no caso cabiam, salvo os destinados a uniformização de jurisprudência.

3 – São equiparadas a recursos ordinários as reclamações para os presidentes dos tribunais superiores, nos casos de não admissão ou de retenção do recurso, bem como as reclamações dos despachos dos juízes relatores para a conferência.

4 – Entende-se que se acham esgotados todos os recursos ordinários, nos termos do nº 2, quando tenha havido renúncia, haja decorrido o respetivo prazo sem a sua interposição ou os recursos interpostos não possam ter seguimento por razões de ordem processual.

5 – Não é admitido recurso para o Tribunal Constitucional de decisões sujeitas a recurso ordinário obrigatório, nos termos da respetiva lei processual.

6 – Se a decisão admitir recurso ordinário, mesmo que para uniformização de jurisprudência, a não interposição de recurso para o Tribunal Constitucional não faz precludir o direito de interpô-lo de ulterior decisão que confirme a primeira.

ARTIGO 71º
Âmbito do recurso

1 – Os recursos de decisões judiciais para o Tribunal Constitucional são restritos à questão da inconstitucionalidade ou da ilegalidade suscitada.

2 – No caso previsto na alínea *i*) do nº 1 do artigo anterior, o recurso é restrito às questões de natureza jurídico-constitucional e jurídico-internacional implicadas na decisão recorrida.

ARTIGO 72º
Legitimidade para recorrer

1 – Podem recorrer para o Tribunal Constitucional:

a) O Ministério Público;

b) As pessoas que, de acordo com a lei reguladora do processo em que a decisão foi proferida, tenham legitimidade para dela interpor recurso.

2 – Os recursos previstos nas alíneas *b*) e *f*) do nº 1 do artigo 70º só podem ser interpostos pela parte que haja suscitado a questão da inconstitucionalidade ou da ilegalidade de modo processualmente adequado perante o tribunal que proferiu a decisão recorrida, em termos de este estar obrigado a dela conhecer.

3 – O recurso é obrigatório para o Ministério Público quando a norma cuja aplicação haja sido recusada, por inconstitucionalidade ou ilegalidade, conste de convenção internacional, ato legislativo ou decreto regulamentar, ou quando se verifiquem os casos previstos nas alíneas *g*), *h*) e *i*) do nº 1 do artigo 70º, salvo o disposto no número seguinte.

4 – O Ministério Público pode abster-se de interpor recurso de decisões conformes com a orientação que se encontre já estabelecida, a respeito da questão em causa, em jurisprudência constante do Tribunal Constitucional.

ARTIGO 73º
Irrenunciabilidade do direito ao recurso

O direito de recorrer para o Tribunal Constitucional é irrenunciável.

ARTIGO 74º
Extensão do recurso

1 – O recurso interposto pelo Ministério Público aproveita a todos os que tiverem legitimidade para recorrer.

2 – O recurso interposto por um interessado nos casos previstos nas alíneas *a*), *c*), *d*), *e*), *g*), *h*) e *i*) do nº 1 do artigo 70º aproveita aos restantes interessados.

3 – O recurso interposto por um interessado nos casos previstos nas alíneas *b*) e *f*) do nº 1 do artigo 70º aproveita aos restantes, nos termos e limites estabelecidos na lei reguladora do processo em que a decisão tiver sido proferida.

4 – Não pode haver recurso subordinado nem adesão ao recurso para o Tribunal Constitucional.

ARTIGO 75º
Prazo

1 – O prazo de interposição de recurso para o Tribunal Constitucional é de 10 dias e interrompe os prazos para a interposição de outros que porventura caibam da decisão, os quais só podem ser interpostos depois de cessada a interrupção.

2 – Interposto recurso ordinário, mesmo que para uniformização de jurisprudência, que não seja admitido com fundamento em irrecorribilidade da decisão, o prazo para recorrer para o Tribunal Constitucional conta-se do momento em que se torna definitiva a decisão que não admite recurso.

ARTIGO 75º-A
Interposição do recurso

1 – O recurso para o Tribunal Constitucional interpõe-se por meio de requerimento, no qual se indique a alínea do nº 1 do artigo 70º ao abrigo da qual o recurso é interposto e a norma cuja inconstitucionalidade ou ilegalidade se pretende que o Tribunal aprecie.

2 – Sendo o recurso interposto ao abrigo das alíneas *b*) e *f*) do nº 1 do artigo 70º, do requerimento deve ainda constar a indicação da norma ou princípio constitucional ou legal que se considera violado, bem como da peça processual em que o recorrente suscitou a questão da inconstitucionalidade ou ilegalidade.

3 – No caso dos recursos previstos nas alíneas *g*) e *h*) do artigo 70º, no requerimento deve identificar-se também a decisão do Tribunal Constitucional ou da Comissão Constitucional que, com anterioridade, julgou inconstitucional ou ilegal a norma aplicada pela decisão recorrida.

4 – O disposto nos números anteriores é aplicável, com as necessárias adaptações, ao recurso previsto na alínea *i*) do nº 1 do artigo 70º

5 – Se o requerimento de interposição do recurso não indicar algum dos elementos previstos no presente artigo, o juiz convidará o requerente a prestar essa indicação no prazo de 10 dias.

6 – O disposto nos números anteriores é aplicável pelo relator no Tribunal Constitucional, quando o juiz ou o relator que admitiu o recurso de constitucionalidade não tiver feito o convite referido no nº 5.

7 – Se o requerente não responder ao convite efetuado pelo relator no Tribunal Constitucional, o recurso é logo julgado deserto.

ARTIGO 76º
Decisão sobre a admissibilidade

1 – Compete ao tribunal que tiver proferido a decisão recorrida apreciar a admissão do respetivo recurso.

2 – O requerimento de interposição de recurso para o Tribunal Constitucional deve ser indeferido quando não satisfaça os requisitos do artigo 75º-A, mesmo após o suprimento previsto no seu nº 5, quando a decisão o não admita, quando o recurso haja sido interposto fora do prazo, quando o requerente careça de legitimidade ou ainda, no caso dos recursos previstos nas alíneas *b*) e *f*) do nº 1 do artigo 70º, quando forem manifestamente infundados.

3 – A decisão que admita o recurso ou lhe determine o efeito não vincula o Tribunal Constitucional e as partes só podem impugná-la nas suas alegações.

4 – Do despacho que indefira o requerimento de interposição do recurso ou retenha a sua subida cabe reclamação para o Tribunal Constitucional.

ARTIGO 77º
Reclamação do despacho que indefira a admissão de recurso

1 – O julgamento da reclamação de despacho que indefira o requerimento de recurso ou retenha a sua subida cabe à conferência a que se refere o nº 3 do artigo 78º-A, aplicando-se igualmente o nº 4 da mesma disposição.

2 – O prazo de vista é de 10 dias para o relator e de 5 dias para o Ministério Público e os restantes juízes.

3 – Se entender que a questão é simples, o relator, após o visto do Ministério Público, pode dispensar os vistos dos restantes juízes e promover a imediata inscrição do processo em tabela, lavrando o Tribunal decisão sumária.

4 – A decisão não pode ser impugnada e, se revogar o despacho de indeferimento, faz caso julgado quanto à admissibilidade do recurso.

ARTIGO 78º
Efeitos e regime de subida

1 – O recurso interposto de decisão que não admita outro, por razões de valor ou alçada, tem os efeitos e o regime de subida do recurso que no caso caberia se o valor ou a alçada o permitissem.

2 – O recurso interposto de decisão da qual coubesse recurso ordinário, não interposto ou declarado extinto, tem os efeitos e o regime de subida deste recurso.

3 – O recurso interposto de decisão proferida já em fase de recurso mantém os efeitos e o regime de subida do recurso anterior, salvo no caso de ser aplicável o disposto no número anterior.

4 – Nos restantes casos, o recurso tem efeito suspensivo e sobe nos próprios autos.

5 – Quando, por aplicação das regras dos números anteriores, ao recurso couber efeito suspensivo, o Tribunal, em conferência, pode, oficiosamente e a título excecional, fixar-lhe efeito meramente devolutivo, se, com isso, não afetar a utilidade da decisão a proferir.

ARTIGO 78º-A
Exame preliminar e decisão sumária do relator

1 – Se entender que não pode conhecer-se do objeto do recurso ou que a questão a decidir é simples, designadamente por a mesma já ter sido objeto de decisão anterior do Tribunal ou por ser manifestamente infundada, o relator profere decisão sumária, que pode consistir em simples remissão para anterior jurisprudência do Tribunal.

2 – O disposto no número anterior é aplicável quando o recorrente, depois de notificado nos termos dos nºs 5 ou 6 do artigo 75º-A, não indique integralmente os elementos exigidos pelos seus nºs 1 a 4.

3 – Da decisão sumária do relator pode reclamar-se para a conferência, a qual é constituída pelo Presidente ou pelo Vice-Presidente, pelo relator e por outro juiz da respetiva secção, indicado pelo pleno da secção em cada ano judicial.

4 – A conferência decide definitivamente as reclamações, quando houver unanimidade dos juízes intervenientes, cabendo essa decisão ao pleno da secção quando não haja unanimidade.

5 – Quando não deva aplicar-se o disposto no nº 1 e, bem assim, quando a conferência ou o pleno da secção decidam que deve conhecer-se do objeto do recurso ou ordenem o respetivo prosseguimento, o relator manda notificar o recorrente para apresentar alegações.

ARTIGO 78º-B
Poderes do relator

1 – Compete ainda aos relatores julgar desertos os recursos, declarar a suspensão da instância quando imposta por lei, admitir a desistência do recurso, corrigir o efeito atribuído à sua interposição, convidar as partes a aperfeiçoar as conclusões das respetivas alegações, ordenar ou recusar a junção de documentos e pareceres, julgar extinta a instância por causa diversa do julgamento, julgar os incidentes suscitados, mandar baixar os autos para conhecimento de questões de que possa resultar a inutilidade superveniente do recurso, bem como os demais poderes previstos na lei e no regimento do Tribunal.

2 – Das decisões dos relatores pode reclamar-se para a conferência, nos termos do nº 3 do artigo 78º-A, aplicando-se igualmente o nº 4 da mesma disposição.

ARTIGO 79º
Alegações

1 – As alegações de recurso são sempre produzidas no Tribunal Constitucional.

2 – Os prazos para alegações são de 30 dias, contados da respetiva notificação, salvo nos recursos previstos nos nºs 3 a 5 do artigo 43º, em que serão fixados pelo relator entre 10 e 20 dias.

ARTIGO 79º-A
Intervenção do plenário

1 – O Presidente pode, com a concordância do Tribunal, determinar que o julgamento se faça com intervenção do plenário, quando o considerar necessário para evitar divergências jurisprudenciais ou quando tal se justifique em razão da natureza da questão a decidir, caso em que o processo irá com vista, por 10 dias, a cada um dos juízes que ainda o não tenham examinado, com cópia do memorando, se este já tiver sido apresentado.

2 – Tratando-se de recursos interpostos em processo penal, a faculdade prevista no número anterior deve ser exercida antes da distribuição do processo, podendo nos restantes casos essa faculdade ser exercida até ao momento em que seja ordenada a inscrição do processo em tabela para julgamento.

3 – O disposto nos números anteriores, salvo quanto aos prazos de vista, é igualmente aplicável às reclamações previstas no artigo 77º

ARTIGO 79º-B
Julgamento do objeto do recurso

1 – Fora dos casos do artigo 78º-A, observa-se o que no Código de Processo Civil se dispõe e não contrarie a natureza do recurso, devendo, porém, o processo ir com vista, pelo prazo de 10 dias, a cada um dos juízes da secção, acompanhado do memorando ou projeto de acórdão elaborado pelo relator, o qual dispõe para essa elaboração de um prazo de 30 dias.

2 – No caso de ter sido elaborado memorando, uma vez concluída a discussão e formada a decisão quanto às questões a que o mesmo se refere, é o processo concluso ao relator ou, no caso de este ter ficado vencido, ao juiz que deva substituí-lo, para elaboração do acórdão, no prazo de 30 dias.

3 – Nos processos referidos nos nºs 3 e 5 do artigo 43º e, bem assim, naqueles em que estiverem em causa direitos, liberdades e garantias pessoais, os prazos estabelecidos nos números anteriores são reduzidos a metade, devendo o relator conferir prioridade a tais processos.

ARTIGO 79º-C
Poderes de cognição do Tribunal

O Tribunal só pode julgar inconstitucional ou ilegal a norma que a decisão recorrida, conforme os casos, tenha aplicado ou a que haja recusado aplicação, mas pode fazê-lo com fundamento na violação de normas ou princípios constitucionais ou legais diversos daqueles cuja violação foi invocada.

ARTIGO 79º-D
Recurso para o plenário

1 – Se o Tribunal Constitucional vier a julgar a questão da inconstitucionalidade ou ilegalidade em sentido divergente do anteriormente adotado quanto à mesma norma por qualquer das suas secções, dessa decisão cabe recurso para o plenário do Tribunal, obrigatório para o Ministério Público quando intervier no processo como recorrente ou recorrido.

2 – O recurso previsto no número anterior é processado sem nova distribuição e seguirá ainda que não tenham sido apresentadas alegações pelo recorrente.

3 – Concluído o prazo para apresentação de alegações, irá o processo com vista ao Ministério Público, se este não for recorrente, por 10 dias, e depois a todos os juízes, por 5 dias.

4 – Terminados os vistos, o processo é inscrito em tabela para julgamento.

5 – A discussão tem por base o acórdão recorrido e, concluída ela e tomada a decisão do Tribunal, o acórdão é lavrado pelo relator ou, se este ficar vencido, pelo juiz que deva substituí-lo.

6 – Se o Tribunal mantiver a decisão recorrida, o acórdão pode limitar-se a confirmá-la, remetendo para a respetiva fundamentação.

7 – O disposto no artigo anterior é correspondentemente aplicável no caso de divergência jurisprudencial verificada no âmbito do recurso previsto na alínea *i*) do nº 1 do artigo 70º

ARTIGO 80º
Efeitos da decisão

1 – A decisão do recurso faz caso julgado no processo quanto à questão da inconstitucionalidade ou ilegalidade suscitada.

2 – Se o Tribunal Constitucional der provimento ao recurso, ainda que só parcialmente, os autos baixam ao tribunal de onde provieram, a fim de que este, consoante for o caso, reforme a decisão ou a mande reformar em conformidade com o julgamento sobre a questão da inconstitucionalidade ou da ilegalidade.

3 – No caso de o juízo de constitucionalidade ou de legalidade sobre a norma que a decisão recorrida tiver aplicado, ou a que tiver recusado aplicação, se fundar em determinada interpretação da mesma norma, esta deve ser aplicada com tal interpretação no processo em causa.

4 – Transitada em julgado a decisão que não admita o recurso ou lhe negue provimento, transita também a decisão recorrida, se estiverem esgotados os recursos ordinários, ou começam a correr os prazos para estes recursos, no caso contrário.

5 – O disposto nos números anteriores é aplicável, com as necessárias adaptações, à decisão do recurso previsto na alínea *i*) do nº 1 do artigo 70º

ARTIGO 81º
Registo de decisões

De todas as decisões do Tribunal Constitucional em que se declare a inconstitucionalidade ou a ilegalidade de uma norma é lavrado registo em livro próprio e guardada cópia, autenticada pelo secretário, no arquivo do Tribunal.

ARTIGO 82º
Processo aplicável à repetição do julgado

Sempre que a mesma norma tiver sido julgada inconstitucional ou ilegal em três casos concretos, pode o Tribunal Constitucional, por iniciativa de qualquer dos seus juízes ou do Ministério Público, promover a organização de um processo com as cópias das correspondentes decisões, o qual é concluso ao Presidente, seguindo-se os termos do processo de fiscalização abstrata sucessiva da constitucionalidade ou da ilegalidade previstos na presente lei.

ARTIGO 83º
Patrocínio judiciário

1 – Nos recursos para o Tribunal Constitucional é obrigatória a constituição de advogado, sem prejuízo do disposto no nº 3.

2 – Só pode advogar perante o Tribunal Constitucional quem o puder fazer junto do Supremo Tribunal de Justiça.

3 – Nos recursos interpostos de decisões dos tribunais administrativos e fiscais é aplicável o disposto na alínea *a*) do nº 1 do artigo 54º do Estatuto dos Tribunais Administrativos e Fiscais, aprovado pela Lei nº 13/2002, de 19 de fevereiro, no nº 1 do artigo 11º do Código de Processo nos Tribunais Administrativos, aprovado pela Lei nº 15/2002, de 22 de fevereiro, e da alínea *b*) do nº 1 do artigo 15º do Código de Procedimento e de Processo Tributário, aprovado pelo Decreto-Lei nº 433/99, de 26 de outubro.

ARTIGO 84º
Custas, multa e indemnização

1 – Os recursos para o Tribunal Constitucional são isentos de custas, salvo o disposto nos números seguintes.

2 – O Tribunal condenará em custas a parte que decair, nos recursos previstos nas alíneas *b*) e *f*) do nº 1 do artigo 70º em que conheça do respetivo objeto.

3 – O Tribunal condenará o recorrente em custas quando não tomar conhecimento do recurso, por não verificação de qualquer pressuposto da sua admissibilidade.

4 – As reclamações para o Tribunal Constitucional, e bem assim as reclamações de decisões por este proferidas, estão sujeitas a custas, quando indeferidas.

5 – O regime das custas previstas nos números anteriores, incluindo o das respetivas isenções, será definido por decreto-lei.

6 – O Tribunal Constitucional pode, sendo caso disso, condenar qualquer das partes em multa e indemnização como litigante de má-fé, nos termos da lei de processo.

7 – Quando entender que alguma das partes deve ser condenada como litigante de má-fé, o relator dirá nos autos sucintamente a razão do seu parecer e mandará ouvir o interessado por dois dias.

8 – Sendo manifesto que, com determinado requerimento, se pretende obstar ao cumprimento da decisão proferida no recurso ou na reclamação ou à baixa do processo, observar-se-á o disposto no artigo 670º do Código de Processo Civil, mas só depois de pagas as custas contadas no Tribunal, as multas que este tiver aplicado e as indemnizações que houver fixado se proferirá decisão no traslado.

ARTIGO 85º
Apoio judiciário

Nos recursos para o Tribunal Constitucional podem as partes litigar com benefício de apoio judiciário, nos termos da lei.

CAPÍTULO III
Outros processos

SUBCAPÍTULO I
Processos relativos à morte, impossibilidade física permanente, impedimento temporário, perda de cargo e destituição do Presidente da República

ARTIGO 86º
Iniciativa dos processos

1 – Cabe ao Procurador-Geral da República promover junto do Tribunal Constitucional a verificação e declaração da morte ou da impossibilidade física permanente do Presidente da República.

2 – A iniciativa do processo de verificação e declaração do impedimento temporário do Presidente da República, quando não desencadeada por este, cabe ao Procurador-Geral da República.

3 – Cabe ao Presidente da Assembleia da República promover junto do Tribunal Constitucional o processo relativo à perda do cargo de Presidente da República no caso do nº 3 do artigo 129º da Constituição.

4 – Cabe ao Presidente do Supremo Tribunal de Justiça a iniciativa do processo de destituição do Presidente da República no caso do nº 4 do artigo 130º da Constituição.

ARTIGO 87º
Morte do Presidente da República

1 – Ocorrendo a morte do Presidente da República, o Procurador-Geral da República requer imediatamente a sua verificação pelo Tribunal Constitucional, apresentando prova do óbito.

2 – O Tribunal Constitucional, em plenário, verifica de imediato a morte e declara a vagatura do cargo de Presidente da República.

3 – A declaração de vagatura por morte do Presidente da República é logo notificada ao Presidente da Assembleia da República, o qual fica automaticamente investido nas funções de Presidente da República interino.

ARTIGO 88º
Impossibilidade física permanente do Presidente da República

1 – Ocorrendo impossibilidade física permanente do Presidente da República, o Procurador-Geral da República requer ao Tribunal Constitucional a sua verificação, devendo logo apresentar todos os elementos de prova de que disponha.

2 – Recebido o requerimento, o Tribunal, em plenário, procede de imediato à designação de três peritos médicos, os quais devem apresentar um relatório no prazo de dois dias.

3 – O Tribunal, ouvido sempre que possível o Presidente da República, decide em plenário no dia seguinte ao da apresentação do relatório.

4 – É aplicável o disposto no nº 3 do artigo anterior à declaração de vagatura do cargo por impossibilidade física permanente do Presidente da República.

ARTIGO 89º
Impedimento temporário do Presidente da República

1 – A verificação e a declaração do impedimento temporário do Presidente da República para o exercício das suas funções pode ser requerida por este ou pelo Procurador-Geral da República e rege-se em tudo quanto seja aplicável pelo disposto no artigo anterior.

2 – O Procurador-Geral da República ouve previamente, sempre que possível, o Presidente da República.

3 – O Tribunal, em plenário, ordena as diligências probatórias que julgue necessárias, ouve, sempre que possível, o Presidente da República e decide no prazo de cinco dias a contar da apresentação do requerimento.

4 – O Presidente da República comunica a cessação do seu impedimento temporário ao Tribunal Constitucional, o qual, ouvido o Procurador-Geral da República, declara a cessação do impedimento temporário do Presidente da República.

ARTIGO 90º
Perda do cargo de Presidente da República por ausência do território nacional

1 – O Presidente da Assembleia da República requer ao Tribunal Constitucional a verificação da perda do cargo de Presidente da República no caso previsto no nº 3 do artigo 129º da Constituição.

2 – O Tribunal reúne em sessão plenária no prazo de dois dias e declara verificada a perda do cargo se julgar provada a ocorrência do respetivo pressuposto ou ordena as diligências probatórias que julgar necessárias, ouvido designadamente, sempre que possível, o Presidente da República e o Presidente da Assembleia da República, após o que decide.

ARTIGO 91º
Destituição do cargo de Presidente da República

1 – Transitada em julgado a decisão do Supremo Tribunal de Justiça condenatória do Presidente da República por crime praticado no exercício das suas funções, o Presidente do Supremo Tribunal de Justiça envia de imediato certidão da mesma ao Tribunal Constitucional para os efeitos do nº 3 do artigo 130º da Constituição.

2 – Recebida a certidão, o Tribunal reúne em sessão plenária no dia seguinte.

3 – Verificada a autenticidade da certidão, o Tribunal declara o Presidente da República destituído do seu cargo.

4 – À declaração de destituição é aplicável o disposto no artigo 87º

SUBCAPÍTULO I-A
Processos relativos à perda de mandato de Deputados*

ARTIGO 91º-A
Contencioso da perda de mandato de deputados

1 – A deliberação da Assembleia da República que declare a perda de mandato de deputados pode ser impugnada com fundamento em violação da Constituição, das leis ou do Regimento, no prazo de cinco dias a contar da data da mesma.

2 – Têm legitimidade para recorrer o deputado cujo mandato haja sido declarado perdido, qualquer grupo parlamentar ou um mínimo de 10 deputados no exercício efetivo de funções.

3 – O processo é distribuído e autuado no prazo de dois dias, sendo a Assembleia da República notificada, na pessoa do seu Presidente, para responder ao pedido de impugnação, no prazo de cinco dias.

4 – Decorrido o prazo da resposta, é o processo concluso ao relator, seguindo-se os termos dos nºs 4 a 6 do artigo 102º-B, sendo de cinco dias o prazo para a decisão.

ARTIGO 91º-B
Contencioso da perda do mandato de deputado regional

O disposto no artigo anterior é aplicável, com as adaptações necessárias, à perda do mandato de deputados regionais.

ARTIGO 91º-C
Verificação de perda do mandato de Deputados ao Parlamento Europeu

1 – A verificação de perda de mandato de um Deputado ao Parlamento Europeu, com fundamento na ocorrência de causa legal para o efeito, pode ser requerida ao Tribunal Constitucional:

a) Por qualquer Deputado ao Parlamento Europeu;

b) Por qualquer partido político nele representado, ou que tenha elegido Deputados àquele órgão no mandato em curso;

* *A epígrafe do presente subcapítulo foi alterada pela Lei Orgânica nº 1/2022, de 4 de janeiro.*

c) Pelo Procurador-Geral da República.

2 – O processo é distribuído e autuado no prazo de cinco dias, sendo o Deputado visado notificado para responder ao pedido, no prazo de 20 dias.

3 – Decorrido o prazo da resposta, é o processo concluso ao relator, seguindo-se, com as adaptações necessárias, os termos dos nºs 4 a 6 do artigo 102º-B, devendo a decisão do Tribunal ser tomada no prazo de 20 dias a contar do termo das diligências instrutórias.

4 – A decisão definitiva que verifique a perda de mandato é comunicada ao Parlamento Europeu, para os devidos efeitos.

(Aditado pela Lei Orgânica nº 1/2022, de 04-01)

SUBCAPÍTULO II
Processos eleitorais

SECÇÃO I
Processo relativo à eleição do Presidente da República

SUBSECÇÃO I
Candidaturas

ARTIGO 92º
Apresentação e sorteio

1 – As candidaturas são recebidas pelo Presidente do Tribunal.

2 – No dia seguinte ao termo do prazo para a apresentação das candidaturas o Presidente procede, na presença dos candidatos ou seus mandatários, ao sorteio do número de ordem a atribuir às candidaturas nos boletins de voto.

3 – O Presidente manda imediatamente afixar por edital, à porta do Tribunal, uma relação com os nomes dos candidatos ordenados em conformidade com o sorteio.

4 – Do sorteio é lavrado auto, do qual são enviadas cópias à Comissão Nacional de Eleições e à Secretaria-Geral do Ministério da Administração Interna.

ARTIGO 93º
Admissão

1 – Findo o prazo para a apresentação das candidaturas, o Tribunal Constitucional, em secção designada por sorteio, verifica a regularidade dos processos, a autenticidade dos documentos e a elegibilidade dos candidatos.

2 – São rejeitados os candidatos inelegíveis.

3 – Verificando-se irregularidades processuais, será notificado imediatamente o mandatário do candidato para as suprir no prazo de dois dias.

4 – A decisão é proferida no prazo de seis dias a contar do termo do prazo para a apresentação de candidaturas, abrange todas as candidaturas e é imediatamente notificada aos mandatários.

ARTIGO 94º
Recurso

1 – Da decisão final relativa à apresentação de candidaturas cabe recurso para o plenário do Tribunal, a interpor no prazo de um dia.

2 – O requerimento de interposição do recurso, do qual constarão os seus fundamentos, será acompanhado de todos os elementos de prova.

3 – Tratando-se de recurso contra a admissão de qualquer candidatura, será notificado imediatamente o respetivo mandatário, para ele ou o candidato responder, querendo, no prazo de um dia.

4 – Tratando-se de recurso contra a não admissão de qualquer candidatura, serão notificados imediatamente os mandatários das outras candidaturas, ainda que não admitidas, para eles ou os candidatos responderem, querendo, no prazo de um dia.

5 – O recurso será decidido no prazo de um dia a contar do termo do prazo referido nos dois números anteriores.

ARTIGO 95º
Comunicação das candidaturas admitidas

A relação das candidaturas definitivamente admitidas é enviada à Comissão Nacional de Eleições e à Secretaria-Geral do Ministério da Administração Interna, no prazo de três dias.

SUBSECÇÃO II
Desistência, morte e incapacidade de candidatos

ARTIGO 96º
Desistência de candidatura

1 – Qualquer candidato que pretenda desistir da candidatura deve fazê-lo mediante declaração por ele escrita, com a assinatura reconhecida por notário, apresentada ao Presidente do Tribunal Constitucional.

2 – Verificada a regularidade da declaração de desistência, o presidente do tribunal imediatamente manda afixar cópia à porta do edifício do tribunal e notifica a Comissão Nacional de Eleições e a Secretaria-Geral do Ministério da Administração Interna.

ARTIGO 97º
Morte ou incapacidade permanente de candidato

1 – Cabe ao Procurador-Geral da República promover a verificação da morte ou a declaração de incapacidade de qualquer candidato a Presidente da República, para os efeitos do nº 3 do artigo 124º da Constituição.

2 – O Procurador-Geral da República deve apresentar prova do óbito ou requerer a designação de três peritos médicos para verificarem a incapacidade do candidato, fornecendo neste caso ao Tribunal todos os elementos de prova de que disponha.

3 – O Tribunal, em plenário, verifica a morte do candidato ou designa os peritos em prazo não superior a um dia.

4 – Os peritos apresentam o seu relatório no prazo de um dia se outro não for fixado pelo Tribunal, após o que este, em plenário, decide sobre a capacidade do candidato.

5 – Verificado o óbito ou declarada a incapacidade do candidato, o Presidente do Tribunal comunica imediatamente ao Presidente da República a correspondente declaração.

SUBSECÇÃO III
Apuramento geral da eleição e respetivo contencioso

ARTIGO 98º
Assembleia de apuramento geral

1 – A assembleia de apuramento geral é constituída pelo Presidente do Tribunal Constitucional e por uma das secções, determinada por sorteio, que não tenha sido designada no sorteio previsto no nº 1 do artigo 93º

2 – Os recursos contenciosos das deliberações da assembleia de apuramento geral são interpostos para o Tribunal Constitucional, em plenário.

ARTIGO 99º
Reclamações

(Revogado pela Lei nº 143/85, de 26 de novembro.)

ARTIGO 100º
Tramitação e julgamento

1 – Apresentado o recurso, o processo é imediatamente concluso ao Presidente do Tribunal, a fim de ser designado, por sorteio, um relator.

2 – Os demais candidatos definitivamente admitidos são imediatamente notificados para responderem no dia seguinte ao da notificação.

3 – O relator elabora o projeto de acórdão no prazo de um dia, a contar do termo do prazo para as respostas dos candidatos, dele sendo imediatamente distribuídas cópias aos restantes juízes.

4 – A sessão plenária para julgamento do recurso tem lugar no dia seguinte ao da distribuição das cópias.

5 – A decisão é de imediato comunicada ao Presidente da República e à Comissão Nacional de Eleições.

SECÇÃO II
Outros processos eleitorais

ARTIGO 101º
Contencioso de apresentação de candidaturas

1 – Das decisões dos tribunais de 1ª instância em matéria de contencioso de apresentação de candidaturas, relativamente às eleições para a Assembleia da República,

Assembleias Legislativas das Regiões Autónomas e órgãos do poder local, cabe recurso para o Tribunal Constitucional, que decide em plenário.

2 – O processo relativo ao contencioso de apresentação de candidaturas é regulado pelas leis eleitorais.

3 – *(Revogado.)*

ARTIGO 102º
Contencioso eleitoral

1 – Das decisões sobre reclamações ou protestos relativos a irregularidades ocorridas no decurso das votações e nos apuramentos parciais ou gerais respeitantes a eleições para a Assembleia da República, Assembleias Legislativas das Regiões Autónomas ou órgãos do poder local cabe recurso para o Tribunal Constitucional, que decide em plenário.

2 – O processo relativo ao contencioso eleitoral é regulado pelas leis eleitorais.

3 – *(Revogado.)*

ARTIGO 102º-A
Parlamento Europeu

1 – A apresentação de candidaturas à eleição para o Parlamento Europeu, o recurso da respetiva decisão final e os correspondentes processos, bem como o processo relativo ao contencioso eleitoral no âmbito da mesma eleição, são regulados pela respetiva lei eleitoral.

2 – Ao apuramento geral da eleição para o Parlamento Europeu aplica-se o disposto no artigo 98º da presente lei.

ARTIGO 102º-B
Recurso de atos de administração eleitoral

1 – A interposição de recurso contencioso de deliberações da Comissão Nacional de Eleições faz-se por meio de requerimento apresentado nessa Comissão, contendo a alegação do recorrente e a indicação das peças de que pretende certidão.

2 – O prazo para a interposição do recurso é de um dia a contar da data do conhecimento pelo recorrente da deliberação impugnada.

3 – A Comissão Nacional de Eleições remeterá imediatamente os autos, devidamente instruídos, ao Tribunal Constitucional.

4 – Se o entender possível e necessário, o Tribunal Constitucional ouvirá outros eventuais interessados, em prazo que fixará.

5 – O Tribunal Constitucional decidirá o recurso em plenário, em prazo que assegure utilidade à decisão, mas nunca superior a três dias.

6 – Nos recursos de que trata este artigo não é obrigatória a constituição de advogado.

7 – O disposto nos números anteriores é aplicável ao recurso interposto de decisões de outros órgãos da administração eleitoral.

ARTIGO 102º-C
Recurso de aplicação de coima

(Revogado.)

ARTIGO 102º-D
Recursos relativos às eleições realizadas na Assembleia da República e nas Assembleias Legislativas das Regiões Autónomas

1 – A interposição de recurso contencioso relativo a eleições realizadas na Assembleia da República e nas Assembleias Legislativas das Regiões Autónomas, com fundamento em violação de lei ou do regimento da respetiva assembleia, faz-se por meio de requerimento apresentado por qualquer deputado, contendo a alegação e a indicação dos documentos de que pretende certidão, e entregue ao respetivo presidente.

2 – O prazo para a interposição do recurso é de cinco dias a contar da data da realização da eleição.

3 – A Assembleia da República ou a Assembleia Legislativa da Região Autónoma em causa, no prazo de cinco dias, remeterá os autos, devidamente instruídos e acompanhados da sua resposta, ao Tribunal Constitucional.

4 – É aplicável a este processo o disposto nos nºs 4 a 6 do artigo 102º-B, com as adaptações necessárias, devendo a decisão do Tribunal ser tomada no prazo de cinco dias.

SUBCAPÍTULO III
Processos relativos a partidos políticos, coligações e frentes

ARTIGO 103º
Registo e contencioso relativos a partidos, coligações e frentes

1 – Os processos respeitantes ao registo e ao contencioso relativos a partidos políticos e coligações ou frentes de partidos, ainda que constituídas para fins meramente eleitorais, regem-se pela legislação aplicável.

2 – *(Revogado.)*

3 – *(Revogado.)*

4 – *(Revogado.)*

ARTIGO 103º-A
Apreciação de recurso de aplicação de coima em matéria de contas dos partidos políticos

1 – Recebido o recurso pelo Tribunal Constitucional, o mesmo dá vista ao Ministério Público para que este se pronuncie no prazo de 10 dias com direito a resposta pelo recorrente no mesmo prazo.

2 – O relator pode ordenar as diligências que forem tidas por convenientes, após o que o Tribunal decide em sessão plenária.

3 – A apresentação de recurso implica o efeito suspensivo da decisão recorrida.

ARTIGO 103º-B
Não apresentação de contas pelos partidos políticos

1 – Quando, decorrido o prazo estabelecido no nº 1 do artigo 26º da Lei nº 19/2003, de 20 de junho, se verificar que não foram apresentadas as contas relativas ao ano anterior por partido político com direito a subvenção estatal, o presidente da ECFP comunica o facto ao Presidente da Assembleia da República para o efeito previsto no nº 7 do artigo 29º da mesma lei.

2 – Idêntico procedimento é adotado logo que sejam apresentadas as contas pelo partido em falta.

3 – Num e noutro caso, é dado conhecimento ao partido político em causa, pelo presidente da ECFP, das comunicações efetuadas ao Presidente da Assembleia da República.

ARTIGO 103º-C
Ações de impugnação de eleição de titulares de órgãos de partidos políticos

1 – As ações de impugnação de eleições de titulares de órgãos de partidos políticos podem ser instauradas por qualquer militante que, na eleição em causa, seja eleitor ou candidato ou, quanto à omissão nos cadernos ou listas eleitorais, também pelos militantes cuja inscrição seja omitida.

2 – O impugnante deve justificar a qualidade de militante com legitimidade para o pedido e deduzir na petição os fundamentos de facto e de direito, indicando, designadamente, as normas da Constituição, da lei ou dos estatutos que considere violadas.

3 – A impugnação só é admissível depois de esgotados todos os meios internos previstos nos estatutos para apreciação da validade e regularidade do ato eleitoral.

4 – A petição deve ser apresentada no Tribunal Constitucional no prazo de cinco dias a contar da notificação da deliberação do órgão que, segundo os estatutos, for competente para conhecer em última instância da validade ou regularidade do ato eleitoral.

5 – Distribuído o processo no Tribunal Constitucional, o relator ordenará a citação do partido político para responder, no prazo de cinco dias, com a advertência de que a resposta deve ser acompanhada da ata da eleição, dos requerimentos apresentados nas instâncias internas pelo impugnante, das deliberações dos competentes órgãos e de outros documentos respeitantes à impugnação.

6 – Aplica-se ao julgamento da impugnação o disposto nos nºs 4 a 6 do artigo 102º-B, com as adaptações necessárias, devendo a decisão do Tribunal, em secção, ser tomada no prazo de 20 dias a contar do termo das diligências instrutórias.

7 – Se os estatutos do partido não previrem meios internos de apreciação da validade e regularidade do ato eleitoral, o prazo para impugnação é de cinco dias a contar da data da realização da eleição, salvo se o impugnante não tiver estado presente, caso em que esse prazo se contará da data em que se tornar possível o conhecimento do ato eleitoral, seguindo-se os trâmites previstos nos dois números anteriores, com as adaptações necessárias, uma vez apresentada a petição.

8 – Da decisão final cabe recurso, restrito à matéria de direito, para o plenário do Tribunal, a interpor no prazo de 5 dias, com a apresentação da respetiva alegação, sendo igualmente de 5 dias o prazo para contra-alegar, após o que, distribuído o processo a outro relator, a decisão será tomada no prazo de 20 dias.

ARTIGO 103º-D
Ações de impugnação de deliberação tomada por órgãos de partidos políticos

1 – Qualquer militante de um partido político pode impugnar, com fundamento em ilegalidade ou violação de regra estatutária, as decisões punitivas dos respetivos órgãos partidários, tomadas em processo disciplinar em que seja arguido, e, bem assim, as deliberações dos mesmos órgãos que afetem direta e pessoalmente os seus direitos de participação nas atividades do partido.

2 – Pode ainda qualquer militante impugnar as deliberações dos órgãos partidários com fundamento em grave violação de regras essenciais relativas à competência ou ao funcionamento democrático do partido.

3 – É aplicável ao processo de impugnação o disposto nos nºs 2 a 8 do artigo 103º-C, com as adaptações necessárias.

ARTIGO 103º-E
Medidas cautelares

1 – Como preliminar ou incidente das ações reguladas nos artigos 103º-C e 103º-D, podem os interessados requerer a suspensão de eficácia das eleições ou deliberações impugnáveis, nos prazos previstos no nº 7 do artigo 103º-C, com fundamento na probabilidade de ocorrência de danos apreciáveis causados pela eficácia do ato eleitoral ou pela execução da deliberação.

2 – É aplicável ao pedido de suspensão de eficácia o disposto nos artigos 380º e 381º do Código de Processo Civil, com as adaptações necessárias, sendo competente para o apreciar o Tribunal Constitucional, em secção.

ARTIGO 103º-F
Extinção de partidos políticos

Para além do que se encontra previsto na legislação aplicável, o Ministério Público deve ainda requerer a extinção dos partidos políticos que:

a) Não apresentem as suas contas em 3 anos consecutivos ou 5 interpolados num período de 10 anos;

b) Não procedam à anotação dos titulares dos seus órgãos centrais num período superior a seis anos;

c) Não seja possível citar ou notificar na pessoa de qualquer dos titulares dos seus órgãos centrais, conforme a anotação constante do registo existente no Tribunal.

SUBCAPÍTULO IV
Processos relativos a organizações que perfilhem a ideologia fascista

ARTIGO 104º
Declaração

1 – Os processos relativos à declaração de que uma qualquer organização perfilha a ideologia fascista e à sua consequente extinção regem-se pela legislação especial aplicável.

2 – De acordo com o disposto no número anterior, são atribuídas ao Tribunal Constitucional, em plenário, as competências do Supremo Tribunal de Justiça previstas no artigo 6º, no nº 2 do artigo 7º e no artigo 8º da Lei nº 64/78, de 6 de outubro.

SUBCAPÍTULO V
Processos relativos à realização de referendos e de consultas diretas aos eleitores a nível local

ARTIGO 105º
Remissão

Os processos relativos à realização de referendos nacionais, regionais e locais são regulados pelas leis orgânicas que disciplinam os respetivos regimes.

SUBCAPÍTULO VI
Processos relativos a titulares de cargos públicos

ARTIGO 106º
Competências sancionatórias relativas a titulares de cargos públicos

1 – Compete ao Tribunal Constitucional aplicar as sanções sem natureza penal previstas nos artigos 11º, 17º e 18º do regime do exercício de funções por titulares de cargos políticos e altos cargos públicos relativamente aos titulares de cargos políticos e equiparados indicados nos artigos 2º e 4º do referido regime, bem como aos antigos titulares de cargos políticos, quando aplicável, com exceção:

a) Do Presidente da República, do Presidente da Assembleia da República e do Primeiro-Ministro;

b) Do Provedor de Justiça;

c) Da perda de mandato de Deputados à Assembleia da República e às Assembleias Legislativas das Regiões Autónomas, cuja aplicação compete às respetivas assembleias, sem prejuízo dos recursos destas decisões para o Tribunal Constitucional;

d) Dos membros dos órgãos executivos do poder local e das áreas metropolitanas e entidades intermunicipais, cuja competência para aplicação de sanções se rege pelas normas estatutárias específicas e pelo regime jurídico da tutela administrativa.

2 – Compete aos tribunais administrativos aplicar as sanções sem natureza penal previstas nos artigos 11º, 17º e 18º do regime do exercício de funções por titulares de cargos políticos e altos cargos públicos relativamente aos titulares de cargos políticos referidos nas alíneas *i*) e *j*) do nº 1 do artigo 2º e aos titulares de altos cargos públicos e equiparados identificados no artigo 3º, ambos do referido regime, bem como aos respetivos antigos titulares nos casos nele previstos.
(Redação dada pela Lei Orgânica nº 4/2019, de 13-09)

ARTIGO 107º
Processo relativo ao incumprimento das obrigações declarativas de titulares de cargos políticos

1 – Quando, após a notificação para o efeito prevista no nº 1 do artigo 18º do regime de exercício de funções por titulares de cargos políticos e altos cargos públicos, a Entidade para a Transparência verificar o incumprimento das obrigações declarativas por um titular de cargo político ou equiparado, envia o processo individual do respetivo declarante ao Ministério Público para que este decida sobre a promoção da intervenção do Tribunal Constitucional, quando esta for da sua competência.

2 – Após a distribuição, o relator ordena a notificação do declarante, para este responder, no prazo de 20 dias, à promoção do Ministério Público, com conhecimento à Entidade para a Transparência.

3 – Caso haja necessidade da produção de outro meio de prova para além da documental, a mesma é produzida junto da Entidade para a Transparência, procedendo-se ao competente registo e remessa ao Tribunal Constitucional.

4 – O Tribunal Constitucional pode excecionalmente, a requerimento do visado ou oficiosamente, admitir produção de prova complementar perante si, se a julgar imprescindível para a tomada de decisão.

5 – A decisão do Tribunal que determine a perda do mandato ou a demissão de titular de cargo político é publicada na 1ª série do Diário da República ou naquela em que tiver sido publicada a designação desse titular para o cargo, produzindo efeitos desde a data do respetivo trânsito em julgado.
(Redação dada pela Lei Orgânica nº 4/2019, de 13-09)

ARTIGO 108º
Incumprimento de obrigações declarativas por antigos titulares de cargos políticos

O disposto no artigo anterior é aplicável quando ocorra incumprimento de obrigações declarativas por antigos titulares de cargos políticos a elas vinculados, relativamente às sanções que lhes sejam correspondentemente aplicáveis nos termos do regime do exercício de funções por titulares de cargos políticos e altos cargos públicos.
(Redação dada pela Lei Orgânica nº 4/2019, de 13-09)

ARTIGO 109º
Processo relativo a outras violações do regime do exercício de funções por titulares de cargos políticos e altos cargos públicos

1 – O disposto no artigo 107º é aplicável, com as necessárias adaptações, ao processo de aplicação das sanções a titulares de cargos políticos e equiparados previstas no artigo 11º do regime do exercício de funções por titulares de cargos políticos.

2 – O Tribunal, se considerar fundada a existência de dúvida sobre a ocorrência de uma situação de incompatibilidade ou impedimento, pode limitar-se a ordenar a sua cessação, fixando prazo para o efeito.

(Redação dada pela Lei Orgânica nº 4/2019, de 13-09)

ARTIGO 110º
Comunicação de decisões

Proferida deliberação ou decisão que determine a perda de mandato pela violação das regras do regime do exercício de funções por titulares de cargos políticos e altos cargos públicos que não seja da competência do Tribunal Constitucional, deve a entidade competente, logo que tal decisão haja transitado em julgado ou se tenha tornado inimpugnável, comunicá-la à Entidade para a Transparência.

(Redação dada pela Lei Orgânica nº 4/2019, de 13-09)

ARTIGO 111º
Recursos em matéria de acesso às declarações

1 – Recebido pela competente secção do Tribunal Constitucional o recurso previsto no Estatuto da Entidade para a Transparência em matéria de acesso às declarações únicas, o mesmo dá vista ao Ministério Público para que este se pronuncie no prazo de 10 dias, com direito a resposta pelo recorrente no mesmo prazo.

2 – O relator pode ordenar as diligências que forem tidas por convenientes, após o que o Tribunal emite o competente acórdão.

3 – A apresentação de recurso tem efeito suspensivo.

(Redação dada pela Lei Orgânica nº 4/2019, de 13-09)

ARTIGO 112º
Apreciação das declarações

(Revogado pela Lei Orgânica nº 4/2019, de 13-09)

ARTIGO 113º
Não apresentação da declaração

(Revogado pela Lei Orgânica nº 4/2019, de 13-09)

TÍTULO IV
Disposições finais e transitórias

ARTIGO 114º
Vogais da Comissão Constitucional

O tempo de exercício de funções como vogal da Comissão Constitucional é equiparado, para todos os efeitos, ao tempo de exercício de funções como juiz do Tribunal Constitucional.

ARTIGO 115º
Publicação oficial de acórdãos

1 – Sem prejuízo do disposto no artigo 3º, serão publicados no *Boletim do Ministério da Justiça* todos os acórdãos do Tribunal Constitucional com interesse doutrinário, cabendo a seleção ao Presidente.

2 – O Tribunal Constitucional promove a publicação dos seus acórdãos com interesse doutrinário em coletânea anual.

3 – *(Revogado.)*

Iniciativa Legislativa de Cidadãos

Lei nº 17/2003, de 4 de junho*

CAPÍTULO I
Disposições gerais

ARTIGO 1º
Iniciativa legislativa de cidadãos

A presente lei regula os termos e condições em que grupos de cidadãos eleitores exercem o direito de iniciativa legislativa junto da Assembleia da República, nos termos do artigo 167º da Constituição, bem como a sua participação no procedimento legislativo a que derem origem.

ARTIGO 2º
Titularidade

São titulares do direito de iniciativa legislativa os cidadãos definitivamente inscritos no recenseamento eleitoral, quer no território nacional, quer no estrangeiro.

ARTIGO 3º
Objeto

A iniciativa legislativa de cidadãos pode ter por objeto todas as matérias incluídas na competência legislativa da Assembleia da República, salvo:

a) As alterações à Constituição;
b) Aquelas cuja iniciativa esteja reservada pela Constituição ao Governo;

* Texto de acordo com a republicação da Lei nº 52/2017, de 13 de julho.

c) Aquelas cuja iniciativa esteja reservada pela Constituição às Assembleias Legislativas das Regiões Autónomas;
d) *(Revogada.)*
e) As amnistias e perdões genéricos;
f) As que revistam natureza ou conteúdo orçamental, tributário ou financeiro. *(Redação dada pela Lei nº 51/2020, de 25-08)*

ARTIGO 4º
Limites da iniciativa

Os grupos de cidadãos eleitores não podem apresentar iniciativas legislativas que:

a) Violem a Constituição ou os princípios nela consignados;
b) Não contenham uma definição concreta do sentido das modificações a introduzir na ordem legislativa;
c) Envolvam, no ano económico em curso, aumento das despesas ou diminuição das receitas previstas no Orçamento do Estado.

ARTIGO 5º
Garantias

O exercício do direito de iniciativa é livre e gratuito, não podendo ser dificultada ou impedida, por qualquer entidade pública ou privada, a recolha de assinaturas e os demais atos necessários para a sua efetivação, nem dar lugar ao pagamento de quaisquer impostos ou taxas.

CAPÍTULO II
Requisitos e tramitação

ARTIGO 6º
Requisitos

1 – O direito de iniciativa legislativa de cidadãos é exercido através da apresentação à Assembleia da República de projetos de lei subscritos por um mínimo de 20 000 cidadãos eleitores.
2 – Os projetos de lei referidos no número anterior são apresentados por escrito, em papel ou por via eletrónica, ao Presidente da Assembleia da República, revestem a forma articulada e devem conter:

a) Uma designação que descreva sinteticamente o seu objeto principal;
b) Uma justificação ou exposição de motivos de onde conste a descrição sumária da iniciativa, os diplomas legislativos a alterar ou com ela relacionados, as principais consequências da sua aplicação e os seus fundamentos, em especial as respetivas motivações sociais, económicas, financeiras e políticas;
c) A identificação de todos os proponentes, em suporte de papel ou por via eletrónica, consoante a modalidade de submissão, com indicação do nome completto,

do número do bilhete de identidade ou do cartão de cidadão, do número de eleitor e da data de nascimento correspondentes a cada cidadão subscritor;

d) A identificação dos elementos que compõem a comissão representativa dos cidadãos subscritores, bem como a indicação de um domicílio para a mesma;

e) A listagem dos documentos juntos.

3 – A Assembleia da República disponibiliza plataforma eletrónica que permita a submissão da iniciativa legislativa e a recolha dos elementos referidos no número anterior.

4 – Para efeitos da obtenção do número de subscritores previsto no nº 1, pode ser remetida cumulativamente a documentação em suporte de papel e através de plataforma eletrónica que garanta o cumprimento das exigências.

5 – A Assembleia da República pode solicitar aos serviços competentes da Administração Pública a verificação administrativa, por amostragem, da autenticidade da identificação dos subscritores da iniciativa legislativa.

6 – A Assembleia da República verifica a validade dos endereços de correio eletrónico, cujo envio é obrigatório pelos subscritores que utilizem plataforma eletrónica.

ARTIGO 7º
Comissão representativa

1 – Os cidadãos subscritores da iniciativa designam entre si uma comissão representativa, com um mínimo de 5 e o máximo de 10 elementos, para os efeitos previstos na presente lei, designadamente em termos de responsabilidade e de representação.

2 – A comissão é notificada de todos os atos respeitantes ao processo legislativo decorrente da iniciativa apresentada ou com ele conexos, podendo exercer junto da Assembleia da República diligências tendentes à boa execução do disposto na presente lei.

ARTIGO 8º
Admissão

1 – A iniciativa é admitida pelo Presidente da Assembleia da República, salvo se:

a) Tratar matérias não incluídas no seu objeto legal;

b) Não respeitar os limites consignados no artigo 4º;

c) Não cumprir os requisitos previstos nos nºs 1 e 2 do artigo 6º

2 – Nos casos previstos na alínea *c*) do número anterior, a decisão é precedida de notificação à comissão representativa dos cidadãos subscritores, no sentido de, no prazo máximo de 30 dias úteis, serem supridas as deficiências encontradas.

3 – Da decisão de não admissão cabe recurso pelos Deputados nos termos do Regimento da Assembleia da República.

ARTIGO 9º
Exame em comissão

1 – Admitida a iniciativa, o Presidente da Assembleia da República ordena a sua publicação no *Diário da Assembleia da República* e remete-a à comissão especializada competente para, no prazo de 30 dias, elaborar o respetivo relatório e parecer.

2 – Tratando-se de matéria constitucional ou legalmente sujeita a participação ou consulta obrigatórias, a comissão promove o cumprimento das disposições legais, estatutárias e regimentais aplicáveis.

3 – Em razão da especial relevância da matéria, a comissão pode propor ao Presidente da Assembleia da República a discussão pública da iniciativa.

4 – É obrigatoriamente ouvida a comissão representativa dos cidadãos subscritores.

5 – O prazo referido no nº 1 suspende-se durante:

a) O prazo fixado para consulta pública obrigatória, quando a ela houver lugar;

b) O prazo da discussão pública da iniciativa;

c) O período necessário à efetivação da diligência prevista no nº 3 do artigo 6º, quando seja a comissão a solicitá-la.

ARTIGO 10º
Apreciação e votação na generalidade

1 – Recebido o parecer da comissão ou esgotado o prazo referido no nº 1 do artigo anterior, o Presidente da Assembleia da República promove o agendamento da iniciativa para uma das 10 reuniões plenárias seguintes, para efeito de apreciação e votação na generalidade, salvo se o parecer da comissão tiver concluído pela não reunião dos pressupostos para o respetivo agendamento.

2 – A comissão representativa dos cidadãos subscritores é notificada da data da reunião plenária para que a iniciativa é agendada.

(Redação dada pela Lei nº 51/2020, de 25-08)

ARTIGO 11º
Apreciação e votação na especialidade

1 – Aprovada na generalidade, e salvo nos casos em que a Constituição, a lei ou o Regimento disponham de modo diferente, a iniciativa é remetida à comissão competente em razão da matéria para efeitos de apreciação e votação na especialidade.

2 – A comissão pode apresentar textos de substituição, sem prejuízo da iniciativa, quando não retirada.

3 – A votação na especialidade é precedida de audição da comissão representativa dos subscritores e deve ocorrer no prazo máximo de 30 dias.

ARTIGO 12º
Votação final global

1 – Finda a apreciação e votação na especialidade, a respetiva votação final global ocorre no prazo máximo de 15 dias.

2 – A comissão representativa dos cidadãos subscritores é notificada da data da reunião plenária para que a iniciativa é agendada.

CAPÍTULO III
Disposições finais

ARTIGO 13º
Caducidade e renovação

1 – A iniciativa legislativa de cidadãos eleitores caduca com o fim da legislatura.

2 – A iniciativa não votada na legislatura em que tiver sido apresentada pode, todavia, ser renovada na legislatura seguinte, mediante simples requerimento dirigido ao Presidente da Assembleia da República pela comissão representativa dos cidadãos subscritores, desde que não tenha decorrido mais de um ano entre a data da entrada da iniciativa na Assembleia da República e a data de entrada do requerimento de renovação.

3 – A iniciativa legislativa definitivamente rejeitada não pode ser renovada na mesma sessão legislativa.

ARTIGO 14º
Direito subsidiário

Em tudo o que não se encontrar regulado na presente lei, aplicam-se, com as necessárias adaptações, as normas procedimentais do Regimento da Assembleia da República.

ARTIGO 15º
Entrada em vigor

A presente lei entra em vigor no trigésimo dia posterior ao da sua publicação.

Direito de Participação Procedimental e de Acção Popular

Lei nº 83/95, de 31 de agosto

A Assembleia da República decreta, nos termos dos artigos 52º, nº 3, 164º, alínea *d*), e 169º, nº 3, da Constituição, o seguinte:

CAPÍTULO I
Disposições gerais

ARTIGO 1º
Âmbito da presente lei

1 – A presente lei define os casos e termos em que são conferidos e podem ser exercidos o direito de participação popular em procedimentos administrativos e o direito de acção popular para a prevenção, a cessação ou a perseguição judicial das infracções previstas no nº 3 do artigo 52º da Constituição.

2 – Sem prejuízo do disposto no número anterior, são designadamente interesses protegidos pela presente lei a saúde pública, o ambiente, a qualidade de vida, a protecção do consumo de bens e serviços, o património cultural e o domínio público.

ARTIGO 2º
Titularidade dos direitos de participação procedimental e do direito de acção popular

1 – São titulares do direito procedimental de participação popular e do direito de acção popular quaisquer cidadãos no gozo dos seus direitos civis e políticos e as associações e fundações defensoras dos interesses previstos no artigo anterior, independentemente de terem ou não interesse directo na demanda.

2 – São igualmente titulares dos direitos referidos no número anterior as autar-

quias locais em relação aos interesses de que sejam titulares residentes na área da respectiva circunscrição.

ARTIGO 3º
Legitimidade activa das associações e fundações

Constituem requisitos da legitimidade activa das associações e fundações:

a) A personalidade jurídica;

b) O incluírem expressamente nas suas atribuições ou nos seus objectivos estatutários a defesa dos interesses em causa no tipo de acção de que se trate;

c) Não exercerem qualquer tipo de actividade profissional concorrente com empresas ou profissionais liberais.

CAPÍTULO II
Direito de participação popular

ARTIGO 4º
Dever de prévia audiência na preparação de planos ou na localização e realização de obras e investimentos públicos

1 – A adopção de planos de desenvolvimento das actividades da Administração Pública, de planos de urbanismo, de planos directores e de ordenamento do território e a decisão sobre a localização e a realização de obras públicas ou de outros investimentos públicos com impacte relevante no ambiente ou nas condições económicas e sociais e da vida em geral das populações ou agregados populacionais de certa área do território nacional devem ser precedidos, na fase de instrução dos respectivos procedimentos, da audição dos cidadãos interessados e das entidades defensoras dos interesses que possam vir a ser afectados por aqueles planos ou decisões.

2 – Para efeitos desta lei, considera-se equivalente aos planos a preparação de actividades coordenadas da Administração a desenvolver com vista à obtenção de resultados com impacte relevante.

3 – São consideradas como obras públicas ou investimentos públicos com impacte relevante para efeitos deste artigo os que se traduzam em custos superiores a um milhão de contos ou que, sendo de valor inferior, influenciem significativamente as condições de vida das populações de determinada área, quer sejam executados directamente por pessoas colectivas públicas quer por concessionários.

ARTIGO 5º
Anúncio público do início do procedimento para elaboração dos planos ou decisões de realizar as obras ou investimentos

1 – Para a realização da audição dos interessados serão afixados editais nos lugares de estilo, quando os houver, e publicados anúncios em dois jornais diários de grande circulação, bem como num jornal regional, quando existir.

2 – Os editais e anúncios identificarão as principais características do plano, obra ou investimento e seus prováveis efeitos e indicarão a data a partir da qual será realizada a audição dos interessados.

3 – Entre a data do anúncio e a realização da audição deverão mediar, pelo menos, 20 dias, salvo casos de urgência devidamente justificados.

ARTIGO 6º
Consulta dos documentos e demais actos do procedimento

1 – Durante o período referido no nº 3 do artigo anterior, os estudos e outros elementos preparatórios dos projectos dos planos ou das obras deverão ser facultados à consulta dos interessados.

2 – Dos elementos preparatórios referidos no número anterior constarão obriga-toriamente indicações sobre eventuais consequências que a adopção dos planos ou decisões possa ter sobre os bens, ambiente e condições de vida das pessoas abrangidas.

3 – Poderão também durante o período de consulta ser pedidos, oralmente ou por escrito, esclarecimentos sobre os elementos facultados.

ARTIGO 7º
Pedido de audiência ou de apresentação de observações escritas

1 – No prazo de cinco dias a contar do termo do período da consulta, os interessados deverão comunicar à autoridade instrutora a sua pretensão de serem ouvidos oralmente ou de apresentarem observações escritas.

2 – No caso de pretenderem ser ouvidos, os interessados devem indicar os assuntos sobre que pretendem intervir e qual o sentido geral da sua intervenção.

ARTIGO 8º
Audição dos interessados

1 – Os interessados serão ouvidos em audiência pública.

2 – A autoridade encarregada da instrução prestará os esclarecimentos que entender úteis durante a audiência, sem prejuízo do disposto nos artigos seguintes.

3 – Das audiências serão lavradas actas assinadas pela autoridade encarregada da instrução.

ARTIGO 9º
Dever de ponderação e de resposta

1 – A autoridade instrutora ou, por seu intermédio, a autoridade promotora do projecto, quando aquela não for competente para a decisão, responderá às observações formuladas e justificará as opções tomadas.

2 – A resposta será comunicada por escrito aos interessados, sem prejuízo do disposto no artigo seguinte.

ARTIGO 10º
Procedimento colectivo

1 – Sempre que a autoridade instrutora deva proceder a mais de 20 audições, poderá determinar que os interessados se organizem de modo a escolherem representantes nas audiências a efectuar, os quais serão indicados no prazo de cinco dias a contar do fim do período referido no nº 1 do artigo 7º

2 – No caso de os interessados não se fazerem representar, poderá a entidade instrutora escolher, de entre os interessados, representantes de posições afins, de modo a não exceder o número de 20 audições.

3 – As observações escritas ou os pedidos de intervenção idênticos serão agrupados a fim de que a audição se restrinja apenas ao primeiro interessado que solicitou a audiência ou ao primeiro subscritor das observações feitas.

4 – No caso de se adoptar a forma de audição através de representantes, ou no caso de a apresentação de observações escritas ser em número superior a 20, poderá a autoridade instrutora optar pela publicação das respostas aos interessados em dois jornais diários e num jornal regional, quando exista.

ARTIGO 11º
Aplicação do Código do Procedimento Administrativo

São aplicáveis aos procedimentos e actos previstos no artigo anterior as pertinentes disposições do Código do Procedimento Administrativo.

CAPÍTULO III
Do exercício da acção popular

ARTIGO 12º
Acção procedimental administrativa e acção popular civil

1 – A ação popular administrativa pode revestir qualquer das formas de processo previstas no Código de Processo nos Tribunais Administrativos.

2 – A acção popular civil pode revestir qualquer das formas previstas no Código de Processo Civil.

(Redação dada pelo Decreto-Lei nº 214-G/2015, de 02-10)

ARTIGO 13º
Regime especial de indeferimento da petição inicial

A petição deve ser indeferida quando o julgador entenda que é manifestamente improvável a procedência do pedido, ouvido o Ministério Público e feitas preliminarmente as averiguações que o julgador tenha por justificadas ou que o autor ou o Ministério Público requeiram.

ARTIGO 14º
Regime especial de representação processual

Nos processos de acção popular, o autor representa por iniciativa própria, com dispensa de mandato ou autorização expressa, todos os demais titulares dos direitos ou interesses em causa que não tenham exercido o direito de auto-exclusão previsto no artigo seguinte, com as consequências constantes da presente lei.

ARTIGO 15º
Direito de exclusão por parte de titulares dos interesses em causa

1 – Recebida petição de acção popular, serão citados os titulares dos interesses em causa na acção de que se trate, e não intervenientes nela, para o efeito de, no prazo fixado pelo juiz, passarem a intervir no processo a título principal, querendo, aceitando-o na fase em que se encontrar, e para declararem nos autos se aceitam ou não ser representados pelo autor ou se, pelo contrário, se excluem dessa representação, nomeadamente para o efeito de lhes não serem aplicáveis as decisões proferidas, sob pena de a sua passividade valer como aceitação, sem prejuízo do disposto no nº 4.

2 – A citação será feita por anúncio ou anúncios tornados públicos através de qualquer meio de comunicação social ou editalmente, consoante estejam em causa interesses gerais ou geograficamente localizados, sem obrigatoriedade de identificação pessoal dos destinatários, que poderão ser referenciados enquanto titulares dos mencionados interesses, e por referência à acção de que se trate, à identificação de pelo menos o primeiro autor, quando seja um entre vários, do réu ou réus e por menção bastante do pedido e da causa de pedir.

3 – Quando não for possível individualizar os respectivos titulares, a citação prevista no número anterior far-se-á por referência ao respectivo universo, determinado a partir de circunstância ou qualidade que lhes seja comum, da área geográfica em que residam ou do grupo ou comunidade que constituam, em qualquer caso sem vinculação à identificação constante da petição inicial, seguindo-se no mais o disposto no número anterior.

4 – A representação referida no nº 1 é ainda susceptível de recusa pelo representado até ao termo da produção de prova ou fase equivalente, por declaração expressa nos autos.

ARTIGO 16º
Ministério Público

No âmbito de ações populares, o Ministério Público é titular da legitimidade ativa e dos poderes de representação e de intervenção processual que lhe são conferidos por lei, podendo substituir-se ao autor em caso de desistência da lide, bem como de transação ou de comportamentos lesivos dos interesses em causa.

(Redação dada pelo Decreto-Lei nº 214-G/2015, de 02-10)

ARTIGO 17º
Recolha de provas pelo julgador

Na acção popular e no âmbito das questões fundamentais definidas pelas partes, cabe ao juiz iniciativa própria em matéria de recolha de provas, sem vinculação à iniciativa das partes.

ARTIGO 18º
Regime especial de eficácia dos recursos

Mesmo que determinado recurso não tenha efeito suspensivo, nos termos gerais, pode o julgador, em acção popular, conferir-lhe esse efeito, para evitar dano irreparável ou de difícil reparação.

ARTIGO 19º
Decisões transitadas em julgado

1 – Salvo quando julgadas improcedentes por insuficiência de provas ou quando o julgador deva decidir por forma diversa fundado em motivações próprias do caso concreto, os efeitos das sentenças transitadas em julgado proferidas no âmbito de processo que tenham por objeto a defesa de interesses individuais homogéneos abrangem os titulares dos direitos ou interesses que não tiverem exercido o direito de se autoexcluírem da representação, nos termos do artigo 16º

2 – As decisões transitadas em julgado são publicadas a expensas da parte vencida e sob pena de desobediência, com menção do trânsito em julgado, em dois dos jornais presumivelmente lidos pelo universo dos interessados no seu conhecimento, à escolha do juiz da causa, que poderá determinar que a publicação se faça por extracto dos seus aspectos essenciais, quando a sua extensão desaconselhar a publicação por inteiro.

(Redação dada pelo Decreto-Lei nº 214-G/2015, de 02-10)

ARTIGO 20º
Regime especial de preparos e custas

1 – Pelo exercício do direito de acção popular não são exigíveis preparos.

2 – O autor fica isento do pagamento de custas em caso de procedência parcial do pedido.

3 – Em caso de decaimento total, o autor interveniente será condenado em montante a fixar pelo julgador entre um décimo e metade das custas que normalmente seriam devidas, tendo em conta a sua situação económica e a razão formal ou substantiva da improcedência.

4 – A litigância de má-fé rege-se pela lei geral.

5 – A responsabilidade por custas dos autores intervenientes é solidária, nos termos gerais.

ARTIGO 21º
Procuradoria

O juiz da causa arbitrará o montante da procuradoria, de acordo com a complexidade e o valor da causa.

CAPÍTULO IV
Responsabilidade civil e penal

ARTIGO 22º
Responsabilidade civil subjectiva

1 – A responsabilidade por violação dolosa ou culposa dos interesses previstos no artigo 1º constitui o agente causador no dever de indemnizar o lesado ou lesados pelos danos causados.

2 – A indemnização pela violação de interesses de titulares não individualmente identificados é fixada globalmente.

3 – Os titulares de interesses identificados têm direito à correspondente indemnização nos termos gerais da responsabilidade civil.

4 – O direito à indemnização prescreve no prazo de três anos a contar do trânsito em julgado da sentença que o tiver reconhecido.

5 – Os montantes correspondentes a direitos prescritos serão entregues ao Ministério da Justiça, que os escriturará em conta especial e os afectará ao pagamento da procuradoria, nos termos do artigo 21º, e ao apoio no acesso ao direito e aos tribunais de titulares de direito de acção popular que justificadamente o requeiram.

ARTIGO 23º
Responsabilidade civil objectiva

Existe ainda a obrigação de indemnização por danos independentemente de culpa sempre que de acções ou omissões do agente tenha resultado ofensa de direitos ou interesses protegidos nos termos da presente lei e no âmbito ou na sequência de actividade objectivamente perigosa.

ARTIGO 24º
Seguro de responsabilidade civil

Sempre que o exercício de uma actividade envolva risco anormal para os interesses protegidos pela presente lei, deverá ser exigido ao respectivo agente seguro da correspondente responsabilidade civil como condição do início ou da continuação daquele exercício, em termos a regulamentar.

ARTIGO 25º
Regime especial de intervenção no exercício da acção penal dos cidadãos e associações

Aos titulares do direito de acção popular é reconhecido o direito de denúncia, queixa ou participação ao Ministério Público por violação dos interesses previstos no artigo 1º que revistam natureza penal, bem como o de se constituírem assistentes no respectivo processo, nos termos previstos nos artigos 68º, 69º e 70º do Código de Processo Penal.

CAPÍTULO V
Disposições finais e transitórias

ARTIGO 26º
Dever de cooperação das entidades públicas

1 – É dever dos agentes da administração central, regional e local, bem como dos institutos, empresas e demais entidades públicas, cooperar com o tribunal e as partes intervenientes em processo de acção popular.

2 – As partes intervenientes em processo de acção popular poderão, nomeadamente, requerer às entidades competentes as certidões e informações que julgarem necessárias ao êxito ou à improcedência do pedido, a fornecer em tempo útil.

3 – A recusa, o retardamento ou a omissão de dados e informações indispensáveis, salvo quando justificados por razões de segredo de Estado ou de justiça, fazem incorrer o agente responsável em responsabilidade civil e disciplinar.

ARTIGO 27º
Ressalva de casos especiais

Os casos de acção popular não abrangidos pelo disposto na presente lei regem-se pelas normas que lhes são aplicáveis.

ARTIGO 28º
Entrada em vigor

A presente lei entra em vigor no 60º dia seguinte ao da sua publicação.

Aprovada em 21 de Junho de 1995.

O Presidente da Assembleia da República, *António Moreira Barbosa de Melo.*

Promulgada em 8 de Agosto de 1995.

Publique-se.

O Presidente da República, MÁRIO SOARES.

Referendada em 11 de Agosto de 1995.

Pelo Primeiro-Ministro, *Manuel Dias Loureiro,* Ministro da Administração Interna.

Exercício do Direito de Petição

Lei nº 43/90, de 10 de agosto*

CAPÍTULO I
Disposições gerais

ARTIGO 1º
Âmbito

1 – A presente lei regula e garante o exercício do direito de petição, para defesa dos direitos dos cidadãos, da Constituição, das leis ou do interesse geral, mediante a apresentação aos órgãos de soberania, ou a quaisquer autoridades públicas, com exceção dos tribunais, de petições, representações, reclamações ou queixas.

2 – São regulados por legislação especial:

a) A impugnação dos atos administrativos, através de reclamação ou de recursos hierárquicos;

b) O direito de queixa ao Provedor de Justiça e à Entidade Reguladora para a Comunicação Social;

c) O direito de petição das organizações de moradores perante as autarquias locais;

d) O direito de petição coletiva dos militares e agentes militarizados dos quadros permanentes em serviço efetivo.

ARTIGO 2º
Definições

1 – Entende-se por petição, em geral, a apresentação de um pedido ou de uma proposta, a um órgão de soberania ou a qualquer autoridade pública, no sentido de que tome, adote ou proponha determinadas medidas.

2 – Entende-se por representação a exposição destinada a manifestar opinião contrária da perfilhada por qualquer entidade, ou a chamar a atenção de uma autoridade

* Texto de acordo com a republicação da Lei nº 51/2017, de 13 de julho.

pública relativamente a certa situação ou ato, com vista à sua revisão ou à ponderação dos seus efeitos.

3 – Entende-se por reclamação a impugnação de um ato perante o órgão, funcionário ou agente que o praticou, ou perante o seu superior hierárquico.

4 – Entende-se por queixa a denúncia de qualquer inconstitucionalidade ou ilegalidade, bem como do funcionamento anómalo de qualquer serviço, com vista à adoção de medidas contra os responsáveis.

5 – As petições, representações, reclamações e queixas dizem-se coletivas quando apresentadas por um conjunto de pessoas através de um único instrumento e em nome coletivo quando apresentadas por uma pessoa coletiva em representação dos respetivos membros.

6 – Sempre que, nesta lei, se empregue unicamente o termo «petição», entende-se que o mesmo se aplica a todas as modalidades referidas no presente artigo.

ARTIGO 3º
Cumulação

O direito de petição é cumulável com outros meios de defesa de direitos e interesses previstos na Constituição e na lei e não pode ser limitado ou restringido no seu exercício por qualquer órgão de soberania ou por qualquer autoridade pública.

ARTIGO 4º
Titularidade

1 – O direito de petição, enquanto instrumento de participação política democrática, pertence aos cidadãos portugueses, sem prejuízo de igual capacidade jurídica para cidadãos de outros Estados, que a reconheçam, aos portugueses, em condições de igualdade e reciprocidade, nomeadamente no âmbito da União Europeia e no da Comunidade dos Países de Língua Portuguesa.

2 – Os estrangeiros e os apátridas que residam em Portugal gozam sempre do direito de petição para defesa dos seus direitos e interesses legalmente protegidos.

3 – O direito de petição é exercido individual ou coletivamente.

4 – Gozam igualmente do direito de petição quaisquer pessoas coletivas legalmente constituídas.

ARTIGO 5º
Universalidade e gratuitidade

A apresentação de petições constitui direito universal e gratuito e não pode, em caso algum, dar lugar ao pagamento de quaisquer impostos ou taxas.

ARTIGO 6º
Liberdade de petição

1 – Nenhuma entidade, pública ou privada, pode proibir, ou por qualquer forma

impedir ou dificultar, o exercício do direito de petição, designadamente na livre recolha de assinaturas e na prática dos demais atos necessários.

2 – O disposto no número anterior não prejudica a faculdade de verificação, completa ou por amostragem, da autenticidade das assinaturas e da identificação dos subscritores.

3 – Os peticionários devem indicar o nome completo e o número do bilhete de identidade ou do cartão de cidadão ou, não sendo portadores destes, de qualquer outro documento de identificação válido, fazendo neste caso expressa menção ao documento em causa.

ARTIGO 7º
Garantias

1 – Ninguém pode ser prejudicado, privilegiado ou privado de qualquer direito em virtude do exercício do direito de petição.

2 – O disposto no número anterior não exclui a responsabilidade criminal, disciplinar ou civil do peticionário se do seu exercício resultar ofensa ilegítima de interesse legalmente protegido.

ARTIGO 8º
Dever de exame e de comunicação

1 – O exercício do direito de petição obriga a entidade destinatária a receber e examinar as petições, representações, reclamações ou queixas, bem como a comunicar as decisões que forem tomadas.

2 – O erro na qualificação da modalidade do direito de petição, de entre as que se referem no artigo 2º, não justifica a recusa da sua apreciação pela entidade destinatária.

3 – Os peticionários indicam um único endereço para efeito das comunicações previstas na presente lei.

4 – Quando o direito de petição for exercido coletivamente, as comunicações e notificações, efetuadas nos termos do número anterior, consideram-se válidas quanto à totalidade dos peticionários.

CAPÍTULO II
Forma e tramitação

ARTIGO 9º
Forma

1 – O exercício do direito de petição não está sujeito a qualquer forma ou a processo específico.

2 – A petição, a representação, a reclamação e a queixa devem, porém, ser reduzidas a escrito, podendo ser em linguagem braille, e devidamente assinadas pelos titulares, ou por outrem a seu rogo, se aqueles não souberem ou não puderem assinar.

3 – O direito de petição pode ser exercido por via postal ou através de telégrafo, telex, telefax, correio eletrónico e outros meios de telecomunicação.

4 – Os órgãos de soberania, de governo próprio das regiões autónomas e das autarquias locais, bem como os departamentos da Administração Pública onde ocorra a entrega de instrumentos do exercício do direito de petição, organizam sistemas de receção eletrónica de petições.

5 – A entidade destinatária convida o peticionário a completar o escrito apresentado quando:

a) Aquele não se mostre corretamente identificado e não contenha menção do seu domicílio;

b) O texto seja ininteligível ou não especifique o objeto de petição.

6 – Para os efeitos do número anterior, a entidade destinatária fixa um prazo não superior a 20 dias, com a advertência de que o não suprimento das deficiências apontadas determina o arquivamento liminar da petição.

7 – Em caso de petição coletiva, ou em nome coletivo, é suficiente a identificação completa de um dos signatários.

ARTIGO 10º
Apresentação em território nacional

1 – As petições devem, em regra, ser apresentadas nos serviços das entidades a quem são dirigidas.

2 – As petições dirigidas a órgãos centrais de entidades públicas podem ser apresentadas nos serviços dos respetivos órgãos locais, quando os interessados residam na respetiva área ou nela se encontrem.

3 – *(Revogado.)*

4 – As petições apresentadas nos termos dos números anteriores são remetidas, pelo registo do correio, aos órgãos a quem sejam dirigidas no prazo de vinte e quatro horas após a sua entrega, com a indicação da data desta.

ARTIGO 11º
Apresentação no estrangeiro

1 – As petições podem também ser apresentadas nos serviços das representações diplomáticas e consulares portuguesas no país em que se encontrem ou residam os interessados.

2 – As representações diplomáticas ou consulares remeterão os requerimentos às entidades a quem sejam dirigidas, nos termos fixados no nº 4 do artigo anterior.

ARTIGO 12º
Indeferimento liminar

1 – A petição é liminarmente indeferida quando for manifesto que:

a) A pretensão deduzida é ilegal;

b) Visa a reapreciação de decisões dos tribunais, ou de atos administrativos insuscetíveis de recurso;

c) Visa a reapreciação, pela mesma entidade, de casos já anteriormente apreciados na sequência do exercício do direito de petição, salvo se forem invocados ou tiverem ocorrido novos elementos de apreciação.

2 – A petição é ainda liminarmente indeferida se:

a) For apresentada a coberto de anonimato e do seu exame não for possível a identificação da pessoa ou pessoas de quem provém;

b) Carecer de qualquer fundamento.

ARTIGO 13º
Tramitação

1 – A entidade que recebe a petição, se não ocorrer indeferimento liminar referido no artigo anterior, decide sobre o seu conteúdo, com a máxima brevidade compatível com a complexidade do assunto nela versado.

2 – Se a mesma entidade se julgar incompetente para conhecer da matéria que é objeto da petição, remete-a à entidade para o efeito competente, informando do facto o autor da petição.

3 – Para ajuizar sobre os fundamentos invocados, a entidade competente pode proceder às averiguações que se mostrem necessárias e, conforme os casos, tomar as providências adequadas à satisfação da pretensão ou arquivar o processo.

ARTIGO 14º
Controlo informático e divulgação da tramitação

Os órgãos de soberania, de governo próprio das regiões autónomas e das autarquias locais, bem como os departamentos da Administração Pública onde ocorra a entrega de instrumentos do exercício do direito de petição, organizarão sistemas de controlo informático de petições, bem como de divulgação das providências tomadas, nos respetivos sítios da *Internet*.

ARTIGO 15º
Enquadramento orgânico

Sem prejuízo do disposto em especial para a Assembleia da República, os órgãos de soberania, do governo próprio das regiões autónomas e das autarquias locais, bem como os departamentos da Administração Pública onde seja mais frequente a entrega de instrumentos do exercício do direito de petição, organizarão esquemas adequados de receção, tratamento e decisão das petições recebidas.

ARTIGO 16º
Desistência

1 – O peticionário pode, a todo o tempo, desistir da petição, mediante requeri-

mento escrito apresentado perante a entidade que recebeu a petição ou perante aquela que a esteja a examinar.

2 – Quando sejam vários os peticionários, o requerimento deve ser assinado por todos eles.

3 – A entidade competente para o exame da petição decide se deve aceitar o requerimento, declarar finda a petição e proceder ao seu arquivamento ou se, dada a matéria objeto da mesma, se justifica o seu prosseguimento para defesa do interesse público.

CAPÍTULO III
Petições dirigidas à Assembleia da República

ARTIGO 17º
Tramitação das petições dirigidas à Assembleia da República

1 – As petições dirigidas à Assembleia da República são endereçadas ao Presidente da Assembleia da República e apreciadas pelas comissões competentes em razão da matéria ou por comissão especialmente constituída para o efeito, que poderá ouvir aquelas, e pelo Plenário, nos casos previstos no artigo 24º

2 – Qualquer cidadão que goze da titularidade do direito de petição nos termos do artigo 4º e apresente os elementos de identificação previstos no nº 3 do artigo 6º pode ser peticionário como subscritor inicial ou por adesão a uma petição pendente num prazo de 30 dias a contar da data da admissão, mediante declaração escrita à comissão parlamentar competente em que aceite os termos e a pretensão expressa na petição.

3 – A adesão conta como subscrição para todos os efeitos legais e é obrigatoriamente comunicada ao primeiro subscritor.

4 – O registo e numeração das petições é feito pelos serviços competentes.

5 – Recebida a petição, a comissão parlamentar competente toma conhecimento do objeto da mesma, delibera sobre a sua admissão, com base na nota de admissibilidade, e nomeia obrigatoriamente um Deputado relator para as petições subscritas por mais de 100 cidadãos.

6 – A comissão aprecia, nomeadamente:

a) Se ocorre alguma das causas legalmente previstas que determinem o seu indeferimento liminar;

b) Se foram observados os requisitos de forma mencionados no artigo 9º;

c) As entidades às quais devem ser imediatamente solicitadas informações;

d) As providências julgadas adequadas que integrarão as conclusões do relatório, o qual, nos casos admissíveis, é aprovado com base na nota de admissibilidade.

7 – O peticionário é imediatamente notificado da deliberação a que se refere o número anterior.

8 – O Presidente da Assembleia da República, por iniciativa própria ou a solicitação de qualquer comissão parlamentar, pode determinar a junção de petições num único processo de tramitação, sempre que se verifique manifesta identidade de objeto e pretensão.

9 – Nos casos em que tenha sido nomeado relator, a comissão parlamentar competente aprova o relatório final, devidamente fundamentado, sobre as petições no prazo de 60 dias a contar da data da sua admissão, descontados os períodos de suspensão do funcionamento da Assembleia da República.

10 – Se ocorrer o caso previsto no nº 5 do artigo 9º, o prazo estabelecido no número anterior só começa a correr na data em que se mostrem supridas as deficiências verificadas.

11 – O prazo referido no nº 9 pode ser prorrogado uma vez, por um período máximo de 30 dias, a pedido do relator, quando:

a) Se verificar a junção de outras petições num único processo, nos termos do nº 8;

b) Estiver pendente resposta de alguma entidade que o relator considere essencial para a elaboração do relatório;

c) Tal se afigurar necessário para assegurar a audição obrigatória dos peticionários;

d) For promovida uma diligência conciliadora prevista no artigo 22.º

12 – Findo o exame da petição, o relatório final é enviado ao Presidente da Assembleia da República, contendo as providências julgadas adequadas, nos termos do artigo 19º

13 – Nos casos em que não seja nomeado relator, o processo de apreciação da petição fica concluído com a aprovação da nota de admissibilidade.

14 – As iniciativas legislativas de cidadãos que não preencham os requisitos previstos no respetivo regime jurídico para a sua admissibilidade podem ser convoladas pelo Presidente da Assembleia da República em petição, caso preencham os requisitos legais para a sua admissibilidade como tal, por proposta da comissão parlamentar competente, após consulta à respetiva comissão representativa, aplicando-se o disposto na presente lei, com as necessárias adaptações.

(Redação dada pela Lei nº 63/2020, de 29-10)

ARTIGO 18º
Registo informático

1 – Por forma a assegurar a gestão e publicitação adequadas das petições que lhe sejam remetidas, a Assembleia da República organiza e mantém atualizado um sistema de registo informático da receção e tramitação de petições.

2 – A Assembleia da República disponibiliza uma plataforma eletrónica para receção de petições e recolha de assinaturas pela *Internet,* a qual contém uma declaração de aceitação dos termos e condições da sua utilização pelos peticionários, com indicação dos prazos de recolha de assinaturas.

3 – A existência desta plataforma não prejudica a recolha cumulativa ou alternativa de assinaturas em suporte de papel ou através de outras plataformas eletrónicas, que garantam o cumprimento das exigências legais.

4 – A Assembleia da República verifica a validade dos endereços de correio eletrónico, cuja indicação é obrigatória pelos subscritores que utilizam a plataforma eletrónica.

5 – A Assembleia da República pode solicitar aos serviços competentes da Administração Pública a verificação administrativa, por amostragem, da autenticidade da identificação dos subscritores da petição.

6 – A Assembleia da República disponibiliza informação completa sobre as petições apresentadas, incluindo o seu texto integral e respetiva tramitação.

ARTIGO 19º
Efeitos

1 – Do exame das petições e dos respetivos elementos de instrução feito pela comissão pode, nomeadamente, resultar:

a) A sua apreciação pelo Plenário da Assembleia da República, nos termos do artigo 24º;
b) A sua apreciação pela comissão parlamentar competente, nos termos do artigo 24º-A;
c) A sua remessa, por cópia, à entidade competente em razão da matéria para a sua apreciação e para a eventual tomada de decisão que no caso lhe caiba;
d) A apresentação, por qualquer Deputado ou grupo parlamentar, de projeto de lei ou de resolução contendo medida legislativa ou recomendação que se mostre justificada;
e) O conhecimento dado ao ministro competente em razão da matéria, através do Primeiro-Ministro, para eventual medida legislativa ou administrativa;
f) O conhecimento dado, pelas vias legais, a qualquer outra autoridade competente em razão da matéria na perspetiva de ser tomada qualquer medida conducente à solução do problema suscitado;
g) A remessa ao Procurador-Geral da República, no pressuposto da existência de indícios para o exercício de ação penal;
h) A sua remessa à Polícia Judiciária, no pressuposto da existência de indícios que justifiquem uma investigação policial;
i) A sua remessa ao Provedor de Justiça, para os efeitos do disposto no artigo 23º da Constituição;
j) A iniciativa de inquérito parlamentar;
k) A informação ao peticionário de direitos que revele desconhecer, de vias que eventualmente possa seguir ou de atitudes que eventualmente possa tomar para obter o reconhecimento de um direito, a proteção de um interesse ou a reparação de um prejuízo;
l) O esclarecimento dos peticionários, ou do público em geral, sobre qualquer ato do Estado e demais entidades públicas relativo à gestão dos assuntos públicos que a petição tenha colocado em causa ou em dúvida;
m) O seu arquivamento, com conhecimento ao peticionário ou peticionários.

2 – As diligências previstas nas alíneas *c*), *e*), *f*), *g*), *h*), *i*), *k*) e *l*) do número anterior são efetuadas pelo Presidente da Assembleia da República, a solicitação e sob proposta da comissão.

(Redação dada pela Lei nº 63/2020, de 29-10)

ARTIGO 20º
Poderes da comissão

1 – A comissão parlamentar, durante o exame e instrução, pode ouvir os peticionários, solicitar depoimentos de quaisquer cidadãos e requerer e obter informações e documentos de outros órgãos de soberania ou de quaisquer entidades públicas ou privadas, sem prejuízo do disposto na lei sobre segredo de Estado, segredo de justiça ou sigilo profissional, podendo solicitar à Administração Pública as diligências que se mostrem necessárias.

2 – A comissão parlamentar pode deliberar ouvir em audição o responsável pelo serviço da Administração visado na petição.

3 – Após exame da questão suscitada pelo peticionário, a comissão poderá solicitar, sob proposta do relator, que as entidades competentes tomem posição sobre a matéria.

4 – O cumprimento do solicitado pela comissão parlamentar, nos termos do presente artigo, tem prioridade sobre quaisquer outros serviços da Administração Pública, devendo ser efetuado no prazo máximo de 20 dias.

5 – As solicitações previstas neste artigo devem referir a presente lei e transcrever o número anterior, bem como o artigo 23º

ARTIGO 21º
Audição dos peticionários

1 – A audição dos peticionários, durante o exame e instrução, é obrigatória, perante a comissão parlamentar, ou delegação desta, sempre que a petição seja subscrita por mais de 1000 cidadãos.

2 – A audição pode ainda ser decidida pela comissão parlamentar, por razões de mérito, devidamente fundamentadas, tendo em conta, em especial, o âmbito dos interesses em causa, a sua importância social, económica ou cultural e a gravidade da situação objeto da petição.

3 – O disposto nos números anteriores não prejudica as diligências que o relator entenda fazer para obtenção de esclarecimento e preparação do relatório, incluindo junto dos peticionários.

ARTIGO 22º
Diligência conciliadora

1 – Concluídos os procedimentos previstos nos artigos 20º e 21º, a comissão parlamentar pode ainda realizar uma diligência conciliadora, desde que esta seja devidamente justificada.

2 – Havendo diligência conciliadora, o presidente da comissão convidará a entidade em causa no sentido de poder corrigir a situação ou reparar os efeitos que deram origem à petição.

ARTIGO 23º
Incumprimento do dever de colaboração

1 – Não é admitida a recusa injustificada de depoimento ou o não cumprimento das demais diligências previstas no nº 1 do artigo 20º, sem prejuízo da possibilidade

de prestação de depoimento por escrito pelas entidades que gozam dessa prerrogativa processual.

2 – Sem prejuízo da alteração da data da convocação por imperiosa necessidade de serviço, os trabalhadores em funções públicas e agentes do Estado e de outras entidades públicas incorrem em responsabilidade disciplinar por incumprimento dos deveres referidos no número anterior.

3 – A violação dos deveres referidos no nº 1 por titulares de cargos públicos, uma vez advertidos de que se encontram em situação de incumprimento, constitui crime de desobediência.

4 – A falta de comparência injustificada por parte dos peticionários pode ter como consequência o arquivamento do respetivo processo, nos termos do nº 3 do artigo 16º, não lhes sendo aplicado o previsto no número anterior.

(Redação dada pela Lei nº 63/2020, de 29-10)

ARTIGO 24º
Apreciação pelo Plenário

1 – As petições são apreciadas em Plenário sempre que se verifique uma das condições seguintes:

a) Sejam subscritas por mais de 7500 cidadãos;

b) Seja elaborado relatório e parecer favorável à sua apreciação em Plenário, devidamente fundamentado, tendo em conta, em especial, o âmbito dos interesses em causa, a sua importância social, económica ou cultural e a gravidade da situação objeto de petição.

2 – As petições que, nos termos do número anterior, estejam em condições de ser apreciadas pelo Plenário são enviadas ao Presidente da Assembleia da República, para agendamento, acompanhadas dos relatórios devidamente fundamentados e dos elementos instrutórios, se os houver.

3 – As petições são agendadas para Plenário no prazo máximo de 30 dias após o seu envio ao Presidente da Assembleia da República, nos termos do número anterior, descontados os períodos de suspensão do funcionamento da Assembleia da República ou aqueles em que não forem convocadas reuniões plenárias por período superior a uma semana, seguindo-se a ordem de admissão das petições, com exceção dos casos em que o relatório recomendar o seu agendamento urgente para não prejudicar a atualidade do debate.

4 – A matéria constante da petição não é submetida a votação, sem prejuízo do disposto nos números seguintes.

5 – Com base na petição, pode qualquer Deputado ou Grupo Parlamentar apresentar um projeto de lei ou de resolução.

6 – O autor da iniciativa prevista no número anterior pode requerer, nos termos do Regimento da Assembleia da República, que os projetos entregues com base na petição sejam agendados e debatidos em Plenário em conjunto com a mesma.

7 – Se o projeto a que se refere o nº 5 vier a ser agendado para momento anterior ao agendamento da petição, esta é avocada pelo Plenário para apreciação conjunta.

8 – Sempre que for agendado debate em Plenário cuja matéria seja idêntica a petição pendente, que reúna as condições estabelecidas no nº 1, esta pode igualmente ser avocada, desde que o autor do agendamento e os peticionários manifestem o seu acordo.

9 – Do que se passar é dado conhecimento ao primeiro signatário da petição, a quem é enviado um exemplar do número do *Diário da Assembleia da República* em que se mostre reproduzido o debate, a eventual apresentação de qualquer proposta com ele conexa e o resultado da respetiva votação.

(Cfr. Declaração de Retificação nº 48/2020, de 30-11)

ARTIGO 24º-A
Apreciação pela comissão

1 – As petições subscritas por mais de 2500 cidadãos e até 7500 cidadãos são apreciadas pela comissão parlamentar competente, em debate que tem lugar logo a seguir à apresentação do respetivo relatório final pelo Deputado ao qual foi distribuído.

2 – O relatório final é votado pela comissão no final do debate, não sendo a matéria constante da petição submetida a votação, sem prejuízo do disposto no número seguinte.

3 – Com base na petição agendada para apreciação pela comissão, pode qualquer Deputado ou Grupo Parlamentar apresentar um projeto de resolução para discussão em simultâneo com a mesma e posterior votação em Plenário.

(Aditado pela Lei nº 63/2020, de 29-10)

ARTIGO 25º
Não caducidade

As petições não apreciadas na legislatura em que foram apresentadas não carecem de ser renovadas na legislatura seguinte.

ARTIGO 26º
Publicação

1 – São publicadas na íntegra no *Diário da Assembleia da República* as petições:

a) Assinadas por um mínimo de 1000 cidadãos;

b) Que o Presidente da Assembleia da República mandar publicar em conformidade com a deliberação da comissão.

2 – São igualmente publicados os relatórios relativos às petições referidas no número anterior.

3 – O Plenário será informado do sentido essencial das petições recebidas e das medidas sobre elas tomadas pelo menos duas vezes por sessão legislativa.

ARTIGO 27º
Controlo de resultado

1 – Por iniciativa dos peticionários ou de qualquer Deputado, a comissão parlamentar, a todo o tempo, pode deliberar averiguar o estado de evolução ou os resultados das providências desencadeadas em virtude da apreciação da petição.

2 – O relatório que sobre o caso for aprovado pode determinar novas diligências e será, em qualquer caso, dado a conhecer ao peticionário e divulgado na *Internet*.

CAPÍTULO IV
Disposição final

ARTIGO 28º
Regulamentação complementar

No âmbito das respetivas competências constitucionais, os órgãos e autoridades abrangidos pela presente lei devem elaborar normas e outras medidas tendentes ao seu eficaz cumprimento.

Estatuto Político-Administrativo da Região Autónoma dos Açores*

Lei nº 39/80, de 5 de agosto**

PREÂMBULO

Reconhecendo as históricas aspirações autonomistas do povo açoriano que, há mais de um século, iniciou a luta pela conquista do direito à livre administração dos Açores pelos açorianos;

Honrando a memória dos primeiros autonomistas que afirmaram a identidade açoriana e a unidade do seu povo e homenageando o ingente combate de todos quantos, sucedendo-lhes no tempo, mantiveram e mantêm vivo o ideal autonomista;

Afirmando-se herdeiros daqueles que historicamente resistiram ao isolamento e ao abandono, às intempéries e a outros cataclismos da natureza, aos ciclos de escassez material e às mais variadas contrariedades, forjando assim um singular e orgulhoso portuguesismo a que ousaram nomear de açorianidade;

Partilhando com os demais portugueses a vitória e a instauração da democracia que consagrou o reconhecimento constitucional da autonomia política e legislativa açoriana;

Proclamando que a autonomia expressa a identidade açoriana, o livre exercício do seu auto-governo e a promoção do bem-estar do seu povo;

Exercitando uma prerrogativa constitucional exclusiva, o povo açoriano, através dos seus legítimos representantes, apresentou à Assembleia da República um pro-

* O acórdão do Tribunal Constitucional nº 403/2009, de 30-07, declarou a inconstitucionalidade, com força obrigatória geral, das seguintes normas deste Estatuto, na redação que lhe foi conferida pela Lei nº 2/2009, de 12-01: 1) da norma constante do artigo 4º, nº 4, primeira parte; 2) das normas constantes do artigo 7º, nº 1, alíneas *i*) e *j*); 3) das normas constantes dos artigos 7º, nº 1, alínea *o*), 47º, nº 4, alínea *c*), 67º, alínea *d*), 101º, nº 1, alínea *n*), e 130º; 4) da norma constante do artigo 114º, na parte relativa à dissolução da Assembleia Legislativa; 5) da norma constante do artigo 119º, nºs 1 a 5; 6) da norma constante do artigo 140º, nº 2.

** Texto de acordo com a republicação da Lei nº 2/2009, de 12 de janeiro.

jecto de estatuto, que foi debatido e votado, tendo dado origem ao presente Estatuto Político-Administrativo da Região Autónoma dos Açores.

TÍTULO I
Região Autónoma dos Açores

ARTIGO 1º
Autonomia regional

1 – O arquipélago dos Açores constitui uma Região Autónoma da República Portuguesa, dotada de personalidade jurídica de direito público.

2 – A autonomia política, legislativa, administrativa, financeira e patrimonial da Região exerce-se no quadro da Constituição e do presente Estatuto.

ARTIGO 2º
Território regional

1 – O território da Região Autónoma abrange o arquipélago dos Açores, composto pelas ilhas de Santa Maria, São Miguel, Terceira, Graciosa, São Jorge, Pico, Faial, Flores e Corvo, bem como os seus ilhéus.

2 – Constituem ainda parte integrante do território regional as águas interiores, o mar territorial e a plataforma continental contíguos ao arquipélago.

ARTIGO 3º
Objectivos fundamentais da autonomia

A Região prossegue, através da acção dos órgãos de governo próprio, os seguintes objectivos:

a) A participação livre e democrática dos cidadãos;

b) O reforço da unidade nacional e dos laços de solidariedade entre todos os portugueses;

c) A defesa e promoção da identidade, valores e interesses dos açorianos e do seu património histórico;

d) O desenvolvimento económico e social da Região e o bem-estar e qualidade de vida das populações, baseados na coesão económica, social e territorial e na convergência com o restante território nacional e com a União Europeia;

e) A garantia do desenvolvimento equilibrado de todas e cada uma das ilhas;

f) A atenuação dos efeitos desfavoráveis da localização ultraperiférica da Região, da insularidade e do isolamento;

g) A adaptação do sistema fiscal nacional à Região, segundo os princípios da solidariedade, equidade e flexibilidade e da concretização de uma circunscrição fiscal própria;

h) A efectivação dos direitos fundamentais constitucionalmente consagrados;

i) A protecção do direito ao trabalho, promovendo a conciliação entre a vida familiar e a laboral;

j) O acesso universal, em condições de igualdade e qualidade, aos sistemas educativo, de saúde e de protecção social;

l) A promoção do ensino superior, multipolar e adequado às necessidades da Região;

m) A defesa e protecção do ambiente, da natureza, do território, da paisagem e dos recursos naturais;

n) O seu reconhecimento institucional como região ultraperiférica e a consolidação da integração europeia;

o) O fomento e fortalecimento dos laços económicos, sociais e culturais com as comunidades açorianas residentes fora da Região.

ARTIGO 4º
Símbolos da Região

1 – A Região tem bandeira, brasão de armas, selo e hino próprios, aprovados pela Assembleia Legislativa.

2 – Aos símbolos da Região são devidos respeito e consideração por todos.

3 – A bandeira e o hino da Região são utilizados conjuntamente com os correspondentes símbolos nacionais e com a salvaguarda da precedência e do destaque que a estes são devidos.

4 – A bandeira da Região é hasteada nas instalações dependentes dos órgãos de soberania na Região e dos órgãos de governo próprio ou de entidades por eles tuteladas, bem como nas autarquias locais dos Açores.

5 – A utilização dos símbolos da Região é regulada por decreto legislativo regional.

ARTIGO 5º
Órgãos de governo próprio

1 – São órgãos de governo próprio da Região a Assembleia Legislativa e o Governo Regional.

2 – Os órgãos de governo próprio da Região assentam na vontade dos açorianos.

ARTIGO 6º
Representação da Região

1 – A Região é representada pelo Presidente da Assembleia Legislativa.

2 – A Região é ainda representada pelo Presidente do Governo Regional, nos casos previstos na Constituição e nas leis e nos decorrentes do exercício de competências próprias do Governo Regional.

ARTIGO 7º
Direitos da Região

1 – São direitos da Região, para além dos enumerados no nº 1 do artigo 227º da Constituição:

a) O direito à autonomia política, legislativa, administrativa, financeira e patrimonial;

b) O direito à justa compensação e à discriminação positiva com vista à atenuação dos custos da insularidade e do carácter ultraperiférico da Região;

c) O direito à cooperação do Estado e demais entidades públicas na prossecução das suas atribuições, nomeadamente através da celebração de acordos de cooperação;

d) O direito à informação que o Estado ou demais entidades públicas disponham relacionada com a Região;

e) O direito ao domínio público e privado regionais;

f) O direito a uma organização judiciária que tenha em conta as especificidades da Região;

g) O direito a ser sempre ouvida pelos órgãos de soberania e a pronunciar-se por iniciativa própria, relativamente às questões da competência destes que digam respeito à Região;

h) O direito a ter uma participação significativa nos benefícios decorrentes de tratados ou de acordos internacionais que digam respeito à Região;

i) O direito a uma política própria de cooperação externa com entidades regionais estrangeiras, nomeadamente no quadro da União Europeia e do aprofundamento da cooperação no âmbito da Macaronésia;

j) O direito a estabelecer acordos de cooperação com entidades regionais estrangeiras e a participar em organizações internacionais de diálogo e cooperação inter-regional;

l) O direito a uma Administração Pública com quadros próprios fixados pela Região, bem como à garantia da mobilidade dos trabalhadores entre as várias administrações públicas;

m) O direito ao reconhecimento da complexidade administrativa decorrente do seu carácter arquipelágico ao nível da administração regional autónoma e da organização dos serviços do Estado na Região;

n) O direito a criar entidades administrativas independentes;

o) O direito a criar provedores sectoriais regionais;

p) O direito ao reconhecimento da realidade específica de ilha na organização municipal;

q) O direito de acesso ao Tribunal Constitucional para defesa dos seus direitos reconhecidos pela Constituição e pelo presente Estatuto.

2 – A Região tem direito de participação, quando estejam em causa questões que lhe digam respeito:

a) Na definição, condução e execução da política geral do Estado, incluindo a negociação e celebração de tratados e acordos internacionais;

b) Nos processos de formação da vontade do Estado no âmbito da construção europeia.

3 – São também direitos da Região os restantes elencados neste Estatuto.

ARTIGO 8º
Direitos da Região sobre as zonas marítimas portuguesas

1 – A Região tem o direito de exercer conjuntamente com o Estado poderes de gestão sobre as águas interiores e o mar territorial que pertençam ao território regio-

nal e que sejam compatíveis com a integração dos bens em causa no domínio público marítimo do Estado.

2 – A Região é a entidade competente para o licenciamento, no âmbito da utilização privativa de bens do domínio público marítimo do Estado, das actividades de extracção de inertes, da pesca e de produção de energias renováveis.

3 – Os demais poderes reconhecidos ao Estado Português sobre as zonas marítimas sob soberania ou jurisdição nacional adjacentes ao arquipélago dos Açores, nos termos da lei e do direito internacional, são exercidos no quadro de uma gestão partilhada com a Região, salvo quando esteja em causa a integridade e soberania do Estado.

4 – Os bens pertencentes ao património cultural subaquático situados nas águas interiores e no mar territorial que pertençam ao território regional e não tenham proprietário conhecido ou que não tenham sido recuperados pelo proprietário dentro do prazo de cinco anos a contar da data em que os perdeu, abandonou ou deles se separou de qualquer modo, são propriedade da Região.

ARTIGO 9º
Direito de petição aos órgãos de governo próprio

1 – Todos os cidadãos portugueses podem, individual ou colectivamente, exercer o direito de petição, dirigido aos órgãos de governo próprio da Região, para defesa dos seus direitos, da Constituição, do presente Estatuto, das demais leis ou do interesse geral, mediante a apresentação de petições, representações, reclamações ou queixas.

2 – O exercício do direito de petição obriga a entidade destinatária a receber e examinar as petições, representações, reclamações ou queixas, bem como a comunicar as decisões que forem tomadas.

3 – O exercício do direito de petição é livre e gratuito, não podendo a recolha de assinaturas e os demais actos necessários para a sua efectivação ser dificultada ou impedida por qualquer entidade pública ou privada, nem dar lugar ao pagamento de quaisquer impostos ou taxas.

TÍTULO II
Princípios fundamentais

ARTIGO 10º
Princípio da subsidiariedade

A Região assume as funções que possa prosseguir de forma mais eficiente e mais adequada do que o Estado.

ARTIGO 11º
Princípio de cooperação entre a República e a Região

A República e a Região devem cooperar mutuamente na prossecução das respectivas atribuições.

ARTIGO 12º
Princípio da solidariedade nacional

1 – Nos termos da Lei de Finanças das Regiões Autónomas, a Região tem direito a ser compensada financeiramente pelos custos das desigualdades derivadas da insularidade, designadamente no respeitante a comunicações, transportes, educação, cultura, segurança social e saúde, incentivando a progressiva inserção da Região em espaços económicos mais amplos, de dimensão nacional e internacional.

2 – Constitui obrigação do Estado assegurar os encargos para garantia da efectiva universalidade das prestações sociais quando não for possível assegurá-las na Região, nos termos da Lei de Finanças das Regiões Autónomas.

ARTIGO 13º
Princípio da continuidade territorial e ultraperiferia

1 – Os órgãos de soberania e os órgãos de governo próprio da Região, no exercício das respectivas atribuições e competências, devem promover a eliminação das desigualdades estruturais, sociais e económicas entre portugueses, causadas pela insularidade e pelo afastamento da Região e de todas e cada uma das ilhas em relação aos centros de poder.

2 – A condição ultraperiférica do arquipélago dos Açores em relação aos territórios nacional e comunitário, caracterizada pela insularidade, pela reduzida dimensão e relevo das ilhas, pelo clima e pela dependência económica em relação a um pequeno número de produtos, deve constituir um factor determinante na definição e condução da política interna e externa do Estado.

ARTIGO 14º
Princípio do adquirido autonómico

1 – O processo de autonomia regional é de aprofundamento gradual e dinâmico.

2 – A eventual suspensão, redução ou supressão, por parte dos órgãos de soberania, dos direitos, atribuições e competências da Região, resultantes da transferência operada pela legislação da República ou fundadas em legislação regional, deve ser devidamente fundamentada em razões ponderosas de interesse público e precedida de audição qualificada da Região.

ARTIGO 15º
Princípio da supletividade da legislação nacional

Na falta de legislação regional própria sobre matéria não reservada à competência dos órgãos de soberania, aplicam-se na Região as normas legais em vigor.

ARTIGO 16º
Execução dos actos legislativos

No exercício das competências dos órgãos regionais, a execução dos actos legislativos no território da Região é assegurada pelo Governo Regional.

TÍTULO III
Regime económico e financeiro

CAPÍTULO I
Princípios gerais

ARTIGO 17º
Política de desenvolvimento económico e social da Região

1 – A orientação e definição da política de desenvolvimento económico e social da Região tem em conta as características intrínsecas do arquipélago.

2 – O plano de desenvolvimento económico e social e o orçamento regionais enquadram e promovem o desenvolvimento da Região.

3 – De harmonia com o princípio da solidariedade nacional, o Estado assegura à Região os meios financeiros necessários à realização dos investimentos constantes do plano de desenvolvimento económico e social regional que excedam a capacidade de financiamento dela, de acordo com o programa de transferências de fundos, nos termos da Lei de Finanças das Regiões Autónomas.

ARTIGO 18º
Autonomia financeira e patrimonial da Região

1 – A autonomia financeira e patrimonial da Região exerce-se no quadro da Constituição, do presente Estatuto e da Lei de Finanças das Regiões Autónomas.

2 – A autonomia financeira e patrimonial visa garantir aos órgãos de governo próprio da Região os meios necessários à prossecução das suas atribuições, bem como a disponibilidade dos instrumentos adequados à prossecução dos objectivos da autonomia.

CAPÍTULO II
Autonomia financeira da Região

ARTIGO 19º
Receitas da Região

1 – A Região dispõe, para as suas despesas, nos termos da Constituição, do presente Estatuto e da Lei de Finanças das Regiões Autónomas, das receitas fiscais nela cobradas ou geradas, de uma participação nas receitas tributárias do Estado, estabelecida de acordo com o princípio da solidariedade nacional, bem como de outras receitas que lhe sejam atribuídas.

2 – Constituem, em especial, receitas da Região:

a) Os rendimentos do seu património;

b) Todos os impostos, taxas, multas, coimas e adicionais cobrados no seu território, incluindo o imposto do selo, os direitos aduaneiros e demais imposições cobradas pela alfândega, nomeadamente impostos e diferenciais de preços sobre a gasolina e outros derivados do petróleo;

c) Os impostos incidentes sobre mercadorias destinadas à Região e liquidadas fora do seu território, incluindo o imposto sobre o valor acrescentado e o imposto sobre a venda de veículos;

d) Outros impostos que devam pertencer-lhe, nos termos do presente Estatuto e da lei, nomeadamente em função do lugar da ocorrência do facto gerador da obrigação do imposto;

e) As participações mencionadas na alínea *h*) do nº 1 do artigo 7º;

f) O produto de empréstimos;

g) O apoio financeiro do Estado a que a Região tem direito, de harmonia com o princípio da solidariedade nacional;

h) O produto da emissão de selos e de moedas com interesse numismático;

i) As comparticipações financeiras da União Europeia;

j) O produto das privatizações, reprivatizações e venda de participações financeiras;

l) As heranças e os legados deixados à Região;

m) As outras receitas que lhe sejam atribuídas.

3 – As receitas da Região são afectas às suas despesas, segundo o orçamento anual aprovado pela Assembleia Legislativa.

4 – O Estado assegura que a Região beneficia do apoio dos fundos da União Europeia, tendo em conta as especificidades do arquipélago.

ARTIGO 20º
Poder tributário da Região

1 – A Região exerce poder tributário próprio, nos termos da lei, e pode adaptar o sistema fiscal nacional às especificidades regionais, nos termos de lei quadro da Assembleia da República.

2 – O sistema fiscal regional é estruturado de forma a assegurar a correcção das desigualdades derivadas da insularidade e com vista à repartição justa da riqueza e dos rendimentos e à concretização de uma política de desenvolvimento económico e de maior justiça social.

ARTIGO 21º
Legalidade das despesas públicas

A apreciação da legalidade das despesas públicas é feita, na Região, por uma secção regional do Tribunal de Contas, com os poderes e funções atribuídos pela lei.

CAPÍTULO III
Autonomia patrimonial da Região

ARTIGO 22º
Domínio público regional

1 – Os bens situados no arquipélago historicamente englobados no domínio público do Estado ou dos extintos distritos autónomos integram o domínio público da Região.

2 – Pertencem, nomeadamente, ao domínio público regional:

a) Os lagos, lagoas, ribeiras e outros cursos de água, com os respectivos leitos e margens e, bem assim, os que por lei forem reconhecidos como aproveitáveis para produção de energia eléctrica ou para irrigação;

b) As valas e os canais de irrigação abertos pela Região e as barragens de utilidade pública;

c) Os jazigos minerais;

d) Os recursos hidrominerais, incluindo as nascentes de águas minerais naturais e as águas mineroindustriais;

e) As cavidades naturais subterrâneas existentes no subsolo, com excepção das rochas, terras comuns e outros materiais habitualmente usados na construção;

f) Os recursos geotérmicos;

g) As estradas regionais, vias rápidas e auto-estradas com os seus acessórios e obras de arte;

h) As redes de distribuição pública de energia;

i) Os portos artificiais, as docas e os ancoradouros;

j) Os aeroportos e aeródromos de interesse público;

l) Os palácios, monumentos, museus, bibliotecas, arquivos e teatros;

m) Os direitos públicos sobre imóveis privados classificados ou de uso e fruição sobre quaisquer bens privados;

n) As servidões administrativas e as restrições de utilidade pública ao direito de propriedade.

3 – Exceptuam-se do domínio público regional os bens afectos ao domínio público militar, ao domínio público marítimo, ao domínio público aéreo e, salvo quando classificados como património cultural, os bens dominiais afectos a serviços públicos não regionalizados.

ARTIGO 23º
Domínio público do Estado na Região

1 – A cessação da efectiva e directa afectação de bens do domínio público do Estado a serviços públicos não regionalizados e a manutenção dessa situação por um período de três anos determina a faculdade de a Região requerer a respectiva desafectação e vincula o Estado, em caso de oposição, a indicar os fins a que os destina.

2 – O decurso de dois anos sobre a indicação referida no número anterior, sem que haja efectiva e directa afectação dos bens a serviços públicos não regionalizados, determina a sua transferência automática para a esfera patrimonial da Região, conferindo a esta o correspondente direito de posse.

ARTIGO 24º
Domínio privado regional

1 – São bens do domínio privado regional aqueles que, sendo da titularidade da Região, não estão englobados no seu domínio público.

2 – Os bens que pertenciam aos extintos distritos autónomos e os bens situados em território regional historicamente englobados no domínio privado do Estado, com excepção dos afectos aos serviços do Estado não regionalizados, integram o domínio privado da Região.

3 – Pertencem, nomeadamente, ao domínio privado regional:

a) Os imóveis da Região e os direitos a eles inerentes;

b) Os direitos de arrendamento de que a Região é titular como arrendatária;

c) Os valores e títulos representativos de participações no capital de sociedades comerciais ou de obrigações emitidas por estas;

d) Os contratos de futuros ou de opções cujo activo subjacente seja constituído por participações em sociedades comerciais;

e) Os direitos de propriedade intelectual;

f) Os direitos de qualquer natureza que derivem da titularidade de bens e direitos patrimoniais;

g) As coisas e direitos afectos a serviços estaduais transferidos para a Região;

h) Os bens que sejam declarados perdidos a favor do Estado e aos quais lei especial não dê destino específico;

i) Os bens abandonados e os que integrem heranças declaradas vagas para o Estado, desde que uns e outros se situem dentro dos limites territoriais da Região.

4 – A desafectação de uma parcela do domínio público do Estado na Região implica a sua integração automática no domínio privado regional, conferindo ainda à Região o direito de posse sobre a mesma.

TÍTULO IV
Órgãos de governo próprio

CAPÍTULO I
Assembleia Legislativa

SECÇÃO I
Estatuto e eleição

ARTIGO 25º
Definição e sede da Assembleia Legislativa

1 – A Assembleia Legislativa é o órgão representativo da Região com poderes legislativos e de fiscalização da acção governativa regional.

2 – A Assembleia Legislativa tem a sua sede na cidade da Horta, ilha do Faial, e delegações nas restantes ilhas.

ARTIGO 26º
Composição e mandatos

A Assembleia Legislativa é composta por deputados eleitos mediante sufrágio universal, directo e secreto, de harmonia com o princípio da representação proporcional e por círculos eleitorais, nos termos da lei eleitoral, para um mandato de quatro anos.

ARTIGO 27º
Círculos eleitorais

1 – Cada ilha constitui um círculo eleitoral, designado pelo respectivo nome.

2 – Cada círculo eleitoral de ilha elege dois deputados e ainda deputados em número proporcional ao dos cidadãos eleitores nele inscritos.

3 – A lei eleitoral prevê também a existência de um círculo regional de compensação, reforçando a proporcionalidade global do sistema.

4 – A lei eleitoral pode atribuir direito de voto aos cidadãos com dupla residência, na Região e noutras parcelas do território português ou no estrangeiro.

5 – Na atribuição dos mandatos aplica-se, dentro de cada círculo, o sistema de representação proporcional e o método da média mais alta de Hondt, nos termos definidos pela lei eleitoral.

ARTIGO 28º
Candidaturas

1 – Os deputados são eleitos por listas apresentadas pelos partidos políticos concorrentes em cada círculo eleitoral, isoladamente ou em coligação, podendo as listas integrar cidadãos não inscritos nos respectivos partidos.

2 – Ninguém pode ser candidato por mais de um círculo eleitoral, exceptuando o círculo regional de compensação, ou figurar em mais de uma lista.

ARTIGO 29º
Representação política

Os deputados são representantes de toda a Região e não apenas do círculo por que são eleitos.

ARTIGO 30º
Exercício da função de deputado

1 – Os deputados exercem livremente o seu mandato, sendo-lhes garantidas condições adequadas ao eficaz exercício das suas funções, designadamente ao indispensável contacto com os cidadãos eleitores e à sua informação regular.

2 – A falta dos deputados a actos ou diligências oficiais, por causa de reuniões ou missões da Assembleia Legislativa, constitui motivo justificado para o adiamento destes, sem qualquer encargo.

3 – O deputado não pode invocar o fundamento previsto no número anterior mais de uma vez em qualquer acto ou diligência oficial.

4 – Todas as entidades têm, nos termos da lei, o dever de cooperar com os deputados no exercício das suas funções.

ARTIGO 31º
Poderes dos deputados

1 – Os deputados têm o poder de:

a) Apresentar anteprojectos de Estatuto Político-Administrativo;

b) Apresentar anteprojectos de lei relativa à eleição dos deputados à Assembleia Legislativa;

c) Apresentar antepropostas que respeitem à iniciativa legislativa da Assembleia Legislativa;

d) Apresentar projectos de decreto legislativo regional, de Regimento da Assembleia Legislativa e de resolução;

e) Apresentar antepropostas de referendo regional;

f) Apresentar moções de censura;

g) Participar e intervir nos debates parlamentares, nos termos do Regimento da Assembleia Legislativa;

h) Requerer e obter do Governo Regional ou dos órgãos de qualquer entidade pública regional os elementos, informações e publicações oficiais que considerem úteis para o exercício do seu mandato;

i) Formular perguntas orais ou escritas ao Governo Regional, nos termos da lei e do Regimento da Assembleia Legislativa;

j) Suscitar a realização de dois debates em cada sessão legislativa sobre assuntos de política regional, nos termos do Regimento da Assembleia Legislativa;

l) Requerer a constituição de comissões parlamentares de inquérito ou de comissões eventuais;

m) Requerer ao Tribunal Constitucional a declaração de inconstitucionalidade de qualquer norma com fundamento na violação de direitos da Região, a declaração de ilegalidade de qualquer norma constante de diploma regional com fundamento na violação do presente Estatuto, ou a declaração de ilegalidade de qualquer norma constante de diploma emanado dos órgãos de soberania com fundamento em violação dos direitos da Região consagrados no presente Estatuto;

n) Exercer os demais poderes consignados na lei e no Regimento da Assembleia Legislativa.

2 – Os poderes constantes das alíneas *f*), *j*) e *l*) do número anterior só podem ser exercidos por um mínimo de cinco deputados ou por um grupo parlamentar.

3 – O poder constante da alínea *m*) do nº 1 só pode ser exercido por um décimo dos deputados.

ARTIGO 32º
Deveres dos deputados

1 – Constituem deveres dos deputados:

a) Participar nos trabalhos parlamentares;

b) Comparecer às reuniões plenárias e às das comissões a que pertençam;

c) Desempenhar os cargos da Assembleia Legislativa e as funções para que sejam eleitos ou designados;

d) Participar nas votações;

e) Respeitar a dignidade da Assembleia Legislativa e de todos os que nela têm assento;

f) Observar a ordem e a disciplina fixadas no Regimento da Assembleia Legislativa;

g) Contribuir para a eficácia e o prestígio dos trabalhos da Assembleia Legislativa e, em geral, para a observância da Constituição e do Estatuto.

2 – Os deputados devem visitar cada uma das ilhas da Região, pelo menos, uma vez em cada legislatura.

ARTIGO 33º
Substituição, suspensão, perda e renúncia do mandato

1 – Os deputados têm direito à sua substituição e a requererem a suspensão do seu mandato, nos termos do regime de execução do estatuto dos titulares dos órgãos de governo próprio.

2 – Perdem o mandato os deputados que:

a) Venham a incorrer em alguma das incapacidades ou incompatibilidades previstas no presente Estatuto, sem prejuízo do disposto nos regimes de substituição e suspensão de mandato;

b) Não tomem assento na Assembleia Legislativa ou excedam o número de faltas fixado no seu Regimento;

c) Se inscrevam em partido político diverso daquele pelo qual foram eleitos;

d) Sejam judicialmente condenados por crime de responsabilidade no exercício da sua função em tal pena ou por participação em organizações racistas ou que perfilhem a ideologia fascista.

3 – Os deputados podem renunciar ao mandato, mediante declaração escrita dirigida ao Presidente da Assembleia Legislativa.

SECÇÃO II
Competência da Assembleia Legislativa

SUBSECÇÃO I
Competência em geral

ARTIGO 34º
Competência política da Assembleia Legislativa

Compete à Assembleia Legislativa:

a) Dar posse ao Governo Regional e aprovar o respectivo programa;

b) Aprovar o plano de desenvolvimento económico e social, discriminado por programas de investimento;

c) Aprovar o orçamento regional, discriminado por despesas e receitas, incluindo os dos serviços e fundos autónomos regionais e os programas de investimento de cada secretaria regional;

d) Autorizar o Governo Regional a realizar empréstimos e outras operações de crédito que não sejam de dívida flutuante, estabelecendo as respectivas condições gerais;

e) Estabelecer o limite máximo dos avales a conceder pelo Governo Regional em cada ano;

f) Votar moções de rejeição ao programa do Governo Regional;

g) Votar moções de confiança e de censura ao Governo Regional;

h) Apresentar propostas de referendo regional ao Presidente da República;

i) Pronunciar-se, por sua iniciativa ou sob consulta dos órgãos de soberania, sobre as questões da competência destes;

j) Participar na definição das posições do Estado Português, no âmbito do processo da construção europeia, nas matérias que sejam da sua competência política e legislativa;

l) Participar no estabelecimento de laços de cooperação com entidades regionais estrangeiras;

m) Aprovar acordos de cooperação com entidades regionais ou locais estrangeiras que versem sobre matérias da sua competência ou sobre a participação em organizações que tenham por objecto fomentar o diálogo e a cooperação inter-regional;

n) Eleger os titulares de órgãos ou cargos que, por lei ou acordo, lhe caiba designar;

o) Participar nas reuniões das comissões da Assembleia da República em que se discutam iniciativas legislativas regionais, através de representantes seus, nos termos do Regimento da Assembleia da República.

ARTIGO 35º
Participação e acompanhamento no processo de construção da União Europeia

Compete à Assembleia Legislativa, no exercício de poderes de participação e acompanhamento no processo de construção europeia:

a) Definir as grandes orientações de intervenção da Região no processo de construção europeia e acompanhar e apreciar a actividade desenvolvida nesse domínio pelo Governo Regional;

b) Participar no processo de construção europeia, mediante representação nas respectivas instituições regionais e nas delegações envolvidas em processo de decisão comunitária, quando estejam em causa matérias que sejam da sua competência política e legislativa;

c) Promover a cooperação interparlamentar regional na União Europeia;

d) Fiscalizar a aplicação dos fundos estruturais na Região e de outros programas comunitários de âmbito regional ou de âmbito nacional com incidência na Região;

e) Participar, nos termos da lei, na fixação das dotações a atribuir às autarquias locais e correspondentes à repartição dos recursos públicos aplicados em programas comunitários específicos à Região;

f) Apreciar relatório semestral do Governo Regional sobre a participação da Região na União Europeia.

ARTIGO 36º
Iniciativa legislativa

1 – Compete à Assembleia Legislativa, no exercício da sua competência de iniciativa legislativa:

a) Elaborar os projectos de Estatuto Político-Administrativo da Região e de lei relativa à eleição dos deputados à Assembleia Legislativa, bem como emitir parecer sobre a respectiva rejeição ou introdução de alterações pela Assembleia da República, nos termos do artigo 226º da Constituição;

b) Exercer iniciativa legislativa, mediante a apresentação de propostas de lei ou de alteração à Assembleia da República.

2 – No exercício da competência prevista no número anterior, a Assembleia Legislativa pode requerer a declaração de urgência do respectivo processamento e ainda o seu agendamento.

ARTIGO 37º
Competência legislativa própria

1 – Compete à Assembleia Legislativa legislar, para o território regional, nas matérias da competência legislativa própria da Região e que não estejam constitucionalmente reservadas aos órgãos de soberania.

2 – São matérias da competência legislativa própria da Região as referidas na subsecção II da presente secção.

ARTIGO 38º
Competência legislativa complementar

1 – Compete à Assembleia Legislativa desenvolver, para o território regional, os princípios ou as bases gerais dos regimes jurídicos contidos em lei ou decreto-lei que a eles se circunscrevam, salvo quando estejam em causa matérias cujo regime seja integralmente reservado aos órgãos de soberania.

2 – Os decretos legislativos regionais aprovados ao abrigo do presente artigo devem invocar expressamente as leis ou decretos-leis cujos princípios ou bases gerais desenvolvem.

3 – A competência enunciada no nº 1 não se limita às matérias da competência legislativa própria da Região, enunciadas na subsecção II da presente secção.

4 – Quando leis ou decretos-leis de bases incidam sobre matérias abrangidas na competência legislativa própria da Assembleia Legislativa, esta pode optar por desenvolver, para o território regional, os princípios ou as bases gerais dos regimes jurídicos neles contidos, nos termos do presente artigo ou, em alternativa, exercer a competência legislativa própria, nos termos do artigo anterior.

ARTIGO 39º
Competência legislativa delegada

1 – Compete à Assembleia Legislativa legislar, mediante autorização desta, nas matérias de reserva relativa da Assembleia da República previstas na segunda parte da alínea *d*), nas alíneas *e*), *g*), *h*), *j*) e *l*), primeira parte da alínea *m*), e alíneas *n*), *r*), *u*) e *z*) do nº 1 do artigo 165º da Constituição.

2 – As propostas de lei de autorização devem ser acompanhadas do anteprojecto do decreto legislativo regional a autorizar, aplicando-se às correspondentes leis de autorização o disposto nos nºs 2 e 3 do artigo 165º da Constituição.

3 – As autorizações referidas no número anterior caducam com o termo da legislatura ou com a dissolução da Assembleia da República ou da Assembleia Legislativa.

4 – Os decretos legislativos regionais aprovados ao abrigo do presente artigo devem invocar expressamente as leis de autorização ao abrigo das quais foram elaborados.

5 – A Assembleia da República pode submeter os decretos legislativos regionais aprovados ao abrigo do presente artigo à sua apreciação para efeitos de cessação de vigência, nos termos do artigo 169º da Constituição.

6 – A competência enunciada no nº 1 não se limita às matérias da competência legislativa própria da Região, enunciadas na subsecção II da presente secção.

ARTIGO 40º
Competência legislativa de transposição de actos jurídicos da União Europeia

Compete à Assembleia Legislativa transpor os actos jurídicos da União Europeia para o território da Região, nas matérias de competência legislativa própria.

ARTIGO 41º
Competência regulamentar da Assembleia Legislativa

É da exclusiva competência da Assembleia Legislativa regulamentar as leis e decretos-leis emanados dos órgãos de soberania que não reservem para o Governo Regional o respectivo poder regulamentar.

ARTIGO 42º
Outras competências

1 – Compete à Assembleia Legislativa, no exercício de funções de fiscalização:

a) Vigiar pelo cumprimento da Constituição, do Estatuto e das leis e apreciar os actos do Governo e da administração regional autónoma;

b) Aprovar as contas da Região respeitantes a cada ano económico e apreciar os relatórios de execução do plano de desenvolvimento económico e social regional;

c) Solicitar ao Tribunal Constitucional a declaração de inconstitucionalidade de qualquer norma com fundamento na violação de direitos da Região, a declaração de ilegalidade de qualquer norma constante de diploma regional com fundamento na violação do presente Estatuto, ou a declaração de ilegalidade de qualquer norma constante de diploma emanado dos órgãos de soberania com fundamento em violação dos direitos da Região consagrados no presente Estatuto.

2 – Compete à Assembleia Legislativa, no exercício de funções de acompanhamento:

a) Acompanhar a actividade dos titulares de órgãos ou cargos designados pela Assembleia Legislativa;

b) Acompanhar a tutela do Governo Regional sobre a actividade das autarquias locais dos Açores;

c) Apreciar relatórios das entidades criadas nos termos do presente Estatuto;

d) Proceder à audição anual do director do Centro Regional dos Açores da rádio e televisão públicas e do responsável na Região da agência noticiosa pública.

3 – Compete também à Assembleia Legislativa aprovar o seu Regimento.

ARTIGO 43º
Referendo regional

1 – Compete à Assembleia Legislativa apresentar propostas de referendo regional ao Presidente da República.

2 – O colégio eleitoral para o referendo regional é constituído pelo conjunto de cidadãos eleitores recenseados no território da Região.

3 – O referendo regional pode ter por objecto questões de relevante interesse regional que sejam da competência legislativa da Assembleia Legislativa, à excepção de questões e de actos de conteúdo orçamental, tributário ou financeiro.

4 – A regulação do referendo regional é estabelecida por lei.

ARTIGO 44º
Forma dos actos

1 – Revestem a forma de decreto legislativo regional os actos previstos nas alíneas *b*), *c*), *d*) e *e*) do artigo 34º, no artigo 37º, no nº 1 do artigo 38º, no nº 1 do artigo 39º, no artigo 40º e no artigo 41º

2 – Revestem a forma de projecto os actos previstos na alínea *a*) do nº 1 do artigo 36º e de proposta os actos previstos na alínea *b*) do nº 1 do mesmo artigo.

3 – Revestem a forma de resolução os demais actos da Assembleia Legislativa, incluindo os previstos na segunda parte da alínea *a*) e na alínea *h*) do artigo 34º e no nº 3 do artigo 42º

4 – Revestem a forma de moção os actos previstos nas alíneas *f*) e *g*) do artigo 34º

5 – Os actos previstos no nºs 1, 3 e 4 do presente artigo são publicados no *Diário da República* e no *Jornal Oficial da Região*.

ARTIGO 45º
Iniciativa legislativa e referendária regional

1 – A iniciativa legislativa e referendária regional compete aos deputados, aos grupos e representações parlamentares, ao Governo Regional e ainda, nos termos e condições estabelecidos no artigo seguinte, a grupos de cidadãos eleitores.

2 – Os deputados e os grupos e representações parlamentares não podem apresentar projectos ou propostas de alteração de decreto legislativo regional ou antepropostas de referendo regional que envolvam, no ano económico em curso, aumento das despesas ou diminuição das receitas da Região previstas no orçamento.

3 – Os projectos e as propostas de decreto legislativo regional ou de referendo regional definitivamente rejeitados não podem ser renovados na mesma sessão legislativa.

4 – Os projectos e as propostas de decreto legislativo regional e de referendo regional não votados na sessão legislativa em que tiverem sido apresentados não carecem de ser renovados nas sessões legislativas seguintes, salvo termo da legislatura ou dissolução da Assembleia Legislativa.

5 – As propostas de decreto legislativo regional e de referendo caducam com a demissão do Governo Regional.

6 – As comissões parlamentares podem apresentar textos de substituição, sem prejuízo dos projectos e das propostas a que se referem.

7 – O presente artigo aplica-se, com as devidas adaptações, aos anteprojectos e antepropostas de lei.

ARTIGO 46º
Iniciativa legislativa e referendária dos cidadãos

1 – Os cidadãos regularmente inscritos no recenseamento eleitoral no território da Região são titulares do direito de iniciativa legislativa, do direito de participação no procedimento legislativo a que derem origem e do direito de iniciativa referendária.

2 – A iniciativa legislativa dos cidadãos pode ter por objecto todas as matérias incluídas na competência legislativa da Assembleia Legislativa, à excepção das que revistam natureza ou tenham conteúdo orçamental, tributário ou financeiro.

3 – Os grupos de cidadãos eleitores não podem apresentar iniciativas legislativas que:

a) Violem a Constituição da República Portuguesa ou o presente Estatuto;

b) Não contenham uma definição concreta do sentido das modificações a introduzir na ordem legislativa;

c) Envolvam, no ano económico em curso, aumento das despesas ou diminuição das receitas previstas no orçamento da Região.

4 – A iniciativa referendária dos cidadãos pode ter por objecto as matérias referidas no nº 3 do artigo 43º e não pode envolver, no ano económico em curso, um aumento das despesas ou uma diminuição das receitas previstas no orçamento da Região.

5 – O exercício do direito de iniciativa é livre e gratuito, não podendo ser dificultada ou impedida, por qualquer entidade pública ou privada, a recolha de assinaturas e os demais actos necessários para a sua efectivação, nem dar lugar ao pagamento de quaisquer impostos ou taxas.

6 – O direito de iniciativa legislativa de cidadãos é exercido através da apresentação à Assembleia Legislativa de projecto de decreto legislativo regional, subscrito por um mínimo de 1 500 cidadãos eleitores recenseados no território da Região.

ARTIGO 47º
Discussão e votação

1 – A discussão de projectos e propostas de decreto legislativo regional e de anteprojectos ou antepropostas de lei compreende um debate na generalidade e outro na especialidade.

2 – A votação compreende uma votação na generalidade, uma votação na especialidade e uma votação final global.

3 – Os projectos de Estatuto Político-Administrativo e de lei relativa à eleição dos deputados à Assembleia Legislativa são aprovados por maioria de dois terços dos deputados em efectividade de funções.

4 – Carecem de maioria de dois terços dos deputados presentes, desde que superior à maioria absoluta dos deputados em efectividade de funções:

a) A aprovação do Regimento da Assembleia Legislativa;

b) A eleição dos membros de entidades administrativas independentes regionais que lhe couber designar;

c) A eleição de provedores sectoriais regionais.

5 – Carecem de maioria absoluta dos deputados em efectividade de funções:

a) A rejeição do programa do Governo Regional;

b) A aprovação de moções de censura;

c) A rejeição de moções de confiança;

d) A criação ou extinção de autarquias locais;

e) A eleição de titulares de cargos ou órgãos, em representação da Região, previstos na lei.

ARTIGO 48º
Assinatura do Representante da República

Os decretos da Assembleia Legislativa são enviados ao Representante da República para serem assinados e publicados.

SUBSECÇÃO II
Matérias de competência legislativa própria

ARTIGO 49º
Organização política e administrativa da Região

1 – Compete à Assembleia Legislativa legislar em matéria de organização política e administrativa da Região.

2 – A matéria da organização política da Região abrange, designadamente:

a) A concretização do Estatuto e sua regulamentação;
b) A orgânica da Assembleia Legislativa;
c) O regime de execução do estatuto dos titulares dos órgãos de governo próprio;
d) A cooperação inter-regional de âmbito nacional, europeu ou internacional;
e) O modo de designação de titulares de cargos ou órgãos em representação da Região.

3 – A matéria da organização administrativa da Região abrange, designadamente:

a) A organização da administração regional autónoma directa e indirecta, incluindo o âmbito e regime dos trabalhadores da Administração Pública regional autónoma e demais agentes da Região;
b) O regime jurídico dos institutos públicos, incluindo as fundações públicas e os fundos regionais autónomos, das empresas públicas e das instituições particulares de interesse público que exerçam as suas funções exclusiva ou predominantemente na Região;
c) O estatuto das entidades administrativas independentes regionais;
d) A criação dos órgãos representativos das ilhas;
e) A criação e extinção de autarquias locais, bem como modificação da respectiva área, e elevação de populações à categoria de vilas ou cidades.

ARTIGO 50º
Poder tributário próprio e adaptação do sistema fiscal

1 – Compete à Assembleia Legislativa legislar em matérias do seu poder tributário próprio e da adaptação do sistema fiscal nacional.

2 – As matérias do poder tributário próprio e de adaptação do sistema fiscal nacional abrangem, designadamente:

a) O poder de criar e regular impostos, definindo a respectiva incidência, a taxa, a liquidação, a cobrança, os benefícios fiscais e as garantias dos contribuintes, nos termos da Lei das Finanças das Regiões Autónomas, incluindo o poder de criar e regular contribuições de melhoria para tributar aumentos de valor dos imóveis decorrentes de obras e de investimentos públicos regionais e de criar e regular outras contribuições especiais tendentes a compensar as maiores despesas regionais decorrentes de actividades privadas desgastantes ou agressoras dos bens públicos ou do ambiente regional;

b) O poder de adaptar os impostos de âmbito nacional às especificidades regionais, em matéria de incidência, taxa, benefícios fiscais e garantias dos contribuintes, nos termos da Lei das Finanças das Regiões Autónomas;

c) O poder para lançar adicionais sobre a colecta dos impostos em vigor na Região Autónoma dos Açores;

d) O poder de, nos termos da Lei das Finanças das Regiões Autónomas, diminuir as taxas nacionais dos impostos sobre o rendimento e do imposto sobre o valor acrescentado, e dos impostos especiais de consumo, de acordo com a legislação em vigor;

e) O poder de determinar a aplicação, na Região Autónoma dos Açores, de taxas reduzidas do Imposto Sobre o Rendimento das Pessoas Colectivas (IRC) definida em legislação nacional;

f) O poder de conceder deduções à colecta relativa aos lucros comerciais, industriais e agrícolas reinvestidos pelos sujeitos passivos;

g) O poder de autorizar o Governo Regional a conceder benefícios fiscais temporários e condicionados, relativos a impostos de âmbito nacional e regional, em regime contratual, aplicáveis a projectos de investimento significativos, nos termos da Lei das Finanças das Regiões Autónomas.

ARTIGO 51º
Autonomia patrimonial

1 – Compete à Assembleia Legislativa legislar em matérias de património próprio e de autonomia patrimonial.

2 – As matérias de património próprio e de autonomia patrimonial abrangem, designadamente:

a) Os bens de domínio privado da Região;

b) Os regimes especiais de expropriação e requisição, por utilidade pública, de bens situados na Região.

ARTIGO 52º
Política agrícola

1 – Compete à Assembleia Legislativa legislar em matéria de política agrícola.

2 – A matéria de política agrícola abrange, designadamente:

a) A agricultura, incluindo a agricultura biológica, silvicultura, pecuária, bem como o sector agro-alimentar;

b) A reserva agrícola regional;

c) Os pastos, baldios e reservas florestais;

d) O emparcelamento rural e a estrutura fundiária das explorações agrícolas;

e) A saúde animal e vegetal;

f) A investigação, o desenvolvimento e a inovação nos sectores agrícola, florestal e agro-alimentar, incluindo a melhoria genética e a utilização de organismos geneticamente modificados;

g) A defesa, promoção e apoio dos produtos regionais, incluindo as denominações geográficas de origem e de qualidade.

ARTIGO 53º
Pescas, mar e recursos marinhos

1 – Compete à Assembleia Legislativa legislar em matéria de pescas, mar e recursos marinhos.

2 – As matérias das pescas, mar e recursos marinhos abrangem, designadamente:

a) As condições de acesso às águas interiores e mar territorial pertencentes ao território da Região;

b) Os recursos piscatórios e outros recursos aquáticos, incluindo a sua conservação, gestão e exploração;

c) A actividade piscatória em águas interiores e mar territorial pertencentes ao território da Região ou por embarcações registadas na Região;

d) A aquicultura e transformação dos produtos da pesca em território regional;

e) As embarcações de pesca que exerçam a sua actividade nas águas interiores e mar territorial pertencentes ao território da Região ou que sejam registadas na Região;

f) A pesca lúdica;

g) As actividades de recreio náutico, incluindo o regime aplicável aos navegadores de recreio;

h) As tripulações.

ARTIGO 54º
Comércio, indústria e energia

1 – Compete à Assembleia Legislativa legislar em matérias de comércio, indústria e energia.

2 – As matérias relativas ao comércio, indústria e energia abrangem, designadamente:

a) O funcionamento dos mercados regionais e da actividade económica;

b) O regime de abastecimento;

c) A promoção da concorrência;

d) A defesa dos consumidores e o fomento da qualidade dos produtos regionais;

e) A resolução alternativa de litígios relacionados com o consumo;

f) As privatizações e reprivatizações de empresas públicas;

g) A modernização e a competitividade das empresas privadas;

h) Os mercados, as feiras e o comércio em geral, incluindo os estabelecimentos de restauração e bebidas, as grandes superfícies comerciais, bem como os respectivos calendários e horários;

i) O artesanato;

j) O licenciamento e fiscalização da actividade industrial;

l) As instalações de produção, distribuição, armazenamento e transporte de energia e a energia de produção regional, incluindo energias renováveis e eficiência energética.

ARTIGO 55º
Turismo

1 – Compete à Assembleia Legislativa legislar em matéria de turismo.

2 – A matéria de turismo abrange, designadamente:

a) O regime de utilização dos recursos turísticos;

b) A formação turística de recursos humanos, incluindo actividades e profissões turísticas, bem como a certificação de escolas e cursos;

c) Os regimes jurídicos dos empreendimentos turísticos e das agências e operadores de viagens e turismo, incluindo os respectivos licenciamento, classificação e funcionamento;

d) A utilização turística de sítios, locais ou monumentos de interesse turístico regional, incluindo áreas marinhas classificadas com especial interesse para o turismo subaquático;

e) As actividades marítimo-turísticas;

f) O investimento turístico;

g) O regime da declaração de utilidade turística e de interesse para o turismo;

h) A delimitação e concessão de zonas de jogo de fortuna ou azar, e o respectivo regime de funcionamento, fiscalização e quadro sancionatório;

i) O regime de denominações de origem e de qualidade dos equipamentos, actividades e produtos turísticos.

ARTIGO 56º
Infra-estruturas, transportes e comunicações

1 – Compete à Assembleia Legislativa legislar em matérias de infra-estruturas, transportes e comunicações.

2 – As matérias de infra-estruturas, transportes e comunicações abrangem, designadamente:

a) Os equipamentos sociais;

b) O regime de empreitadas e obras públicas;

c) As concessões de obras públicas e de serviços públicos;

d) A construção civil;

e) O trânsito e vias de circulação, incluindo a fixação dos limites de velocidade;

f) Os portos, marinas e outras infra-estruturas portuárias civis;

g) Os aeroportos, aeródromos, heliportos e outras infra-estruturas aeroportuárias civis;

h) Os transportes terrestres, marítimos e aéreos;

i) As telecomunicações;

j) A distribuição postal e de mercadorias.

ARTIGO 57º
Ambiente e ordenamento do território

1 – Compete à Assembleia Legislativa legislar em matérias de ambiente e ordenamento do território.

2 – As matérias do ambiente e ordenamento do território abrangem, designadamente:

a) A protecção do ambiente, promoção do equilíbrio ecológico e defesa da natureza e dos recursos naturais, incluindo a fiscalização e monitorização dos recursos naturais;

b) As áreas protegidas e classificadas e as zonas de conservação e de protecção, terrestres e marinhas;

c) A reserva ecológica regional;

d) Os recursos naturais, incluindo *habitats*, biodiversidade, fauna e flora, recursos geotérmicos, florestais e geológicos;

e) A avaliação do impacte ambiental;

f) A caça e restantes actividades de exploração cinegética;

g) Os recursos hídricos, incluindo águas minerais e termais, superficiais e subterrâneas, canais e regadios;

h) A captação, tratamento e distribuição de água;

i) A recolha, tratamento e rejeição de efluentes;

j) A recolha, gestão, tratamento e valorização de resíduos;

l) O controlo da contaminação do solo e subsolo;

m) O controlo da qualidade ambiental;

n) A informação, sensibilização e educação ambientais;

o) O associativismo ambiental;

p) O planeamento do território e instrumentos de gestão territorial;

q) O urbanismo, incluindo o regime da urbanização e edificação e a utilização dos solos.

ARTIGO 58º
Solidariedade e segurança social

1 – Compete à Assembleia Legislativa legislar em matérias de solidariedade e segurança social.

2 – As matérias de solidariedade e segurança social abrangem, designadamente:

a) A gestão e o regime económico da segurança social;

b) A instituição de complemento regional de pensão, reforma e prestações sociais;

c) A regulação de serviços sociais, de apoio social e de solidariedade social;

d) O regime de cooperação entre a administração regional e as instituições particulares de solidariedade social;

e) O combate à exclusão social e a promoção da igualdade de oportunidades e da inclusão social;

f) O apoio aos cidadãos portadores de deficiência;
g) A acção social, o voluntariado e a organização dos tempos livres.

ARTIGO 59º
Saúde

1 – Compete à Assembleia Legislativa legislar em matéria de política de saúde.
2 – A matéria correspondente à política de saúde abrange, designadamente:

a) O serviço regional de saúde, incluindo a sua organização, planeamento, funcionamento, financiamento e recursos humanos;
b) A actividade privada de saúde e sua articulação com o serviço regional de saúde;
c) A saúde pública e comunitária;
d) A medicina preventiva, curativa e de reabilitação;
e) O regime de licenciamento e funcionamento das farmácias e o acesso ao medicamento.

ARTIGO 60º
Família e migrações

1 – Compete à Assembleia Legislativa legislar em matérias de apoio à família e às migrações.
2 – As matérias de apoio à família e às migrações abrangem, designadamente:

a) A protecção de menores, a promoção da infância e o apoio à maternidade e à paternidade;
b) O apoio aos idosos;
c) A integração dos imigrantes;
d) O apoio às comunidades de emigrantes;
e) O associativismo e a difusão da cultura portuguesa e açoriana na diáspora;
f) A reintegração dos emigrantes regressados.

ARTIGO 61º
Trabalho e formação profissional

1 – Compete à Assembleia Legislativa legislar em matérias de trabalho e formação profissional.
2 – As matérias relativas ao trabalho e formação profissional abrangem, designadamente:

a) A promoção dos direitos fundamentais dos trabalhadores e a protecção no desemprego;
b) A instituição e a regulamentação do complemento regional à retribuição mínima mensal garantida;
c) A formação profissional e a valorização de recursos humanos, a obtenção e homologação de títulos profissionais e a certificação de trabalhadores;
d) A concertação social e mecanismos de resolução alternativa dos conflitos laborais.

ARTIGO 62º
Educação e juventude

1 – Compete à Assembleia Legislativa legislar em matérias de educação e juventude.

2 – As matérias de educação e juventude abrangem, designadamente:

a) O sistema educativo regional, incluindo as respectivas organização, funcionamento, recursos humanos, equipamentos, administração e gestão dos estabelecimentos de educação e de ensino;
b) A avaliação no sistema educativo regional e planos curriculares;
c) A actividade privada de educação e sua articulação com o sistema educativo regional;
d) A acção social escolar no sistema educativo regional;
e) Os incentivos ao estudo e meios de combate ao insucesso e abandono escolares;
f) O associativismo estudantil e juvenil;
g) A mobilidade e o turismo juvenis;
h) A regulação e a gestão de actividades e instalações destinadas aos jovens.

ARTIGO 63º
Cultura e comunicação social

1 – Compete à Assembleia Legislativa legislar em matérias de cultura e comunicação social.

2 – As matérias de cultura e comunicação social abrangem, designadamente:

a) O património histórico, etnográfico, artístico, monumental, arquitectónico, arqueológico e científico;
b) Os equipamentos culturais, incluindo museus, bibliotecas, arquivos e outros espaços de fruição cultural ou artística;
c) O apoio e a difusão da criação e produção teatral, musical, audiovisual, literária e de dança, bem como outros tipos de criação intelectual e artística;
d) O folclore;
e) Os espectáculos e os divertimentos públicos na Região, incluindo touradas e tradições tauromáquicas nas suas diversas manifestações;
f) O mecenato cultural;
g) A comunicação social, incluindo o regime de apoio financeiro.

ARTIGO 64º
Investigação e inovação tecnológica

1 – Compete à Assembleia Legislativa legislar em matérias de investigação e inovação tecnológica.

2 – As matérias de investigação e inovação tecnológica abrangem, designadamente:

a) Os centros de investigação e de inovação tecnológica, incluindo a sua organização, coordenação, funcionamento, e regimes de apoio e acreditação;

b) O apoio à investigação científica e tecnológica;
c) A formação de investigadores;
d) A difusão do conhecimento científico e das tecnologias.

ARTIGO 65º
Desporto

1 – Compete à Assembleia Legislativa legislar em matéria de desporto.

2 – A matéria de desporto abrange, designadamente:

a) O sistema desportivo regional e o sistema de informação desportiva, incluindo organização, administração, planeamento, financiamento e fiscalização;
b) A actividade desportiva profissional e não profissional, incluindo o intercâmbio desportivo, o desporto escolar, o desporto de alta competição e o voluntariado desportivo;
c) As infra-estruturas, instalações e equipamentos desportivos;
d) Os recursos humanos no desporto;
e) O mecenato desportivo;
f) O movimento associativo desportivo e as sociedades desportivas.

ARTIGO 66º
Segurança pública e protecção civil

1 – Compete à Assembleia Legislativa legislar em matérias de ordem e segurança pública e de protecção civil.

2 – As matérias de ordem e segurança pública e de protecção civil abrangem, designadamente:

a) O regime jurídico do licenciamento de armeiro;
b) A protecção civil, bombeiros, paramédicos e emergência médica;
c) A monitorização e vigilância meteorológica, oceanográfica, sismológica e vulcanológica, bem como a mitigação de riscos geológicos;
d) A assistência e vigilância em praias e zonas balneares e socorro costeiro.

ARTIGO 67º
Outras matérias

Compete ainda à Assembleia Legislativa legislar nas seguintes matérias:

a) Os símbolos da Região;
b) O protocolo e o luto regionais;
c) Os feriados regionais;
d) A criação e estatuto dos provedores sectoriais regionais;
e) As fundações de direito privado;
f) A instituição de remuneração complementar aos funcionários, agentes e demais trabalhadores da administração regional autónoma;
g) As políticas de género e a promoção da igualdade de oportunidades;

h) Os regimes especiais de actos ilícitos de mera ordenação social e do respectivo processo;

i) Os regimes especiais de arrendamento rural e urbano;

j) Os sistemas de incentivos e de contratualização de incentivos nos casos de investimentos estruturantes ou de valor estratégico para a economia;

l) O investimento estrangeiro relevante;

m) O regime das parcerias público-privadas em que intervenha a Região;

n) A estatística;

o) O *marketing* e a publicidade;

p) A prevenção e segurança rodoviárias.

SECÇÃO III
Organização e funcionamento da Assembleia Legislativa

ARTIGO 68º
Legislatura

1 – A legislatura tem a duração de quatro sessões legislativas.

2 – A sessão legislativa tem a duração de um ano e inicia-se a 1 de Setembro.

3 – A Assembleia reúne em plenário, no mínimo, em nove períodos legislativos por sessão legislativa, entre 1 de Setembro e 31 de Julho.

4 – Fora dos períodos legislativos previstos no número anterior, a Assembleia Legislativa pode reunir extraordinariamente, em plenário, mediante convocação do seu presidente, nos seguintes casos:

a) Por iniciativa da comissão permanente;

b) Por iniciativa de um terço dos deputados;

c) Por solicitação do Governo Regional.

ARTIGO 69º
Dissolução da Assembleia

1 – A Assembleia Legislativa pode ser dissolvida pelo Presidente da República, ouvidos o Conselho de Estado e os partidos nela representados.

2 – A Assembleia Legislativa não pode ser dissolvida nos seis meses posteriores à sua eleição ou durante a vigência do estado de sítio ou do estado de emergência em território da Região.

3 – A inobservância do disposto no número anterior determina a inexistência jurídica do decreto de dissolução.

4 – A dissolução da Assembleia Legislativa não prejudica a subsistência do mandato dos deputados, nem da competência da comissão permanente, até à primeira reunião da Assembleia após as subsequentes eleições.

5 – Em caso de dissolução da Assembleia Legislativa, as eleições têm lugar no prazo máximo de 60 dias, sob pena de inexistência jurídica daquele acto.

6 – No caso de dissolução, a Assembleia Legislativa então eleita inicia nova legislatura cuja duração será inicialmente acrescida do tempo necessário para se completar o período correspondente à sessão legislativa em curso à data da eleição.

ARTIGO 70º
Início da legislatura

1 – A Assembleia Legislativa reúne, por direito próprio, no 10º dia posterior ao apuramento geral dos resultados eleitorais.

2 – Na primeira reunião a Assembleia Legislativa verifica os poderes dos seus membros e elege a sua mesa.

ARTIGO 71º
Funcionamento

1 – A Assembleia Legislativa funciona em reuniões plenárias e em comissões.

2 – As reuniões plenárias são públicas e as das comissões podem sê-lo.

3 – É publicado um *Diário da Assembleia Legislativa* com o relato integral das reuniões plenárias da Assembleia Legislativa, bem como os relatórios e pareceres das comissões, de cujas reuniões são lavradas actas.

4 – A Assembleia Legislativa considera-se constituída em reunião plenária achando-se presente a maioria do número legal dos seus membros.

5 – A Assembleia Legislativa pode, por sua iniciativa ou a solicitação do Governo Regional, declarar a urgência de qualquer iniciativa, que deve seguir tramitação especial.

ARTIGO 72º
Participação dos membros do Governo Regional

1 – Os membros do Governo Regional têm assento nas reuniões da Assembleia Legislativa e o direito de usar da palavra para a apresentação de qualquer comunicação ou prestação de esclarecimentos.

2 – Os membros do Governo Regional podem solicitar a sua participação nos trabalhos das comissões e devem comparecer perante as mesmas quando tal seja requerido.

ARTIGO 73º
Comissões

1 – A Assembleia Legislativa tem as comissões previstas no seu Regimento e pode constituir comissões eventuais, de inquérito ou para qualquer outro fim determinado.

2 – A composição das comissões corresponde à representatividade dos partidos na Assembleia Legislativa.

3 – As presidências das comissões são, em cada conjunto, repartidas pelos grupos parlamentares, em proporção com o número dos seus deputados.

4 – As petições dirigidas à Assembleia Legislativa são apreciadas pelas comissões ou por comissão especialmente constituída para o efeito, que pode ouvir as demais comissões competentes em razão da matéria, bem como solicitar o depoimento de quaisquer cidadãos.

5 – Sem prejuízo da sua constituição nos termos gerais, as comissões parlamentares de inquérito são obrigatoriamente constituídas sempre que tal seja requerido por um quinto dos deputados em efectividade de funções, até ao limite de uma por deputado e por sessão legislativa.

6 – As comissões parlamentares de inquérito gozam de poderes de investigação próprios das autoridades judiciais.

7 – O regime jurídico das comissões parlamentares de inquérito é estabelecido por decreto legislativo regional.

ARTIGO 74º
Comissão permanente

1 – Fora dos períodos legislativos, durante o período em que se encontrar dissolvida e nos restantes casos previstos na Constituição e no Estatuto, funciona a comissão permanente da Assembleia Legislativa.

2 – A comissão permanente é presidida pelo Presidente da Assembleia Legislativa e composta pelos vice-presidentes e por deputados indicados por todos os partidos, de acordo com a respectiva representatividade na Assembleia Legislativa.

3 – Compete à comissão permanente:

a) Vigiar pelo cumprimento da Constituição, do Estatuto e das leis e apreciar os actos do Governo Regional e da administração regional autónoma;

b) Pronunciar-se, por sua iniciativa ou sob consulta dos órgãos de soberania, relativamente às questões de competência destes que respeitem à Região;

c) Exercer os poderes da Assembleia Legislativa relativamente ao mandato dos deputados;

d) Promover a convocação da Assembleia Legislativa sempre que tal seja necessário;

e) Preparar a abertura da sessão legislativa.

ARTIGO 75º
Grupos parlamentares e representações parlamentares

1 – Os deputados eleitos por cada partido ou coligação de partidos podem constituir-se em grupo parlamentar.

2 – Constituem direitos de cada grupo parlamentar:

a) Participar nas comissões da Assembleia Legislativa em função do número dos seus membros, indicando os seus representantes nelas;

b) Ser ouvido na fixação da ordem do dia e interpor recurso para o plenário da ordem do dia fixada;

c) Provocar, com a presença do Governo Regional, o debate de questões de interesse público actual e urgente;

d) Provocar, por meio de interpelação ao Governo Regional, a abertura de dois debates em cada sessão legislativa, sobre assuntos de política geral ou sectorial;

e) Solicitar à comissão permanente que promova a convocação da Assembleia Legislativa;

f) Requerer a constituição de comissões parlamentares de inquérito;

g) Exercer iniciativa legislativa;

h) Apresentar moções de rejeição do programa do Governo Regional;

i) Apresentar moções de censura;

j) Ser informado, regular e directamente, pelo Governo Regional sobre o andamento dos principais assuntos de interesse público.

3 – O deputado que seja o único representante de um partido ou coligação pode constituir-se como representação parlamentar.

4 – Constituem direitos das representações parlamentares os previstos nas alíneas *a*), *b*), *d*), *g*) e *j*) do nº 2 do presente artigo.

5 – Cada grupo parlamentar ou representação parlamentar tem direito a dispor de locais de trabalho na sede e restantes instalações da Assembleia Legislativa, bem como de pessoal técnico e administrativo da sua confiança, nos termos que a lei determinar.

6 – Aos deputados não integrados em grupos parlamentares ou representações parlamentares são assegurados direitos e garantias mínimos, nos termos do Regimento da Assembleia Legislativa.

CAPÍTULO II
Governo Regional

SECÇÃO I
Função, estrutura, formação e responsabilidade

ARTIGO 76º
Definição e sede do Governo Regional

1 – O Governo Regional é o órgão executivo de condução da política da Região e o órgão superior da administração regional autónoma.

2 – A presidência e as secretarias regionais constituem os departamentos do Governo Regional e têm a sua sede nas cidades de Angra do Heroísmo, Horta e Ponta Delgada.

ARTIGO 77º
Composição do Governo Regional

1 – O Governo Regional é constituído pelo presidente e pelos secretários regionais.

2 – O Governo Regional pode incluir vice-presidentes e subsecretários regionais.

3 – O número e a denominação dos membros do Governo Regional, a área da sua competência e a orgânica dos departamentos governamentais são fixados por decreto regulamentar regional.

4 – Os subsecretários regionais têm os poderes que lhes sejam delegados pelos respectivos membros do Governo Regional.

ARTIGO 78º
Conselho do Governo Regional

1 – Constituem o Conselho do Governo Regional, o presidente, os vice-presidentes, se os houver, e os secretários regionais.

2 – Podem ser convocados para participar nas reuniões do Governo Regional os subsecretários regionais.

3 – O Conselho do Governo Regional reúne sempre que seja convocado pelo seu presidente, cabendo-lhe a definição da orientação geral da política governamental.

ARTIGO 79º
Presidente do Governo Regional

1 – O Governo Regional é representado, dirigido e coordenado pelo seu presidente.

2 – O Presidente do Governo Regional pode ter a seu cargo qualquer dos departamentos governamentais.

ARTIGO 80º
Substituição de membros do Governo Regional

1 – Nas suas ausências e impedimentos, o Presidente do Governo Regional designa para o substituir um vice-presidente, se o houver, ou um secretário regional.

2 – Cada vice-presidente ou secretário regional é substituído, na sua ausência ou impedimento, pelo membro do Governo Regional indicado pelo Presidente do Governo Regional.

ARTIGO 81º
Início e cessação de funções

1 – O Presidente do Governo Regional é nomeado pelo Representante da República, tendo em conta os resultados das eleições para a Assembleia Legislativa, ouvidos os partidos políticos nela representados.

2 – Os vice-presidentes, os secretários e os subsecretários regionais são nomeados e exonerados pelo Representante da República, sob proposta do Presidente do Governo Regional.

3 – O Governo Regional toma posse perante a Assembleia Legislativa.

4 – As funções dos vice-presidentes e dos secretários regionais cessam com as do Presidente do Governo Regional e as dos subsecretários com as dos membros do Governo de que dependem.

5 – Em caso de demissão do Governo Regional, o Presidente do Governo Regional permanece em funções, sendo exonerado na data da posse do novo Presidente do Governo Regional.

6 – Antes da aprovação do seu programa pela Assembleia Legislativa ou após a sua demissão, o Governo Regional limita-se à prática dos actos estritamente necessários a assegurar a gestão corrente dos negócios públicos.

7 – Para efeitos do número anterior, consideram-se actos estritamente necessários a assegurar a gestão corrente dos negócios públicos:

a) Os actos que, cumulativamente, sejam urgentes ou inadiáveis, tenham como objectivo a prossecução de um interesse público de relevo e que sejam adequados à realização do objectivo invocado;

b) Os actos de administração ordinária, de manutenção do funcionamento ou de conservação;

c) Os actos de mera execução ou concretização de medidas tomadas em momento anterior à demissão do Governo Regional.

ARTIGO 82º
Responsabilidade política

O Governo Regional é politicamente responsável perante a Assembleia Legislativa.

ARTIGO 83º
Programa do Governo Regional

1 – O programa do Governo Regional contém as principais orientações políticas e medidas a adoptar ou a propor no exercício da actividade governativa.

2 – O programa do Governo Regional é entregue à Assembleia Legislativa no prazo máximo de 10 dias após a tomada de posse do Governo Regional.

3 – O programa do Governo Regional é submetido para apreciação e votação à Assembleia Legislativa, que reúne obrigatoriamente para o efeito, até ao 15º dia após a posse do Governo Regional.

4 – O debate sobre o programa do Governo Regional não pode exceder três dias.

5 – Até ao encerramento do debate qualquer grupo parlamentar pode propor a rejeição do programa do Governo Regional sob a forma de moção devidamente fundamentada.

ARTIGO 84º
Moções e votos de confiança

1 – O Governo Regional pode solicitar à Assembleia Legislativa, por uma ou mais vezes, a aprovação de uma moção de confiança sobre a sua actuação.

2 – O Governo Regional pode, também, solicitar à Assembleia Legislativa a aprovação de voto de confiança sobre quaisquer assuntos de política sectorial.

ARTIGO 85º
Moção de censura

1 – A Assembleia Legislativa pode votar moções de censura ao Governo Regional sobre a execução do seu Programa ou assunto de interesse relevante para a Região.

2 – A moção de censura não pode ser apreciada antes de decorridos sete dias após a sua apresentação, não devendo o debate ter uma duração superior a dois dias.

3 – Se a moção de censura não for aprovada, os seus signatários não podem apresentar outra durante a mesma sessão legislativa.

ARTIGO 86º
Demissão do Governo Regional

1 – Implicam a demissão do Governo Regional:

a) O início de nova legislatura;

b) A apresentação de pedido de demissão pelo Presidente do Governo Regional ao Representante da República;

c) A morte ou impossibilidade física duradoura do Presidente do Governo Regional;

d) A rejeição do programa do Governo Regional;

e) A não aprovação de moção de confiança;

f) A aprovação de moção de censura.

2 – Nos casos de demissão do Governo Regional nas situações previstas nas alíneas *b*) a *f*) e sem prejuízo do poder de dissolução da Assembleia Legislativa pelo Presidente da República, o Representante da República nomeia novo Presidente do Governo Regional, a não ser que, após a audição dos partidos representados na Assembleia Legislativa, constate não haver condições para tal tendo em conta os resultados eleitorais.

ARTIGO 87º
Visitas obrigatórias do Governo Regional

1 – O Governo Regional visita cada uma das ilhas da Região pelo menos uma vez por ano.

2 – Por ocasião de uma das visitas referidas no número anterior, o Conselho do Governo Regional reúne na ilha visitada.

SECÇÃO II
Competência do Governo Regional

ARTIGO 88º
Competência política do Governo Regional

Compete ao Governo Regional, no exercício de funções políticas:

a) Conduzir a política da Região, defendendo a legalidade democrática;

b) Pronunciar-se, por sua iniciativa ou sob consulta dos órgãos de soberania, sobre as questões da competência destes que digam respeito à Região;

c) Participar na elaboração dos planos nacionais;

d) Participar na definição e execução das políticas fiscal, monetária, financeira e cambial, de modo a assegurar o controlo regional dos meios de pagamento em circulação e o financiamento dos investimentos necessários ao desenvolvimento económico-social da Região;

e) Participar na definição das políticas respeitantes às águas interiores, ao mar territorial, à zona contígua, à zona económica exclusiva e à plataforma continental contíguas ao arquipélago;

f) Apresentar à Assembleia Legislativa propostas de decreto legislativo regional, de referendo regional e antepropostas de lei;

g) Elaborar o seu programa e apresentá-lo, para aprovação, à Assembleia Legislativa;

h) Elaborar as propostas de plano de desenvolvimento económico e social da Região;

i) Elaborar a proposta de orçamento e submetê-la à aprovação da Assembleia Legislativa;

j) Apresentar à Assembleia Legislativa as contas da Região;

l) Participar na definição das posições do Estado Português no âmbito do processo de construção europeia em matérias de interesse da Região;

m) Participar nas negociações de tratados e acordos internacionais que directamente digam respeito à Região e administrar os benefícios deles decorrentes;

n) Estabelecer relações de cooperação com entidades regionais estrangeiras, nomeadamente através da negociação e ajuste de acordos;

o) Representar a Região em organizações que tenham por objecto fomentar o diálogo e a cooperação inter-regional;

p) Participar no processo de construção europeia, mediante representação nas respectivas instituições regionais e nas delegações envolvidas em processos de decisão comunitária, quando estejam em causa matérias do interesse regional.

ARTIGO 89º
Competência regulamentar do Governo Regional

1 – Compete ao Governo Regional, no exercício de funções regulamentares:

a) Aprovar a sua própria organização e funcionamento;

b) Regulamentar a legislação regional;

c) Regulamentar actos jurídicos da União Europeia;

d) Elaborar os regulamentos necessários ao eficaz funcionamento da administração regional autónoma e à boa execução das leis.

2 – A matéria enunciada na alínea *a*) do número anterior é da exclusiva competência do Governo Regional.

ARTIGO 90º
Competência executiva do Governo Regional

1 – Compete ao Governo Regional, no exercício de competências administrativas:

a) Exercer poder executivo próprio;
b) Dirigir os serviços e actividades de administração regional autónoma;
c) Coordenar a elaboração do plano e do orçamento regionais e velar pela sua boa execução;
d) Adoptar as medidas necessárias à promoção e desenvolvimento económico e social e à satisfação das necessidades colectivas regionais;
e) Administrar e dispor do património regional e celebrar os actos e contratos em que a Região tenha interesse;
f) Administrar, nos termos do presente Estatuto e da Lei de Finanças das Regiões Autónomas, as receitas fiscais cobradas ou geradas na Região, bem como a participação nas receitas tributárias do Estado, e outras receitas que lhe sejam atribuídas e afectá-las às suas despesas;
g) Exercer poder de tutela sobre as autarquias locais;
h) Superintender nos serviços, institutos públicos e empresas públicas e nacionalizadas que exerçam a sua actividade exclusiva ou predominantemente na Região, e noutros casos em que o interesse regional o justifique;
i) Proceder à requisição civil e à expropriação por utilidade pública, nos termos da lei;
j) Praticar todos os actos exigidos pela lei respeitantes aos funcionários e agentes da administração regional autónoma;
l) Exercer as demais funções executivas que lhe sejam cometidas por lei.

2 – Compete ainda ao Governo Regional em matéria tributária, nos termos da lei:

a) Lançar, liquidar e cobrar impostos e taxas através de serviços próprios ou recorrendo aos serviços do Estado;
b) Arrecadar as receitas de outros impostos, taxas ou receitas equivalentes;
c) Exercer a posição de sujeito activo nas relações tributárias em que a Região seja parte;
d) Conceder benefícios fiscais.

ARTIGO 91º
Forma dos actos do Governo Regional

1 – Revestem a forma de decreto regulamentar regional os actos do Governo Regional previstos nas alíneas *a*) a *d*) do nº 1 do artigo 89º

2 – São aprovados em Conselho do Governo Regional os decretos regulamentares regionais, as propostas de decretos legislativos regionais e de referendos regionais e as antepropostas de lei.

3 – Os decretos regulamentares regionais são enviados ao Representante da República para assinatura e são mandados publicar no *Diário da República* e no *Jornal Oficial da Região*.

4 – Todos os demais actos do Governo Regional e dos seus membros devem ser publicados no *Jornal Oficial da Região*, nos termos definidos por decreto legislativo regional.

CAPÍTULO III
Estatuto dos titulares de cargos políticos

SECÇÃO I
Disposições comuns

ARTIGO 92º
Titulares de cargos políticos dos órgãos de governo próprio

São titulares de cargos políticos dos órgãos de governo próprio da Região Autónoma dos Açores os deputados à Assembleia Legislativa e os membros do Governo Regional.

ARTIGO 93º
Estatuto remuneratório dos titulares de cargos políticos

1 – O Presidente da Assembleia Legislativa e o Presidente do Governo Regional têm estatuto remuneratório idêntico ao de ministro.

2 – Os deputados à Assembleia Legislativa percebem mensalmente um vencimento correspondente ao dos deputados à Assembleia da República, deduzido da percentagem de 3,5%.

3 – O Vice-Presidente do Governo Regional percebe mensalmente um vencimento correspondente à metade da soma do vencimento do Presidente do Governo Regional com o vencimento de um Secretário Regional.

4 – O Vice-Presidente do Governo Regional tem direito a uma verba para despesas de representação igual à metade da soma da verba equivalente auferida pelo Presidente do Governo Regional com a verba equivalente auferida por um Secretário Regional.

5 – Os Secretários Regionais têm estatuto remuneratório idêntico ao dos Secretários de Estado e os Subsecretários Regionais ao dos Subsecretários de Estado.

6 – Os Vice-Presidentes da Assembleia Legislativa e os presidentes dos grupos parlamentares têm direito a um abono mensal para despesas de representação no montante de 25% do vencimento do Presidente da Assembleia Legislativa.

7 – Os vice-presidentes dos grupos parlamentares, os deputados constituídos em representação parlamentar e os presidentes das comissões parlamentares têm direito a um abono mensal para despesas de representação no montante de 20% do vencimento do Presidente da Assembleia Legislativa.

8 – Os secretários da mesa e os relatores das comissões parlamentares têm direito a um abono mensal para despesas de representação no montante de 15% do vencimento do Presidente da Assembleia Legislativa.

9 – Os restantes deputados não referidos nos nºs 6, 7 e 8 têm direito a um abono mensal para despesas de representação no montante de 10% do vencimento do Presidente da Assembleia Legislativa, desde que desempenhem o respectivo mandato em regime de dedicação exclusiva.

ARTIGO 94º
Ajudas de custo

1 – Os titulares de cargos políticos que se desloquem para fora da ilha da sua residência em serviço oficial podem optar por uma das seguintes prestações:

a) Abono de ajudas de custo diárias igual ao fixado para os membros do Governo da República;

b) Alojamento em estabelecimento hoteleiro, acrescido do montante correspondente a 50% ou 70% das ajudas de custo diárias, conforme a deslocação se efectue no território nacional ou no estrangeiro.

2 – O disposto no número anterior aplica-se também aos titulares de cargos políticos que se desloquem dentro da ilha da sua residência, em serviço oficial, salvo quando a distância entre a sua morada e o local de trabalho não exceda 40 km, caso em que têm direito a um terço da ajuda de custo fixada nos termos da alínea *a*) do número anterior.

3 – Os deputados têm direito à ajuda de custo fixada nos termos do presente artigo por cada dia de presença em trabalho parlamentar, à qual se deve somar o abono correspondente a dois dias por cada semana em que ocorram trabalhos parlamentares.

ARTIGO 95º
Contagem de tempo

O tempo de exercício de qualquer cargo político nos órgãos de governo próprio da Região acresce ao exercido como titular de cargo político nos órgãos de soberania.

ARTIGO 96º
Registo de interesses

1 – É criado um registo público de interesses na Assembleia Legislativa, a ser regulado por decreto legislativo regional.

2 – O registo de interesses consiste na inscrição, em documento próprio, de todas as actividades de titulares de cargos políticos susceptíveis de relevar em matéria de incompatibilidade ou impedimento.

3 – O registo é público e pode ser consultado por quem o solicitar.

SECÇÃO II
Estatuto dos Deputados à Assembleia Legislativa

ARTIGO 97º
Direitos, regalias e imunidades dos deputados

O Estatuto dos Deputados à Assembleia da República é aplicável aos deputados à Assembleia Legislativa no que se refere aos direitos, regalias e imunidades constitucional e legalmente consagrados, com as necessárias adaptações e de acordo com as especificidades consagradas no presente Estatuto e no respectivo regime legal de execução.

ARTIGO 98º
Segurança social dos deputados

1 – Os deputados têm direito ao regime de segurança social dos funcionários públicos.

2 – No caso de algum deputado optar pelo regime de segurança social da sua actividade profissional, cabe à Assembleia Legislativa a satisfação dos encargos que corresponderiam à respectiva entidade patronal.

ARTIGO 99º
Deputados não afectos permanentemente

1 – Os deputados podem optar por não estar permanentemente afectos à Assembleia Legislativa.

2 – No caso previsto no número anterior, o deputado encontra-se obrigatoriamente afecto à Assembleia Legislativa apenas nos períodos de funcionamento do plenário ou durante o desempenho de trabalhos ou missões oficiais para que tenha sido especialmente eleito ou designado.

3 – Os deputados não afectos permanentemente à Assembleia Legislativa têm direito a dispensa de todas as actividades profissionais, públicas ou privadas:

a) Durante o funcionamento efectivo do plenário da Assembleia Legislativa, da mesa e das comissões ou deputações a que pertençam;

b) Durante os cinco dias que precedem o plenário da Assembleia Legislativa ou a sua partida para o mesmo e durante igual período de tempo a seguir ao fim do plenário ou do seu regresso, no seu círculo eleitoral;

c) Até cinco dias por mês, seguidos ou interpolados, no seu círculo eleitoral;

d) Durante a deslocação à sua residência no final de cada semana de trabalhos da Assembleia, quer em plenário, quer em comissões;

e) Durante a deslocação entre a sua residência e o círculo por que foi eleito, caso estes não coincidam e o deputado resida na Região, até cinco vezes por sessão legislativa;

f) Durante a deslocação entre a sua residência e as ilhas da Região, designadamente para os fins previstos no nº 2 do artigo 32º, uma vez por ano.

ARTIGO 100º
Deslocações

Nas deslocações efectuadas no exercício das suas funções ou por causa delas, os deputados têm direito ao transporte correspondente, a seguro de vida e a assistência médica de emergência.

ARTIGO 101º
Incompatibilidades

1 – São incompatíveis com o exercício do mandato de deputado à Assembleia Legislativa os seguintes cargos ou funções:

a) Presidente da República, deputado à Assembleia da República e membro do Governo da República;

b) Representante da República e membro do Governo Regional;

c) Membro do Tribunal Constitucional, do Supremo Tribunal de Justiça, do Supremo Tribunal Administrativo, do Tribunal de Contas e do Conselho Superior da Magistratura e Provedor de Justiça;

d) Deputado ao Parlamento Europeu;

e) Embaixador;

f) Governador e vice-governador civil;

g) Presidente e vereador a tempo inteiro ou em regime de meio-tempo de câmara municipal;

h) Funcionário do Estado, da Região ou de outra entidade pública;

i) Membro da Comissão Nacional de Eleições;

j) Membro de gabinete do Governo da República, do Representante da República ou do Governo Regional ou legalmente equiparado;

l) Funcionário de organização internacional ou de Estado estrangeiro;

m) Presidente e vice-presidente do Conselho Económico e Social e do Conselho Económico e Social dos Açores;

n) Provedores sectoriais regionais;

o) Membro de órgão de direcção ou administração de entidade reguladora independente, de empresa pública ou de instituto público.

2 – O disposto na alínea *h*) do número anterior não abrange o exercício gratuito de funções docentes no ensino superior, de actividade de investigação ou de relevante interesse social, se previamente autorizado pela comissão parlamentar competente em matéria de incompatibilidades e impedimentos.

ARTIGO 102º
Impedimentos

1 – O deputado à Assembleia Legislativa pode exercer outras actividades, dentro dos limites do presente Estatuto e da lei, devendo comunicar a sua natureza e identificação ao Tribunal Constitucional e à comissão parlamentar competente em matéria de incompatibilidades e impedimentos.

2 – Sem prejuízo do disposto em lei especial, é impeditivo do exercício do mandato de deputado à Assembleia Legislativa:

a) Participação em órgão com funções de direcção ou administração de concessionárias que tenham actividade na Região;
b) Presidência de órgão executivo de associação ou fundação privada que tenha acordo de cooperação financeira de carácter duradouro com o Estado, a Região, as autarquias ou as demais entidades públicas.

3 – Sem prejuízo do disposto em lei especial, é igualmente vedado aos deputados:

a) Participar no exercício de actividade de comércio ou indústria, directamente, por si, ou indirectamente, designadamente pelo cônjuge não separado de pessoas e bens ou através de entidade em que detenha participação relevante ou influência dominante, em procedimentos abertos obrigatoriamente, nos termos da lei, a diversos concorrentes ou candidatos, no âmbito da formação de contratos públicos cujo objecto abranja prestações que estão ou sejam susceptíveis de estar submetidas à concorrência de mercado e cuja entidade adjudicante seja a Região, as autarquias locais dos Açores ou qualquer entidade integrada nas suas administrações indirectas;
b) Exercer mandato judicial como autor em acções cíveis, em qualquer foro, contra a Região;
c) Patrocinar Estados estrangeiros;
d) Beneficiar, pessoal e indevidamente, de actos ou tomar parte em contratos em cujo processo de formação intervenham órgãos ou serviços colocados sob sua directa influência;
e) Figurar ou participar de qualquer forma em actos de publicidade comercial.

4 – O deputado carece de autorização da Assembleia Legislativa, sob pena de impedimento, através da comissão parlamentar competente, para:

a) Ser árbitro, jurado, perito ou testemunha;
b) Ser titular de cargo de nomeação governamental.

5 – A autorização a que se refere a alínea *a*) do número anterior deve ser solicitada pelo juiz competente ou pelo instrutor do processo, em documento dirigido ao Presidente da Assembleia Legislativa, sendo a deliberação precedida de audição do deputado.

6 – Não deve ser autorizado o exercício da função de perito ou árbitro a título remunerado em qualquer processo em que sejam parte a Região, as autarquias locais dos Açores ou qualquer entidade integrada nas suas administrações indirectas.

7 – A infracção ao disposto nos nºs 1, 2, 3 e 4 do presente artigo determina, para o deputado em causa, sem prejuízo da sua responsabilização a outros títulos:

a) Advertência;
b) Suspensão do mandato enquanto durar o impedimento, por período nunca inferior a 50 dias;

c) Reposição obrigatória da totalidade da remuneração que o titular aufira pelo exercício de funções públicas, desde o momento e enquanto ocorrer a situação de impedimento.

ARTIGO 103º
Controlo de impedimentos e incompatibilidades

Verificado qualquer impedimento ou incompatibilidade pela comissão parlamentar competente em razão da matéria e aprovado o respectivo parecer pelo plenário, o deputado é notificado para, no prazo de 30 dias, pôr termo a tal situação.

SECÇÃO III
Estatuto dos membros do Governo Regional

ARTIGO 104º
Estatuto dos membros do Governo Regional

O estatuto dos membros do Governo da República é aplicável aos membros do Governo Regional, no que se refere aos deveres, responsabilidades, incompatibilidades, direitos, regalias e imunidades, com as necessárias adaptações e de acordo com as especificidades consagradas no presente Estatuto e no respectivo regime legal de execução.

ARTIGO 105º
Limitação de mandatos do Presidente do Governo Regional

1 – O Presidente do Governo Regional só pode ser nomeado para três mandatos consecutivos.

2 – O Presidente do Governo Regional, depois de concluídos os mandatos referidos no número anterior, não pode assumir novo mandato durante o quadriénio imediatamente subsequente ao último mandato consecutivo permitido.

3 – No caso de apresentação de pedido de demissão, no decurso do seu terceiro mandato consecutivo, o Presidente do Governo Regional não pode ser nomeado na sequência das eleições imediatas nem nas que se realizem no quadriénio imediatamente subsequente à demissão.

CAPÍTULO IV
Representante da República

ARTIGO 106º
Representante da República

1 – O Representante da República da Região é nomeado e exonerado pelo Presidente da República, ouvido o Governo da República.

2 – Salvo em caso de exoneração, o mandato do Representante da República tem a duração do mandato do Presidente da República e termina com a posse do novo Representante da República.

3 – Em caso de vacatura do cargo, bem como nas suas ausências e impedimentos, o Representante da República é substituído pelo Presidente da Assembleia Legislativa.

ARTIGO 107º
Competências

1 – Compete ao Representante da República:

a) Nomear o Presidente do Governo Regional, tendo em conta os resultados eleitorais;

b) Nomear e exonerar os restantes membros do Governo Regional, sob proposta do respectivo presidente;

c) Assinar e mandar publicar os decretos legislativos regionais e os decretos regulamentares regionais;

d) Exercer o direito de veto, designadamente nos termos dos artigos 278º e 279º da Constituição da República Portuguesa.

2 – No prazo de 15 dias, contados da recepção de qualquer decreto da Assembleia Legislativa da Região que lhe seja enviado para assinatura, ou da publicação da decisão do Tribunal Constitucional que não se pronuncie pela inconstitucionalidade de norma dele constante, deve o Representante da República assiná-lo ou exercer o direito de veto, solicitando nova apreciação do diploma em mensagem fundamentada.

3 – Se a Assembleia Legislativa da Região confirmar o voto por maioria absoluta dos seus membros em efectividade de funções, o representante da República deverá assinar o diploma no prazo de oito dias a contar da sua recepção.

4 – No prazo de 20 dias, contados da recepção de qualquer decreto do Governo Regional que lhe tenha sido enviado para assinatura, deve o Representante da República assiná-lo ou recusar a assinatura, comunicando por escrito o sentido dessa recusa ao Governo Regional, o qual poderá converter o decreto em proposta a apresentar à Assembleia Legislativa da Região.

TÍTULO V
Relação da Região com outras pessoas colectivas públicas

CAPÍTULO I
Da cooperação em geral

ARTIGO 108º
Princípios gerais

As relações entre a Região e outras pessoas colectivas públicas regem-se segundo os princípios da cooperação, da partilha de informação e transparência, da lealdade institucional, da solidariedade nacional, da subsidiariedade e da descentralização.

ARTIGO 109º
Instrumentos de cooperação com a República

A Região e a República, no âmbito das respectivas atribuições, podem celebrar acordos e recorrer a quaisquer outros meios de cooperação adequados à prossecução dos seus objectivos comuns.

ARTIGO 110º
Acordos de cooperação

1 – O Governo Regional e o Governo da República podem celebrar acordos juridicamente vinculativos sobre matérias de interesse comum com os objectivos, de âmbito sectorial ou geral, de criação de órgãos de composição mista, empresas públicas ou privadas de capitais mistos, de prossecução de planos, programas ou projectos conjuntos, ou ainda de gestão ou exploração de serviços correspondentes às suas atribuições.

2 – Os acordos que impliquem a prossecução, pela Região, de atribuições do Estado são acompanhados da transferência para a Região dos meios financeiros suficientes.

ARTIGO 111º
Participação em órgãos da República

A Região participa na determinação, condução e execução das políticas gerais do Estado sobre matérias que lhe digam respeito através dos órgãos competentes, de acordo com o estabelecido no presente Estatuto e na lei.

ARTIGO 112º
Delegação de poderes do Governo da República no Governo Regional

1 – Em matérias cuja competência regulamentar esteja reservada ao Governo da República, nos termos da Constituição, pode este delegar, através de resolução do Conselho de Ministros, a competência para o exercício da função administrativa, total ou parcialmente, no Governo Regional.

2 – A competência para o exercício da função administrativa, para os efeitos do número anterior, engloba a emissão de regulamentos, a prática de actos administrativos e a celebração de contratos administrativos, bem como o exercício conjunto de competências.

3 – O Governo da República pode também delegar no Governo Regional poderes de coordenação dos serviços do Estado na Região com os serviços regionais.

4 – A delegação de poderes prevista no nº 1 do presente artigo não se extingue pela mudança dos titulares do Governo da República ou do Governo Regional.

5 – Ao acto de delegação de poderes do Governo da República no Governo Regional aplica-se o disposto no Código do Procedimento Administrativo, com as devidas adaptações.

ARTIGO 113º
Relações com entidades locais e regionais

A Região, através do Governo Regional, pode estabelecer relações especiais de coordenação, de colaboração ou de cooperação, incluindo através da celebração de acordos, com outras entidades públicas, nomeadamente a Região Autónoma da Madeira, as regiões administrativas e demais autarquias locais ou suas associações, aplicando-se o regime previsto para a celebração de acordos de cooperação com o Estado, com as devidas adaptações.

CAPÍTULO II
Da audição dos órgãos de governo próprio pelos órgãos de soberania

ARTIGO 114º
Audição pelo Presidente da República sobre o exercício de competências políticas

Os órgãos de governo regional devem ser ouvidos pelo Presidente da República antes da dissolução da Assembleia Legislativa e da marcação da data para a realização de eleições regionais ou de referendo regional, nos termos do nº 2 do artigo 229º da Constituição.

ARTIGO 115º
Audição pela Assembleia da República e pelo Governo sobre o exercício de competências políticas

A Assembleia da República e o Governo devem ouvir a Região, através do Governo Regional, sobre o exercício das suas atribuições e competências políticas, bem como quando participem, no âmbito das instituições comunitárias, no exercício de competências políticas, sobre matérias que digam respeito à Região.

ARTIGO 116º
Audição sobre o exercício de competências legislativas

1 – A aprovação de leis e decretos-leis aplicáveis no território regional deve ser precedida de audição da Assembleia Legislativa sobre as questões respeitantes à Região.

2 – Consideram-se respeitantes à Região as normas que nela incidam especialmente ou que versem sobre interesses predominantemente regionais, nomeadamente sobre:

a) As águas interiores, o mar territorial, a zona contígua, a zona económica exclusiva e a plataforma continental contíguas ao arquipélago;
b) O regime do referendo regional;
c) O regime das finanças regionais;
d) O estatuto das autarquias locais dos Açores e respectivo financiamento;
e) O regime geral da elaboração e organização do orçamento regional;
f) A definição e regime dos bens de domínio público regional e de domínio público estadual situados no território regional;
g) A organização judiciária no território regional;
h) A segurança pública e a organização das forças de segurança no território regional;
i) O planeamento e a regulação do ordenamento do território e o urbanismo, no que diz respeito ao território regional;
j) O regime regional dos meios de produção integrados no sector cooperativo e social de propriedade.

3 – A Região deve também ser ouvida pela Assembleia da República quando esta exerça a sua competência legislativa, com especial incidência na competência legislativa regional de desenvolvimento, sobre as seguintes matérias:

a) Bases do sistema de ensino;
b) Bases do sistema de segurança social e do serviço nacional de saúde;
c) Bases do sistema de protecção da natureza e do equilíbrio ecológico;
d) Bases do património cultural;
e) Bases da política agrícola;
f) Bases do regime e âmbito da função pública;
g) Bases gerais do regime das empresas públicas e fundações públicas;
h) Bases do ordenamento do território e urbanismo.

ARTIGO 117º
Audição sobre exercício de competências administrativas

O Governo da República deve ouvir a Região, através do Governo Regional, sobre o exercício de competências administrativas, bem como quando participe, no âmbito das instituições comunitárias, no exercício de competências administrativas, sobre matérias que digam respeito à Região.

ARTIGO 118º
Forma e prazo da audição

1 – Os órgãos de governo próprio pronunciam-se através da emissão de parecer fundamentado.

2 – Em situações de manifesta urgência declarada pelo órgão de soberania ou quando tal se justifique, nomeadamente em relação a órgãos unipessoais, a audição pode ser feita por forma oral.

3 – Os órgãos de soberania podem determinar o carácter sigiloso da audição quando a natureza da situação ou da matéria o justifiquem ou quando esteja em causa a defesa nacional.

4 – O prazo para a pronúncia deve ser razoável e é fixado pelo órgão de soberania, não podendo ser inferior a 15 dias para o Governo Regional e a 20 dias para a Assembleia Legislativa.

5 – Os prazos previstos no número anterior podem ser prolongados, quando a complexidade da matéria o justifique, ou encurtados, em situações de manifesta urgência devidamente fundamentada, declarada pelo órgão de soberania, não podendo, salvo o disposto no nº 2, serem inferiores a cinco dias.

6 – Os órgãos de governo próprio podem pedir uma prorrogação do prazo concedido pelo órgão de soberania para se pronunciarem, através de decisão fundamentada.

7 – Podem ser acordadas outras formas de audição dos órgãos de governo próprio sobre a actividade dos órgãos de soberania que diga respeito à Região, bem como os termos da sua colaboração nessa actividade.

ARTIGO 119º
Audição qualificada

1 – A Assembleia da República e o Governo da República adoptam o procedimento de audição qualificada, nos seguintes casos:

a) Iniciativas legislativas susceptíveis de serem desconformes com qualquer norma do presente Estatuto;

b) Iniciativas legislativas ou regulamentares que visem a suspensão, redução ou supressão de direitos, atribuições ou competências regionais, nos termos do nº 2 do artigo 14º;

c) Iniciativas legislativas destinadas à transferência de atribuições ou competências da administração do Estado para as autarquias locais dos Açores, nos termos do artigo 135º

2 – O procedimento de audição qualificada inicia-se com o envio para o órgão de governo próprio competente da proposta ou projecto de acto acompanhada de uma especial e suficiente fundamentação da solução proposta, à luz dos princípios da primazia do Estatuto, do adquirido autonómico e da subsidiariedade.

3 – No prazo indicado pelo órgão de soberania em causa, que nunca pode ser inferior a 15 dias, o órgão de governo próprio competente emite parecer fundamentado.

4 – No caso de o parecer ser desfavorável ou de não aceitação das alterações propostas pelo órgão de soberania em causa, deve constituir-se uma comissão bilateral, com um número igual de representantes do órgão de soberania e do órgão de governo próprio, para formular, de comum acordo, uma proposta alternativa, no prazo de 30 dias, salvo acordo em contrário.

5 – Decorrendo o prazo previsto no número anterior, o órgão de soberania decide livremente.

ARTIGO 120º
Pronúncia dos órgãos de Governo próprio

1 – Os órgãos de governo próprio podem ainda, por sua iniciativa, pronunciar-se sobre matérias da competência dos órgãos de soberania que digam respeito à Região, através da emissão de parecer fundamentado.

2 – Os órgãos de soberania devem tomar em consideração na sua actuação as pronúncias emitidas pelos órgãos de governo próprio, nos termos do número anterior.

TÍTULO VI
Das relações internacionais da Região

ARTIGO 121º
Participação da Região na política externa da República

1 – A Região, através do Governo Regional, participa na determinação e condução da política externa da República quando estejam em causa matérias que lhe digam respeito.

2 – São matérias que dizem respeito à Região, para os efeitos do número anterior, nomeadamente:

a) As susceptíveis de implicações especiais nas suas atribuições e competências;

b) As políticas respeitantes ao mar territorial, à zona económica exclusiva e à plataforma continental;

c) As políticas fiscal, monetária, financeira e cambial, de modo a assegurar o controlo regional dos meios de pagamento em circulação e o financiamento dos investimentos necessários ao seu desenvolvimento económico-social;

d) A condição de região ultraperiférica e a insularidade;

e) A utilização de bases militares no território regional;

f) A segurança pública no território regional;

g) A política agrícola e piscatória, quando incida sobre o território da Região;

h) A regulação de denominações de origem protegida, indicações geográficas protegidas ou outros sistemas de protecção e de valorização dos produtos e marcas da Região;

i) A política ambiental, de gestão dos recursos e de protecção da fauna e flora da Região;

j) O comércio internacional, quando incida sobre produtos de produção regional;

l) Os investimentos na Região;

m) O património cultural localizado na Região;

3 – No âmbito do direito de participação referido no nº 1 do presente artigo, a Região tem o direito de:

a) Requerer à República a celebração ou a adesão a tratados ou acordos internacionais que se afigurem adequados à prossecução dos objectivos fundamentais da Região;

b) Ser informada, pela República, da negociação de tratados ou acordos;

c) Participar, integrada na delegação portuguesa, na negociação de tratados ou acordos internacionais e em outras negociações internacionais ou cimeiras;

d) Participar nas representações portuguesas perante organizações internacionais;

e) Dirigir aos órgãos de soberania, através da Assembleia Legislativa ou do Governo Regional, as observações e propostas que entenda pertinentes no âmbito das alíneas anteriores do presente número.

4 – No âmbito das suas atribuições e competências próprias, a Região deve executar, no seu território, os tratados e acordos internacionais, bem como as decisões vinculativas de organizações internacionais.

ARTIGO 122º
Participação na construção europeia

1 – A Região tem direito de participar nos processos de formação da vontade do Estado Português no âmbito da construção europeia quando estejam em causa matérias que lhe digam respeito, nos termos do nº 2 do artigo anterior.

2 – Para efeitos do número anterior, a Região tem o direito de:

a) Integrar as delegações do Estado Português para negociações no âmbito da revisão do direito originário da União, da aprovação de novos tratados, ou do processo decisório;

b) Participar no Comité das Regiões, através do Presidente do Governo Regional ou de quem por ele for indicado, bem como noutros organismos da União;

c) Ser consultada, através da Assembleia Legislativa, sobre as iniciativas normativas da União, no âmbito do procedimento de verificação do cumprimento do princípio da subsidiariedade, quando estas afectem as suas atribuições e competências ou a sua condição ultraperiférica;

d) Ser informada, pelos órgãos de soberania, das iniciativas ou propostas que estes apresentem perante instituições europeias, ou dos procedimentos em que estejam directamente envolvidos;

e) Estabelecer relações de colaboração, através da Assembleia Legislativa, com o Parlamento Europeu;

f) Propor acções judiciais nas instâncias europeias, na medida da sua legitimidade ou requerer à República o recurso ao meio jurisdicional adequado junto dos tribunais comunitários para defesa dos seus direitos.

3 – Quando estejam em causa questões que digam exclusivamente respeito à Região, o Estado deve assegurar-lhe uma posição preponderante nas respectivas negociações.

ARTIGO 123º
Cooperação externa da Região

1 – A Região, através do Governo Regional e sob a orientação e fiscalização da Assembleia Legislativa, exerce a sua acção no âmbito da política externa e dos negó-

cios estrangeiros, em defesa e promoção dos interesses que lhe incumbe constitucional e estatutariamente prosseguir.

2 – A Região coordena a sua actuação internacional com as orientações definidas pelos órgãos de soberania com competência em matéria de política externa.

3 – Os serviços de representação externa do Estado prestam à Região todo o auxílio necessário para a prossecução da sua política de cooperação externa.

ARTIGO 124º
Relações externas com outras entidades

1 – No âmbito das suas relações externas com outras entidades, compete à Região, em especial:

a) Impulsionar o desenvolvimento de laços culturais, económicos e sociais com territórios onde residam comunidades de emigrantes portugueses provenientes da Região e seus descendentes ou de onde provenham comunidades de imigrantes que residam na Região;

b) Desenvolver relações privilegiadas com entidades dos países com língua oficial portuguesa, nomeadamente através da participação em projectos e acções de cooperação no âmbito da Comunidade de Países de Língua Portuguesa;

c) Estabelecer relações de cooperação e colaboração com entidades de Estados europeus, em particular, de Estados membros da União Europeia, nomeadamente ao nível da prestação e exploração de serviços públicos;

d) Desenvolver parcerias com outras regiões ultraperiféricas, nomeadamente no âmbito de programas de cooperação territorial europeia e aprofundar a cooperação no âmbito da Macaronésia;

e) Participar em organizações internacionais que tenham por objecto fomentar o diálogo e a cooperação inter-regional.

2 – No âmbito do número anterior, a Região pode, através do Governo Regional, estabelecer ou aceder a acordos de cooperação com entidades de outros Estados.

TÍTULO VII
Organização das administrações públicas

CAPÍTULO I
Administração regional autónoma

ARTIGO 125º
Organização administrativa da Região

A organização administrativa da Região deve reflectir a realidade geográfica, económica, social e cultural do arquipélago, de forma a melhor servir a respectiva população e, simultaneamente, a incentivar a unidade dos açorianos.

ARTIGO 126º
Serviços regionais

1 – A administração regional autónoma visa a prossecução do interesse público, no respeito pelos direitos e interesses legalmente protegidos dos cidadãos e dos princípios da igualdade, proporcionalidade, justiça, imparcialidade e boa fé.

2 – A organização da administração regional autónoma obedece aos princípios da descentralização e da desconcentração de serviços, tem em consideração os condicionalismos de cada ilha e visa assegurar uma actividade administrativa rápida, eficaz e de qualidade.

3 – O Governo Regional, com vista a assegurar uma efectiva aproximação dos serviços às populações, promove a existência em cada ilha de serviços dos seus departamentos ou de uma delegação do Governo Regional.

ARTIGO 127º
Função pública regional

1 – A administração regional autónoma tem quadros próprios que devem obedecer a critérios de economia de meios, de qualificação e de eficiência profissional.

2 – As bases e o regime geral do recrutamento para a função pública nos serviços regionais, da formação técnica, do regime de quadros e carreiras, do estatuto disciplinar e do regime de aposentação são os definidos por lei para a Administração Pública do Estado.

3 – É garantida a mobilidade entre os quadros da administração regional autónoma, administração local e administração do Estado, sem prejuízo dos direitos adquiridos, designadamente em matéria de antiguidade e carreira.

CAPÍTULO II
Outros órgãos regionais

ARTIGO 128º
Órgãos representativos das ilhas

1 – Cada ilha tem um órgão representativo dos seus interesses.

2 – Aos órgãos representativos das ilhas compete:

a) Emitir parecer sobre matérias com interesse para a ilha, por sua iniciativa ou a solicitação de um dos órgãos de governo próprio;

b) Fomentar a colaboração e cooperação entre autarquias da mesma ilha e a uniformização de regulamentos municipais;

c) Exercer as demais competências que lhe sejam atribuídas por decreto legislativo regional.

3 – Os órgãos representativos das ilhas devem ser compostos por representantes dos órgãos de governo próprio, das autarquias locais e da sociedade.

4 – A constituição, organização e funcionamento dos órgãos representativos das ilhas, bem como os direitos e deveres dos seus membros, são regulados por decreto legislativo regional.

ARTIGO 129º
Entidades administrativas independentes regionais

1 – A Região pode, no âmbito das suas atribuições e por meio de decreto legislativo regional, criar entidades administrativas independentes regionais, sempre que a natureza da actividade administrativa em causa o justifique.

2 – As entidades administrativas independentes regionais podem assumir funções de regulação, fiscalização e supervisão.

3 – As entidades administrativas independentes regionais são pessoas colectivas de direito público e dispõem de autonomia orçamental e financeira.

4 – O seu âmbito específico de actuação, composição, organização e funcionamento são regulados por decreto legislativo regional.

ARTIGO 130º
Provedores sectoriais regionais

1 – A Região pode criar provedores sectoriais regionais que, respeitando as atribuições do Provedor de Justiça e em coordenação com este, recebam queixas dos cidadãos por acções ou omissões de órgãos ou serviços da administração regional autónoma, de organismos públicos ou privados que dela dependam, de empresas privadas encarregadas da gestão de serviços públicos regionais ou que realizem actividades de interesse geral ou universal no âmbito regional.

2 – Os provedores sectoriais regionais podem dirigir as recomendações que entenderem às entidades referidas no número anterior e exercer as restantes competências que lhes venham a ser atribuídas por decreto legislativo regional.

3 – Os provedores sectoriais regionais são eleitos pela Assembleia Legislativa e têm um estatuto de independência.

4 – A criação de um provedor sectorial regional não envolve qualquer restrição ao direito de queixa ao Provedor de Justiça ou às suas competências.

ARTIGO 131º
Conselho Económico e Social dos Açores

1 – O Conselho Económico e Social dos Açores é o órgão colegial independente de carácter consultivo e de acompanhamento junto dos órgãos de governo próprio para matérias de carácter económico, laboral, social e ambiental, tendo por objectivo fomentar o diálogo entre poder político e sociedade civil.

2 – O Conselho Económico e Social dos Açores participa na elaboração dos planos de desenvolvimento económico e social, exerce funções de concertação social e pode pronunciar-se, a pedido dos órgãos de governo próprio ou por sua iniciativa, sobre as matérias da sua competência.

3 – A composição, as competências, a organização e o funcionamento do Conselho Económico e Social dos Açores são regulados por decreto legislativo regional, garantindo a participação equitativa dos grupos sociais, empresariais, económicos e profissionais da Região.

CAPÍTULO III
Administração do Estado

ARTIGO 132º
Princípios gerais da administração do Estado na Região

1 – A administração do Estado na Região é organizada de forma a combater as consequências negativas da insularidade e ultraperiferia do arquipélago e tem em conta as especificidades regionais.

2 – O Estado assegura uma distribuição equilibrada dos seus serviços entre as diversas ilhas.

3 – A Região pode solicitar ao Estado a criação de delegações regionais no âmbito da sua administração directa ou indirecta, quando a sua natureza ou as suas atribuições o justifiquem.

ARTIGO 133º
Organização judiciária

1 – A organização judiciária regional tem em consideração as especificidades e necessidades próprias da Região.

2 – A cada ilha, com excepção do Corvo, deve corresponder, pelo menos, um juízo do tribunal de 1ª instância.

CAPÍTULO IV
Administração local

ARTIGO 134º
Relações com entidades locais dos Açores

1 – A Região tem relações especiais de cooperação, coordenação e colaboração com as autarquias locais e respectivas associações localizadas no seu território.

2 – A Região encoraja o estabelecimento de mecanismos de cooperação intermunicipal no seu território.

ARTIGO 135º
Reserva de competência administrativa da Região

A transferência de atribuições e competências da administração do Estado para as autarquias locais dos Açores deve ter em conta as especificidades regionais, no respeito pelo princípio da subsidiariedade, devendo ser, em qualquer caso, precedida do procedimento de audição qualificada da Região.

ARTIGO 136º
Município da ilha do Corvo

O município da ilha do Corvo, por condicionalismos que lhe são próprios, é o titular das competências genéricas das freguesias, com as devidas adaptações, no respectivo território.

TÍTULO VIII
Revisão do Estatuto

ARTIGO 137º
Reserva de iniciativa legislativa

O presente Estatuto apenas pode ser revisto por iniciativa da Assembleia Legislativa, através da elaboração e aprovação de um projecto a ser enviado à Assembleia da República.

ARTIGO 138º
Elaboração do projecto

1 – A iniciativa de abertura do processo de revisão do Estatuto pertence aos deputados.

2 – A assunção de poderes de revisão estatutária, a definição do respectivo procedimento e a consequente abertura do processo de revisão do Estatuto é deliberada pela maioria absoluta dos deputados em efectividade de funções.

ARTIGO 139º
Apreciação do projecto pela Assembleia da República

1 – A Assembleia da República, ao apreciar o projecto de revisão do Estatuto, deve ouvir a Assembleia Legislativa sempre que considerar adequado.

2 – A Assembleia Legislativa designa uma delegação representativa dos partidos que nela têm assento para apresentar o projecto de revisão do Estatuto à Assembleia da República, a qual pode solicitar ser ouvida pelo Presidente da Assembleia da República, pelas comissões encarregadas de discutir o projecto, pelos grupos parlamentares ou pelos deputados, em qualquer momento do procedimento legislativo na Assembleia da República.

3 – A Assembleia Legislativa pode deliberar, por maioria absoluta dos deputados em efectividade de funções, retirar o projecto de revisão do Estatuto, até à votação da proposta na generalidade.

ARTIGO 140º
Alteração do projecto pela Assembleia da República

1 – Se a Assembleia da República alterar o projecto de revisão do Estatuto deve remetê-lo à Assembleia Legislativa para que esta aprecie todas as alterações introduzidas e sobre elas emita parecer.

2 – Os poderes de revisão do Estatuto pela Assembleia da República estão limitados às normas estatutárias sobre as quais incida a iniciativa da Assembleia Legislativa e às matérias correlacionadas.

ARTIGO 141º
Novo texto do Estatuto

As alterações ao Estatuto são inseridas no lugar próprio, mediante as substituições, as supressões e os aditamentos necessários, sendo o Estatuto, no seu novo texto, republicado em anexo à lei de revisão.

Estatuto Político-Administrativo da Região Autónoma da Madeira

Lei nº 13/91, de 5 de junho*

TÍTULO I
Princípios fundamentais

ARTIGO 1º
Região Autónoma da Madeira

O arquipélago da Madeira constitui uma Região Autónoma da República Portuguesa, dotada de Estatuto Político-Administrativo e de órgãos de governo próprio.

ARTIGO 2º
Pessoa colectiva territorial

A Região Autónoma da Madeira é uma pessoa colectiva territorial, dotada de personalidade jurídica de direito público.

ARTIGO 3º
Território

1 – O arquipélago da Madeira é composto pelas ilhas da Madeira, do Porto Santo, Desertas, Selvagens e seus ilhéus.

2 – A Região Autónoma da Madeira abrange ainda o mar circundante e seus fundos, designadamente as águas territoriais e a zona económica exclusiva, nos termos da lei.

* Texto de acordo com a republicação da Lei nº 130/99, de 21 de agosto.

ARTIGO 4º
Regime autonómico

1 – O Estado respeita, na sua organização e funcionamento, o regime autonómico insular e a identidade regional como expressão do seu direito à diferença.

2 – O regime autonómico próprio da Região Autónoma da Madeira fundamenta-se nas suas características geográficas, económicas, sociais e culturais e nas históricas aspirações autonomistas do seu povo.

ARTIGO 5º
Autonomia política, administrativa, financeira, económica e fiscal

1 – A autonomia política, administrativa, financeira, económica e fiscal da Região Autónoma da Madeira não afecta a integridade da soberania do Estado e exerce-se no quadro da Constituição e deste Estatuto.

2 – A autonomia da Região Autónoma da Madeira visa a participação democrática dos cidadãos, o desenvolvimento económico e social integrado do arquipélago e a promoção e defesa dos valores e interesses do seu povo, bem como o reforço da unidade nacional e dos laços de solidariedade entre todos os portugueses.

ARTIGO 6º
Órgãos de governo próprio

1 – São órgãos de governo próprio da Região a Assembleia Legislativa Regional e o Governo Regional.

2 – As instituições autonómicas regionais assentam na vontade dos cidadãos, democraticamente expressa.

3 – Os órgãos de governo próprio da Região participam no exercício do poder político nacional.

ARTIGO 7º
Representação da Região

1 – A representação da Região cabe aos respectivos órgãos de governo próprio.

2 – No âmbito das competências dos órgãos de governo próprio, a execução dos actos legislativos no território da Região é assegurada pelo Governo Regional.

ARTIGO 8º
Símbolos regionais

1 – A Região tem bandeira, brasão de armas, selo e hino próprios, aprovados pela Assembleia Legislativa Regional.

2 – Os símbolos regionais são utilizados nas instalações e actividades dependentes dos órgãos de governo próprio da Região ou por estes tutelados, bem como nos serviços da República sediados na Região nos termos definidos pelos competentes órgãos.

3 – Os símbolos regionais são utilizados conjuntamente com os correspondentes símbolos nacionais e com salvaguarda da precedência e do destaque que a estes são devidos, nos termos da lei.

4 – A Bandeira da União Europeia é utilizada ao lado das Bandeiras Nacional e Regional nos edifícios públicos onde estejam instalados serviços da União Europeia ou com ela relacionados, designadamente por ocasião de celebrações europeias e durante as eleições para o Parlamento Europeu.

ARTIGO 9º
Referendo regional

1 – Em matéria de interesse específico regional os cidadãos eleitores na Região Autónoma da Madeira podem ser chamados a pronunciar-se, a título vinculativo, através de referendo, por decisão do Presidente da República, mediante proposta da Assembleia Legislativa Regional.

2 – São aplicáveis aos referendos regionais as regras e os limites previstos para os referendos nacionais.

ARTIGO 10º
Princípio da continuidade territorial

O princípio da continuidade territorial assenta na necessidade de corrigir as desigualdades estruturais, originadas pelo afastamento e pela insularidade, e visa a plena consagração dos direitos de cidadania da população madeirense, vinculando, designadamente, o Estado ao seu cumprimento, de acordo com as suas obrigações constitucionais.

ARTIGO 11º
Princípio da subsidiariedade

No relacionamento entre os órgãos do Estado e os órgãos de governo próprio da Região é aplicável o princípio da subsidiariedade, segundo o qual, e fora do âmbito das atribuições exclusivas do Estado, a intervenção pública faz-se preferencialmente pelo nível da Administração que estiver mais próximo e mais apto a intervir, a não ser que os objectivos concretos da acção em causa não possam ser suficientemente realizados senão pelo nível da Administração superior.

ARTIGO 12º
Princípio da regionalização de serviços

A regionalização de serviços e a transferência de poderes prosseguem de acordo com a Constituição e a lei, devendo ser sempre acompanhadas dos correspondentes meios financeiros para fazer face aos respectivos encargos.

TÍTULO II
Órgãos de governo próprio e administração pública regional

CAPÍTULO I
Assembleia Legislativa Regional

SECÇÃO I
Definição, eleição e composição

ARTIGO 13º
Definição

A Assembleia Legislativa Regional é o órgão representativo da população da Região Autónoma da Madeira e exerce o poder legislativo e fiscalizador da acção governativa.

ARTIGO 14º
Composição e modo de eleição

A Assembleia Legislativa Regional é composta por deputados eleitos por sufrágio universal, directo e secreto, de harmonia com o princípio da representação proporcional e por círculos eleitorais.

ARTIGO 15º
Círculos eleitorais

1 – Cada município constitui um círculo eleitoral, designado pelo respectivo nome.

2 – Cada um dos círculos referidos no número anterior elegerá um deputado por cada 3 500 eleitores recenseados, ou fracção superior a 1 750, não podendo em qualquer caso resultar a eleição de um número de deputados inferior a dois em cada círculo, de harmonia com o princípio da representação proporcional constitucionalmente consagrado.

(Redação dada pela Lei nº 12/2000, de 21-06)

ARTIGO 16º
Eleitores

São eleitores nos círculos referidos no nº 1 do artigo anterior os cidadãos portugueses inscritos no recenseamento eleitoral da respectiva área.

ARTIGO 17º
Capacidade eleitoral

São elegíveis os cidadãos portugueses eleitores, salvas as restrições que a lei estabelecer, desde que tenham residência habitual na Região.

ARTIGO 18º
Incapacidades eleitorais

As incapacidades eleitorais, activas e passivas, são as que constem da lei geral.

ARTIGO 19º
Listas de candidaturas

1 – Os deputados são eleitos por listas apresentadas pelos partidos políticos, isoladamente ou em coligação, concorrentes em cada círculo eleitoral e contendo um número de candidatos efectivos igual ao dos mandatos atribuídos ao respectivo círculo, além de suplentes no mesmo número, mas nunca inferior a três.

2 – As listas podem integrar cidadãos não inscritos nos correspondentes partidos.

3 – Ninguém pode ser candidato por mais de um círculo eleitoral ou figurar em mais de uma lista.

4 – No apuramento dos resultados aplica-se, dentro de cada círculo, o sistema da representação proporcional e o método da média mais alta de Hondt.

5 – Os mandatos que couberem a cada lista são conferidos aos respectivos candidatos pela ordem de precedência indicada na declaração de candidatura.

SECÇÃO II
Estatuto dos deputados

ARTIGO 20º
Representatividade e âmbito

Os deputados representam toda a Região, e não os círculos por que tiverem sido eleitos.

ARTIGO 21º
Mandato

1 – Os deputados são eleitos para um mandato de quatro anos.

2 – O mandato dos deputados inicia-se com a primeira reunião da Assembleia Legislativa Regional após eleições, nos termos deste Estatuto, e cessa com o início do mandato dos deputados da legislatura subsequente, sem prejuízo da suspensão ou da cessação individual do mandato.

ARTIGO 22º
Poderes dos deputados

1 – Constituem poderes dos deputados:

a) Apresentar projectos que respeitem à iniciativa legislativa da Assembleia Legislativa Regional;

b) Apresentar projectos de decreto legislativo regional;

c) Apresentar propostas de alteração;

d) Apresentar propostas de resolução;

e) Participar e intervir nos debates parlamentares nos termos do Regimento;

f) Requerer e obter do Governo Regional ou dos órgãos de qualquer entidade pública regional os elementos, informações e publicações oficiais que considerem úteis para o exercício do seu mandato;

g) Formular perguntas ao Governo Regional sobre quaisquer actos deste ou da administração pública regional;

h) Requerer ao Tribunal Constitucional a declaração de inconstitucionalidade ou ilegalidade de normas nos termos constitucionais;

i) Os demais consignados no Regimento da Assembleia Legislativa Regional.

2 – O poder referido na alínea *h*) do nº 1 só pode ser exercido, no mínimo, por um décimo dos deputados.

3 – Os deputados, individual ou colectivamente, podem ainda exercer outros poderes, previstos no Estatuto e no Regimento da Assembleia Legislativa Regional.

ARTIGO 23º
Imunidades

1 – Os deputados não respondem civil, criminal ou disciplinarmente pelos votos e opiniões que emitirem no exercício das suas funções.

2 – Os deputados não podem ser ouvidos como declarantes nem como arguidos sem autorização da Assembleia, sendo obrigatória a decisão de autorização, no segundo caso, quando houver fortes indícios de prática de crime doloso a que corresponda pena de prisão cujo limite máximo seja superior a três anos.

3 – Nenhum deputado pode ser detido ou preso sem autorização da Assembleia Legislativa Regional, salvo por crime doloso a que corresponda a pena de prisão referida no número anterior e em flagrante delito.

4 – Movido procedimento criminal contra um deputado e acusado este definitivamente, a Assembleia Legislativa Regional decide se o deputado deve ou não ser suspenso para efeito do seguimento do processo, nos termos seguintes:

a) A suspensão é obrigatória quando se tratar de crime referido no nº 3;

b) A Assembleia Legislativa Regional pode limitar a suspensão do deputado ao tempo que considerar mais adequado, segundo as circunstâncias, ao exercício do mandato e ao andamento do processo criminal.

5 – A autorização a que se referem os números anteriores é solicitada pelo juiz competente em documento dirigido ao Presidente da Assembleia Legislativa Regional.

6 – As decisões a que se refere o presente artigo são tomadas por escrutínio secreto e maioria absoluta dos deputados presentes, precedendo parecer da comissão competente.

ARTIGO 24º
Direitos

1 – Os deputados gozam dos seguintes direitos:

a) Adiamento do serviço militar, do serviço cívico ou da mobilização civil;
b) Livre trânsito em locais públicos de acesso condicionado, no exercício das suas funções ou por causa delas;
c) Cartão especial de identificação;
d) Passaporte diplomático;
e) Subsídios e outras regalias que a lei prescreva;
f) Seguros pessoais;
g) Prioridade nas reservas de passagem nas empresas de navegação aérea que prestem serviço público durante o funcionamento efectivo da Assembleia ou por motivos relacionados com o desempenho do seu mandato.

2 – Os deputados têm direito, por sessão legislativa, a duas passagens aéreas entre a Região e qualquer destino em território nacional.
3 – Os deputados têm ainda direito, por sessão legislativa, a duas passagens, aéreas ou marítimas, entre a Madeira e o Porto Santo.
4 – A falta de deputados por causa de reuniões ou missões da Assembleia Legislativa Regional a actos ou diligências oficiais a ela estranhos constitui sempre motivo justificado de adiamento destes, sem qualquer encargo.
5 – Ao deputado que frequentar curso de qualquer grau ou natureza oficial é aplicável, quanto a aulas e exames, o regime mais favorável entre os que estejam previstos para outras situações.
6 – Os deputados que, no exercício das suas funções ou por causa delas, sejam vítimas de actos que impliquem ofensa à vida, à integridade física, à liberdade ou a bens patrimoniais têm direito a indemnização.
7 – Os factos que justificam a indemnização são objecto de inquérito determinado pelo Presidente da Assembleia, o qual decide da sua atribuição, salvo e na medida em que os danos estejam cobertos por outros meios.
8 – Por equiparação os deputados gozam ainda dos demais direitos, regalias e imunidades atribuídos aos Deputados à Assembleia da República, consagrados constitucionalmente ou no respectivo Estatuto.

ARTIGO 25º
Garantias profissionais

1 – Os deputados não podem ser prejudicados na sua colocação, no seu emprego permanente ou nos seus benefícios sociais, por causa do desempenho do mandato.
2 – O desempenho do mandato conta como tempo de serviço para todos os efeitos.
3 – É facultado aos deputados o regime de afectação permanente durante o exercício do seu mandato.
4 – No caso de exercício temporário de funções, por virtude de lei ou contrato, o desempenho do mandato de deputado suspende a contagem do respectivo prazo.

ARTIGO 26º
Segurança social

1 – Os deputados beneficiam do regime de segurança social aplicável aos funcionários públicos.

2 – No caso de algum deputado optar pelo regime de previdência da sua actividade profissional, cabe à Assembleia Legislativa Regional a satisfação dos encargos que corresponderiam à respectiva entidade patronal.

ARTIGO 27º
Deveres

Constituem deveres dos deputados:

a) Comparecer às reuniões plenárias e às comissões a que pertençam;

b) Desempenhar os cargos na Assembleia Legislativa Regional e as funções para que forem designados, nomeadamente sob proposta dos respectivos grupos ou representações parlamentares;

c) Participar nas votações.

ARTIGO 28º
Suspensão do mandato

1 – Determina a suspensão de mandato:

a) O deferimento do requerimento da substituição temporária por motivo relevante;

b) O procedimento criminal, nos termos do nº 4 do artigo 23º;

c) O início de qualquer das funções referidas no nº 1 do artigo 34º;

d) A nomeação para funções que, nos termos deste Estatuto, deva ter tal efeito.

2 – Determina a suspensão do mandato do Presidente da Assembleia Legislativa Regional a substituição interina do Ministro da República, nos termos do nº 4 do artigo 230º da Constituição.

ARTIGO 29º
Substituição temporária

Os deputados podem solicitar ao Presidente da Assembleia, por motivo relevante, a sua substituição, por uma ou mais vezes, por períodos não inferiores a 30 dias.

ARTIGO 30º
Cessação da suspensão

1 – A suspensão do mandato cessa:

a) No caso da alínea *a*) do nº 1 do artigo 28º pelo decurso do período de substituição ou pelo regresso antecipado do deputado, devidamente comunicado através do presidente do grupo parlamentar ou do órgão competente do partido, ao Presidente da Assembleia;

b) No caso da alínea *b*) do nº 1 do artigo 28º por decisão absolutória ou equivalente, ou após o cumprimento da pena;

c) Nos casos das alíneas *c*) e *d*) do nº 1 e do nº 2 do artigo 28º pela cessação das funções incompatíveis com as de deputado.

2 – O deputado retoma o exercício do seu mandato, cessando automaticamente nessa data todos os poderes de quem o tenha substituído.

3 – Nas situações previstas na alínea *b*) do nº 1, perante decisão absolutória ou equivalente, o deputado perceberá todas as remunerações vencidas e não será afectado nos demais direitos e regalias, designadamente o tempo efectivo de funções.

ARTIGO 31º
Perda do mandato

1 – Perdem o mandato os deputados que:

a) Incorrerem em violação do regime de incapacidades ou incompatibilidades aplicável;

b) Sem motivo justificado não tomarem assento na Assembleia Legislativa Regional até à quinta reunião, deixarem de comparecer a cinco reuniões consecutivas do Plenário ou das comissões ou derem 10 faltas interpoladas na mesma sessão legislativa;

c) Se inscreverem, se candidatarem ou assumirem funções em partido diverso daquele pelo qual foram apresentados a sufrágio;

d) Forem judicialmente condenados por participação em organização de ideologia fascista ou racista.

2 – A perda de mandato será declarada pelo Presidente da Assembleia Legislativa Regional, ouvido o deputado, sem prejuízo do direito de recurso para o Plenário.

ARTIGO 32º
Renúncia ao mandato

Os deputados podem renunciar ao mandato mediante declaração escrita.

ARTIGO 33º
Preenchimento de vagas

1 – O preenchimento das vagas que ocorrerem na Assembleia Legislativa Regional, bem como a substituição temporária de deputados legalmente impedidos do exercício de funções, são assegurados, segundo a ordem de precedência indicada na declaração de candidatura, pelos candidatos não eleitos da respectiva lista.

2 – Se da lista já não constarem mais candidatos, não há lugar ao preenchimento da vaga ou à substituição.

ARTIGO 34º
Incompatibilidades

1 – É incompatível com o exercício do mandato de deputado à Assembleia Legislativa Regional o desempenho dos cargos seguintes:

a) Presidente da República, membro do Governo e Ministro da República;
b) Membro do Tribunal Constitucional, do Supremo Tribunal de Justiça, do Tribunal de Contas e do Conselho Superior da Magistratura e Provedor de Justiça;
c) Deputado ao Parlamento Europeu;
d) Deputado à Assembleia da República;
e) Membro dos demais órgãos de governo próprio das Regiões Autónomas;
f) Embaixador não oriundo da carreira diplomática;
g) Governador e vice-governador civil;
h) Presidente e vereador a tempo inteiro das câmaras municipais;
i) Funcionário do Estado, da Região ou de outras pessoas colectivas de direito público;
j) Membro da Comissão Nacional de Eleições;
l) Membro dos gabinetes ministeriais ou legalmente equiparados;
m) Funcionário de organização internacional ou de Estado estrangeiro;
n) Presidente e vice-presidente do Conselho Económico e Social;
o) Membro da Alta Autoridade para a Comunicação Social;
p) Membro dos conselhos de administração das empresas públicas;
q) Membro dos conselhos de administração das empresas de capitais públicos maioritariamente participadas pelo Estado ou pela Região;
r) Membro dos conselhos de administração de institutos públicos autónomos.

2 – É ainda incompatível com a função de deputado:

a) O exercício das funções previstas no nº 2 do artigo 28º;
b) O exercício do cargo de delegado do Governo Regional no Porto Santo;
c) O exercício do cargo de director regional no Governo Regional.

3 – O disposto na alínea *i*) do nº 1 não abrange o exercício gratuito de funções docentes, de actividade de investigação e outras similares como tal reconhecidas caso a caso pela Assembleia Legislativa Regional.

ARTIGO 35º
Impedimentos

1 – Os deputados carecem de autorização da Assembleia Legislativa Regional para serem jurados, árbitros, peritos ou testemunhas.

2 – A autorização a que se refere o número anterior deve ser solicitada pelo juiz competente ou pelo instrutor do processo em documento dirigido ao Presidente da Assembleia Legislativa Regional e a decisão será precedida de audição do deputado.

3 – É vedado aos deputados da Assembleia Legislativa Regional:

a) Exercer o mandato judicial como autores nas acções cíveis contra o Estado e contra a Região;

b) Servir de peritos ou árbitros a título remunerado em qualquer processo em que sejam parte o Estado, a Região e demais pessoas colectivas de direito público;

c) Integrar a administração de sociedades concessionárias de serviços públicos;

d) Figurar ou de qualquer forma participar em actos de publicidade comercial.

4 – Os impedimentos constantes da alínea *b*) do número anterior poderão ser supridos, em razão de interesse público, por deliberação da Assembleia Legislativa Regional.

SECÇÃO III
Competência

ARTIGO 36º
Competência política

1 – Compete à Assembleia Legislativa Regional da Madeira, no exercício de funções políticas:

a) Aprovar o Programa do Governo Regional;

b) Aprovar o Plano de Desenvolvimento Económico e Social Regional;

c) Aprovar o Orçamento Regional, incluindo os dos fundos autónomos regionais e os programas de investimento de cada secretaria regional;

d) Autorizar o Governo Regional a realizar empréstimos internos e externos e outras operações de crédito de médio e longo prazo de acordo com o Estatuto e com a lei;

e) Estabelecer o limite máximo dos avales a conceder pelo Governo Regional em cada ano;

f) Votar moções de confiança e de censura ao Governo Regional;

g) Apresentar propostas de referendo regional acerca de questões de relevante interesse específico regional, nos termos deste Estatuto e da lei;

h) Definir as grandes orientações de intervenção da Região no processo de construção europeia e acompanhar e apreciar a actividade desenvolvida nesse domínio pelo Governo Regional, designadamente através da aprovação de moções de orientação e de instrumentos de enquadramento do desenvolvimento económico e social;

i) Pronunciar-se, por sua iniciativa ou sob consulta dos órgãos de soberania, sobre as questões da competência destes que respeitarem à Região;

j) Participar na definição das posições do Estado Português no âmbito do processo da construção europeia, em matérias do interesse específico da Região;

l) Participar no processo de construção europeia nos ternos da Constituição e do artigo 96º deste Estatuto;

m) Estabelecer cooperação com outras entidades regionais estrangeiras e participar em organizações que tenham por objecto fomentar o diálogo e a cooperação inter-regional, de acordo com as orientações definidas pelos órgãos de soberania com competência em matéria de política externa;

n) Eleger personalidades para quaisquer cargos que, por lei, lhe compete designar;

o) Participar através de seus representantes nas reuniões das comissões da Assembleia da República nos termos do artigo 88º

2 – As competências previstas na alínea *i*) do número anterior poderão ser delegadas na Comissão Permanente ou nas comissões especializadas permanentes.

ARTIGO 37º
Competência legislativa

1 – Compete à Assembleia Legislativa Regional, no exercício de funções legislativas:

a) Exercer, por direito próprio e exclusivo, o poder de elaborar, modificar e retirar projectos ou propostas de alteração do Estatuto Político-Administrativo da Região, bem como emitir parecer sobre a respectiva rejeição ou introdução de alterações pela Assembleia da República, nos termos do artigo 226º da Constituição;

b) Exercer iniciativa legislativa mediante a apresentação de propostas de lei ou de alteração à Assembleia da República, bem como requerer a declaração de urgência do respectivo processamento;

c) Legislar, com respeito pelos princípios fundamentais das leis gerais da República, em matérias de interesse específico para a Região que não estejam reservadas à competência própria dos órgãos de soberania;

d) Legislar, sob autorização da Assembleia da República, em matérias de interesse específico para a Região que não estejam reservadas à competência própria dos órgãos de soberania;

e) Desenvolver, em função do interesse específico da Região, as leis de bases em matérias não reservadas à competência da Assembleia da República, bem como as previstas nas alíneas *f*), *g*), *h*), *n*), *t*) e *u*) do nº 1 do artigo 165º da Constituição;

f) Exercer poder tributário próprio e adaptar o sistema fiscal nacional à Região nos termos do presente Estatuto e da lei;

g) Criar e extinguir autarquias locais, bem como modificar a respectiva área, nos termos da lei;

h) Elevar povoações à categoria de vilas ou cidades;

i) Criar serviços públicos personalizados, institutos, fundos públicos e empresas públicas que exerçam a sua actividade exclusiva ou predominante na Região;

j) Definir actos ilícitos de mera ordenação social e respectivas sanções, sem prejuízo do disposto na alínea *d*) do nº 1 do artigo 165º da Constituição.

2 – As propostas de lei de autorização devem ser acompanhadas do anteprojecto do decreto legislativo regional a autorizar, aplicando-se às correspondentes leis de autorização o disposto nos nºs 2 e 3 do artigo 165º da Constituição.

3 – As autorizações referidas no número anterior caducam com o termo da legislatura ou com a dissolução, quer da Assembleia da República quer da Assembleia Legislativa Regional.

4 – Os decretos legislativos regionais previstos nas alíneas *d*) e *e*) do nº 1 deste artigo devem invocar expressamente as respectivas leis de autorização ou leis de base, sendo aplicável aos primeiros o disposto no artigo 169º da Constituição, com as necessárias adaptações.

ARTIGO 38º
Competência de fiscalização

Compete à Assembleia Legislativa Regional da Madeira, no exercício de funções de fiscalização:

a) Zelar pelo cumprimento da Constituição, do Estatuto e das leis e apreciar os actos do Governo e da administração regional;

b) Aprovar as contas da Região respeitantes a cada ano económico e apreciar os relatórios de execução do Plano Regional de Desenvolvimento Económico e Social;

c) Solicitar ao Tribunal Constitucional a declaração de inconstitucionalidade e de ilegalidade de normas emanadas dos órgãos de soberania por violação de direitos da Região, designadamente dos direitos previstos no presente Estatuto;

d) Fiscalizar a aplicação dos fundos estruturais na Região e de outros programas comunitários de âmbito regional ou de âmbito nacional com incidência na Região.

ARTIGO 39º
Competência regulamentar

Compete à Assembleia Legislativa Regional da Madeira, no exercício de funções regulamentares, proceder à regulamentação das leis gerais emanadas dos órgãos de soberania que não reservem para estes o respectivo poder regulamentar.

ARTIGO 40º
Matérias de interesse específico

Para efeitos de definição dos poderes legislativos ou de iniciativa legislativa da Região, bem como dos motivos de consulta obrigatória pelos órgãos de soberania, nos termos do nº 2 do artigo 229º da Constituição, constituem matérias de interesse específico, designadamente:

a) Política demográfica, de emigração e estatuto dos residentes;

b) Tutela sobre as autarquias locais e sua demarcação territorial;

c) Orientação, direcção, coordenação e fiscalização dos serviços e institutos públicos e das empresas nacionalizadas ou públicas que exerçam a sua actividade exclusiva ou predominantemente na Região e noutros casos em que o interesse regional o justifique;

d) Infra-estruturas e transportes marítimos e aéreos, incluindo escalas e tarifas;

e) Administração de portos e aeroportos, incluindo impostos e taxas portuárias e aeroportuárias entre ilhas e destas para o exterior;

f) Pescas e aquicultura;

g) Agricultura, silvicultura, pecuária;

h) Regime jurídico e exploração da terra, incluindo arrendamento rural;

i) Política de solos, ordenamento do território e equilíbrio ecológico;

j) Recursos hídricos, minerais e termais;

l) Energia de produção local;

m) Saúde de e segurança social;

n) Trabalho, emprego e formação profissional;

o) Educação pré-escolar, ensino básico, secundário, superior e especial;

p) Classificação, protecção e valorização do património cultural;

q) Museus, bibliotecas e arquivos;

r) Espectáculos e divertimentos públicos;

s) Desporto;

t) Turismo e hotelaria;

u) Artesanato e folclore;

v) Expropriação, por utilidade pública, de bens situados na Região, bem como requisição civil;

x) Obras públicas e equipamento social;

z) Habitação e urbanismo;

aa) Comunicação social;

bb) Comércio interno, externo e abastecimento;

cc) Investimento directo estrangeiro e transferência de tecnologia;

dd) Mobilização de poupanças formadas na Região com vista ao financiamento dos investimentos nela efectuados;

ee) Desenvolvimento industrial;

ff) Adaptação do sistema fiscal à realidade económica regional;

gg) Concessão de benefícios fiscais;

hh) Articulação do Serviço Regional de Protecção Civil com as competentes entidades nacionais;

ii) Estatística regional;

jj) Florestas, parques e reservas naturais;

ll) Vias de circulação, trânsito e transportes terrestres;

mm) Orla marítima;

nn) Valorização dos recursos humanos e qualidade de vida;

oo) Defesa do ambiente e equilíbrio ecológico;

pp) Protecção da natureza e dos recursos naturais, bem como da sanidade pública, animal e vegetal;

qq) Organização da administração regional e dos serviços nela inseridos, incluindo de administração central;

rr) Manutenção da ordem pública;

ss) Cooperação e diálogo inter-regional nos termos da alínea *u*) do nº 1 do artigo 227º da Constituição;

tt) Construção, instalação ou utilização de bases militares, bem como infra-estruturas e equipamentos afins;

uu) Construção, instalação ou utilização de infra-estruturas com fins de observação, estudo e investigação científica;

vv) Outras matérias que respeitem exclusivamente à Região ou que nela assumam particular configuração.

ARTIGO 41º
Forma dos actos

1 – Revestem a forma de decreto legislativo regional os actos previstos nas alíneas *b*), *c*) e *d*) do nº 1 do artigo 36º, nas alíneas *c*), *d*), *e*), *f*), *g*), *h*), *i*) e *j*) do nº 1 do artigo 37º e no artigo 39º

2 – Revestem a forma de moção os actos previstos nas alíneas *a*) e *i*) do nº 1 do artigo 36º

3 – Os restantes actos previstos nos artigos 36º, 37º e 38º revestem a forma de resolução.

4 – Serão publicados no *Diário da República* e no *Jornal Oficial da Região* os actos previstos neste artigo.

SECÇÃO IV
Funcionamento

ARTIGO 42º
Legislatura

1 – A Assembleia Legislativa Regional reúne por direito próprio até ao 15º dia posterior ao apuramento dos resultados eleitorais.

2 – A legislatura tem a duração de quatro sessões legislativas.

ARTIGO 43º
Sessão legislativa

1 – A sessão legislativa, salvo a primeira, tem a duração de um ano e inicia-se a 1 de Outubro.

2 – O Plenário da Assembleia Legislativa Regional reúne em sessão ordinária de 1 de Outubro a 31 de Julho do ano seguinte.

3 – O Plenário da Assembleia Legislativa Regional é convocado extraordinariamente fora do período previsto no número anterior pelo seu Presidente, nos seguintes casos:

a) Por iniciativa do Presidente ou da Comissão Permanente;

b) Por iniciativa de um terço dos deputados;

c) A pedido do Governo Regional.

ARTIGO 44º
Iniciativa legislativa

1 – A iniciativa legislativa compete aos deputados, aos grupos parlamentares, ao Governo Regional e ainda, nos termos e condições estabelecidas em decreto legislativo regional, a grupos de cidadãos eleitores.

2 – A iniciativa originária toma a forma de projecto, quando exercida pelos deputados, e de proposta, quando exercida pelo Governo Regional.

ARTIGO 45º
Limites da iniciativa

1 – Os deputados não podem apresentar projectos de decreto legislativo regional ou propostas de alteração que envolvam aumento das despesas ou diminuição das receitas da Região previstas no Orçamento.

2 – Os projectos e propostas definitivamente rejeitados não podem ser renovados na mesma sessão legislativa.

ARTIGO 46º
Processos legislativos

1 – O processo legislativo comum é o adoptado para a discussão e votação dos decretos legislativos regionais.

2 – O processo comum aplica-se aos diplomas que sejam propostos com a forma de resolução.

3 – São processos legislativos especiais:

a) Projectos de alteração ao Estatuto Político-Administrativo da Região;
b) Propostas de lei à Assembleia da República;
c) Pedidos de autorização legislativa;
d) Outros previstos no Regimento.

ARTIGO 47º
Processos de orientação e fiscalização política

São processos de orientação e fiscalização política:

a) Programa do Governo;
b) Moções de confiança ao Governo;
c) Moção de censura ao Governo;
d) Perguntas ao Governo;
e) Interpelações;
f) Petições;
g) Inquéritos.

ARTIGO 48º
Processo de urgência

A Assembleia Legislativa Regional pode, por sua iniciativa ou a solicitação do Governo Regional, declarar a urgência de qualquer projecto ou proposta.

ARTIGO 49º
Competência interna da Assembleia

Compete à Assembleia Legislativa Regional:

a) Elaborar o seu Regimento;
b) Verificar os poderes dos seus membros;
c) Eleger, por maioria absoluta dos deputados em efectividade de funções, o seu Presidente e demais membros da Mesa;
d) Eleger os três vice-presidentes, dois sob proposta do maior grupo parlamentar e um sob proposta do segundo maior grupo parlamentar, em listas separadas;
e) Constituir a Comissão Permanente e as restantes comissões.

ARTIGO 50º
Plenário e comissões

1 – A Assembleia Legislativa Regional funciona em Plenário e em comissões.

2 – A Assembleia Legislativa Regional tem comissões especializadas permanentes e pode constituir comissões eventuais ou de inquérito.

3 – A composição das comissões corresponde à representatividade dos partidos na Assembleia Legislativa Regional.

4 – As comissões funcionam validamente com a presença da maioria dos seus membros.

5 – As comissões podem solicitar a participação dos membros do Governo Regional nos seus trabalhos, devendo estes comparecer quando tal seja requerido.

6 – As comissões podem ainda solicitar os depoimentos de quaisquer associações, instituições ou cidadãos, os quais poderão ser prestados por escrito, se os mesmos não residirem na Região.

7 – As presidências das comissões especializadas permanentes são, no conjunto, repartidas pelos partidos representados na Assembleia em proporção com o número dos seus deputados através da aplicação do método da média mais alta de Hondt.

8 – As comissões podem reunir extraordinariamente, fora do período de funcionamento do Plenário, para tratamento de assuntos de natureza inadiável.

9 – Pode ser exercido por comissão especializada competente em função da matéria a competência referida na alínea *i*) do nº 1 do artigo 36º

10 – As reuniões plenárias são públicas e as das comissões podem ou não sê-lo.

11 – É publicado um *Diário de Sessões*, com o relato integral das reuniões plenárias da Assembleia Legislativa Regional.

12 – Das reuniões das comissões são lavradas actas.

13 – As presidências das comissões não permanentes são, no conjunto, repartidas em cada sessão legislativa pelos partidos representados nas comissões, em proporção com o número dos seus deputados, através da aplicação do método da média mais alta de Hondt.

14 – As comissões parlamentares de inquérito têm os poderes previstos na legislação aplicável e são obrigatoriamente constituídas sempre que tal seja requerido por

um quinto dos deputados em efectividade de funções, até ao limite de uma por deputado e por sessão legislativa.

ARTIGO 51º
Comissão Permanente

1 – Fora do período de funcionamento em Plenário da Assembleia Legislativa Regional, durante o período em que se encontrar dissolvida e nos restantes casos previstos na Constituição e no Estatuto funciona a Comissão Permanente.

2 – A Comissão Permanente é presidida pelo Presidente da Assembleia Legislativa Regional e composta pelos vice-presidentes e por deputados indicados por todos os partidos de acordo com a respectiva representatividade na Assembleia.

3 – Compete à Comissão Permanente:

a) Zelar pelo cumprimento da Constituição, do Estatuto e das leis e apreciar os actos do Governo e da administração regional;

b) Exercer os poderes da Assembleia relativamente ao mandato dos deputados;

c) Promover a convocação da Assembleia, sempre que tal seja necessário;

d) Preparar a abertura da sessão legislativa;

e) Exercer o poder referido na alínea *i*) do nº 1 do artigo 36º

ARTIGO 52º
Quórum

A Assembleia Legislativa Regional considera-se constituída em reunião plenária encontrando-se presente a maioria dos seus membros.

ARTIGO 53º
Presença do Governo Regional

Os membros do Governo Regional têm assento nas reuniões da Assembleia Legislativa Regional e o direito ao uso da palavra para efeitos de apresentação de comunicação, de intervenção e de prestação de esclarecimentos, de acordo com o Regimento.

ARTIGO 54º
Grupos parlamentares

1 – Os deputados eleitos por cada partido ou coligação de partidos podem constituir-se em grupo parlamentar.

2 – Constituem poderes de cada grupo parlamentar:

a) Exercer iniciativa legislativa;

b) Participar nas comissões da Assembleia em função do número dos seus membros, indicando os seus representantes;

c) Ser ouvido na fixação da ordem do dia e interpor recurso para o Plenário da ordem do dia fixada;

d) Provocar, com a presença do Governo, o debate de questões de interesse público actual e urgente;

e) Determinar a ordem do dia de um certo número de reuniões nos termos do Regimento da Assembleia Legislativa Regional;

f) Provocar, por meio de interpelação ao Governo Regional, a abertura de dois debates em cada sessão legislativa sobre assunto de política geral ou sectorial;

g) Propor à Comissão Permanente que promova a convocação da Assembleia;

h) Requerer a constituição de comissões parlamentares de inquérito;

i) Requerer a constituição de comissões eventuais;

j) Requerer o processamento de urgência de projectos ou propostas;

l) Ser informado pelo Governo Regional, regular e directamente, sobre o andamento dos principais assuntos de interesse público, nos termos deste Estatuto;

m) Apresentar propostas de moção.

3 – Cada grupo parlamentar tem direito a dispor de locais de trabalho na sede da Assembleia ou fora dela, bem como de pessoal técnico e administrativo da sua confiança.

4 – Ao deputado que seja único representante de um partido ou aos deputados eleitos por um partido que não se constituam em grupo parlamentar são atribuídos os poderes enunciados nas alíneas *a*), *b*), *c*), *d*), *e*), *i*), e *l*) do nº 2 e no nº 3.

5 – Os partidos políticos representados na Assembleia Legislativa Regional e que não façam parte do Governo Regional gozam ainda dos direitos da oposição consagrados neste Estatuto e na lei, designadamente o de ser informados sobre o andamento dos principais assuntos de interesse público.

CAPÍTULO II
Governo Regional

SECÇÃO I
Definição, constituição e responsabilidade

ARTIGO 55º
Definição

O Governo Regional é o órgão executivo de condução da política regional e o órgão superior da administração pública regional.

ARTIGO 56º
Composição

1 – O Governo Regional é formado pelo Presidente e pelos Secretários Regionais, podendo existir vice-presidentes e subsecretários regionais.

2 – O número e a designação dos membros do Governo Regional são fixados no diploma de nomeação.

3 – A organização e funcionamento do Governo Regional e a orgânica e atribuições dos departamentos governamentais serão fixados por decreto regulamentar regional.

ARTIGO 57º
Nomeação

1 – O Presidente do Governo Regional é nomeado pelo Ministro da República, tendo em conta os resultados das eleições para a Assembleia Legislativa Regional e ouvidos os partidos políticos nela representados.

2 – Os restantes membros do Governo Regional são nomeados e exonerados pelo Ministro da República, sob proposta do Presidente do Governo Regional.

3 – As funções dos vice-presidentes e dos secretários regionais cessam com as do Presidente do Governo regional, e as dos subsecretários regionais com as dos respectivos secretários regionais.

ARTIGO 58º
Responsabilidade política

O Governo Regional é politicamente responsável perante a Assembleia Legislativa Regional.

ARTIGO 59º
Programa do Governo Regional

1 – O Programa do Governo Regional é apresentado à Assembleia Legislativa Regional, no prazo máximo de 30 dias a contar do acto de posse do Presidente do Governo Regional, sob a forma de moção de confiança.

2 – Se o Plenário da Assembleia Legislativa Regional não se encontrar em funcionamento, é obrigatoriamente convocado para o efeito pelo Presidente.

ARTIGO 60º
Moção de confiança

1 – Independentemente do disposto no nº 1 do artigo anterior, o Governo Regional pode solicitar, por uma ou mais vezes, à Assembleia Legislativa Regional a aprovação de um voto de confiança sobre qualquer assunto de relevante interesse para a Região, sobre a sua actuação ou sobre uma declaração de política geral.

2 – A recusa de aprovação de propostas de decreto legislativo regional apresentadas pelo Governo Regional não envolve, de per si, recusa de confiança.

ARTIGO 61º
Moções de censura

1 – Por iniciativa dos grupos parlamentares, pode a Assembleia Legislativa Regional votar moções de censura ao Governo Regional sobre a execução do seu Programa ou assunto relevante de interesse regional.

2 – As moções de censura não podem ser apreciadas antes de decorridos sete dias após a sua apresentação.

3 – Se uma moção de censura não for aprovada, os seus subscritores não podem apresentar outra durante a mesma sessão legislativa.

ARTIGO 62º
Demissão do Governo Regional

1 – Implicam a demissão do Governo Regional:

a) O início de nova legislatura;

b) A apresentação, pelo Presidente do Governo Regional, do pedido de exoneração;

c) A morte ou impossibilidade física, duradoura, do Presidente do Governo Regional;

d) A aprovação de uma moção de censura por maioria absoluta dos deputados em efectividade de funções.

2 – Em caso de demissão, os membros do Governo Regional cessante permanecem em funções até à posse do novo governo.

ARTIGO 63º
Actos de gestão

Antes da aprovação do seu Programa pela Assembleia Legislativa Regional, ou após a sua demissão, o Governo Regional limitar-se-á à prática dos actos estritamente necessários para assegurar a gestão dos negócios públicos da Região.

SECÇÃO II
Estatuto dos membros do Governo Regional

ARTIGO 64º
Responsabilidade civil e criminal

1 – Os membros do Governo Regional são civil e criminalmente responsáveis pelos actos que praticarem ou legalizarem.

2 – Os membros do Governo Regional não podem, sem autorização da Assembleia, ser jurados, peritos ou testemunhas nem ser ouvidos como declarantes nem como arguidos, excepto, neste último caso, quando presos em flagrante delito, ou quando houver fortes indícios de prática de crime doloso a que corresponda pena de prisão cujo limite máximo seja superior a três anos.

3 – Nenhum membro do Governo Regional pode ser detido ou preso sem autorização da Assembleia Legislativa Regional, salvo por crime doloso a que corresponda a pena de prisão referida no número anterior e em flagrante delito.

4 – Movido procedimento criminal contra algum membro do Governo Regional, e acusado este definitivamente, salvo no caso de crime punível com a pena referida

nos números anteriores, a Assembleia Legislativa Regional decidirá se este deve ou não ser suspenso para efeito de seguimento do processo.

ARTIGO 65º
Direitos

1 – Os membros do Governo Regional gozam dos seguintes direitos:

a) Adiamento do serviço militar, do serviço cívico ou da mobilização civil;
b) Livre trânsito em locais públicos de acesso condicionado, no exercício das suas funções ou por causa delas;
c) Cartão especial de identificação;
d) Passaporte diplomático;
e) Subsídios e outras regalias que a lei prescrever;
f) Seguros pessoais;
g) Prioridade nas reservas de passagem nas empresas de navegação aérea que prestem serviço público por motivos relacionados com o desempenho do seu mandato.

2 – A falta de qualquer membro do Governo Regional, por causa das suas funções, a actos ou diligências oficiais a elas estranhos constitui sempre motivo de justificação de adiamento destes, sem qualquer encargo.

3 – Por equiparação, os membros do Governo Regional gozam ainda dos demais direitos, regalias e imunidades atribuídos aos membros do Governo da República, consagrados constitucionalmente ou na lei.

ARTIGO 66º
Garantias profissionais

1 – Os membros do Governo Regional não podem ser prejudicados na sua colocação, nos seus benefícios sociais ou no seu emprego permanente por virtude do desempenho das suas funções.

2 – Os membros do Governo Regional estão dispensados de todas as actividades profissionais, públicas ou privadas, durante o período do exercício do cargo.

3 – O desempenho da função de membro do Governo Regional conta como tempo de serviço para todos os efeitos.

4 – No caso de exercício temporário de funções públicas, por virtude de lei ou contrato, a actividade de membro do Governo Regional suspende a contagem do respectivo prazo.

ARTIGO 67º
Segurança social

1 – Os membros do Governo Regional beneficiam do regime de segurança social aplicável aos funcionários públicos.

2 – No caso de algum membro do Governo Regional optar pelo regime de previdência da sua actividade profissional, cabe à Região a satisfação dos encargos que corresponderiam à respectiva entidade patronal.

ARTIGO 68º
Incompatibilidades

Os membros do Governo Regional não podem exercer quaisquer outras funções públicas ou privadas, excepto cargos sociais não remunerados, nem executivos, em organizações filantrópicas, humanitárias ou culturais.

SECÇÃO III
Competência

ARTIGO 69º
Competência

Compete ao Governo Regional:

a) Exercer poder executivo próprio, conduzindo a política da Região e defendendo a legalidade democrática;

b) Adoptar as medidas necessárias a promoção e desenvolvimento económico e social e à satisfação das necessidades colectivas regionais;

c) Aprovar a sua própria organização e funcionamento;

d) Elaborar os decretos regulamentares regionais, necessários à execução dos decretos legislativos e ao bom funcionamento da administração da Região, bem como outros regulamentos, nomeadamente portarias;

e) Dirigir os serviços e a actividade da administração regional e exercer o poder de tutela sobre as autarquias locais, nos termos da lei;

f) Praticar todos os actos exigidos pela lei respeitantes aos funcionários e agentes da administração pública regional;

g) Orientar, coordenar, dirigir e fiscalizar os serviços, os institutos públicos e as empresas públicas e nacionalizadas que exerçam a sua actividade exclusiva ou predominantemente na Região e noutros casos em que o interesse regional o justifique;

h) Exercer, em matéria fiscal, os poderes referidos neste Estatuto e na lei;

i) Administrar e dispor do património regional e celebrar os actos e contratos em que a Região tenha interesse;

j) Elaborar o seu Programa e apresentá-lo, para aprovação, à Assembleia Legislativa Regional;

l) Apresentar à Assembleia Legislativa Regional propostas de decreto legislativo regional e antepropostas de lei;

m) Elaborar a proposta de plano de desenvolvimento económico e social da Região e submetê-la à aprovação da Assembleia Legislativa Regional;

n) Elaborar a proposta de orçamento regional e submetê-la à aprovação da Assembleia Legislativa Regional;

o) Apresentar à Assembleia Legislativa Regional as contas da Região;

p) Coordenar o Plano e o Orçamento Regionais e velar pela sua boa execução;

q) Participar na elaboração dos planos nacionais;

r) Participar na negociação de tratados e acordos internacionais que digam directamente respeito à Região bem como nos benefícios deles decorrentes;

s) Participar na definição das políticas respeitantes às águas territoriais, à zona económica exclusiva e aos fundos marítimos contíguos;

t) Proceder à requisição civil, nos termos da lei;

u) Pronunciar-se, por sua iniciativa ou sob consulta dos órgãos de soberania, relativamente às questões da competência destes que respeitarem à Região;

v) Participar na definição das posições do Estado Português no âmbito do processo da construção europeia em matérias do interesse específico da Região;

x) Participar no processo de construção europeia nos termos da Constituição e do artigo 96º deste Estatuto;

z) Participar na definição e execução das políticas fiscal, monetária, financeira e cambial, de modo a assegurar o controlo regional dos meios de pagamento em circulação e o financiamento dos investimentos necessários ao desenvolvimento económico e social da Região;

aa) Administrar, nos termos deste Estatuto e da lei, as receitas fiscais cobradas ou geradas na Região, bem como a participação nas receitas tributárias do Estado, e outras receitas que lhe sejam atribuídas e afectá-las às suas despesas;

bb) Orientar a cooperação inter-regional;

cc) Emitir passaportes, nos termos da lei;

dd) Exercer as demais funções executivas ou outras previstas no presente Estatuto ou na lei.

ARTIGO 70º
Forma dos actos do Governo Regional

1 – Revestem a forma de decreto regulamentar regional os actos do Governo Regional previstos nas alíneas *c*), na primeira parte da alínea *d*) e na alínea *h*) do artigo anterior.

2 – Todos os actos do Governo Regional e dos seus membros devem ser publicados no *Jornal Oficial da Região*, nos termos definidos por decreto legislativo regional.

3 – Os decretos regulamentares regionais devem ainda ser publicados no *Diário da República*.

SECÇÃO IV
Funcionamento

ARTIGO 71º
Conselho do Governo Regional

1 – A orientação geral do Governo Regional é definida pelo Conselho do Governo Regional.

2 – Constituem o Conselho do Governo Regional o Presidente, os vice-presidentes, quando existam, e os secretários regionais.

ARTIGO 72º
Reuniões

1 – O Governo Regional reúne sempre que convocado pelo Presidente.

2 – Podem ser convocados para as reuniões do Conselho do Governo Regional os subsecretários, quando a natureza dos assuntos em apreciação o justifique.

3 – Podem realizar-se reuniões restritas do Governo Regional sempre que a natureza da matéria em apreciação o justifique.

4 – De cada reunião é lavrada acta.

ARTIGO 73º
Presidente do Governo Regional

1 – O Presidente do Governo Regional representa o Governo Regional, coordena o exercício das funções deste, convoca e dirige as respectivas reuniões.

2 – O Presidente do Governo Regional pode ter a seu cargo qualquer dos departamentos regionais.

3 – Nas suas ausências e impedimentos o Presidente é substituído pelo vice-presidente por si designado.

4 – Não existindo vice-presidentes, ou verificando-se igualmente a sua ausência ou impedimento, o Presidente é substituído pelo secretário regional por si designado.

5 – Durante a vacatura do cargo, as funções do Presidente do Governo Regional são asseguradas pelo Presidente da Assembleia Legislativa Regional.

ARTIGO 74º
Secretarias regionais

1 – Os departamentos regionais denominam-se secretarias regionais e são dirigidos por um secretário regional, sem prejuízo do disposto no nº 2 do artigo anterior.

2 – Os subsecretários regionais têm os poderes que lhes sejam delegados pelos respectivos secretários regionais.

CAPÍTULO III
Estatuto remuneratório

ARTIGO 75º
Estatuto dos titulares de cargos políticos

1 – Na Região, são titulares de cargos políticos dos órgãos de governo próprio os deputados à Assembleia Legislativa Regional e os membros do Governo Regional.

2 – Aplica-se aos titulares dos órgãos de governo próprio da Região o estatuto remuneratório constante da presente lei.

3 – O Presidente da Assembleia Legislativa Regional e o Presidente do Governo Regional têm estatuto remuneratório idêntico ao de ministro.

4 – Os deputados à Assembleia Legislativa Regional percebem mensalmente um vencimento correspondente a 75% do vencimento do Presidente da Assembleia Legislativa Regional.

5 – Os vice-presidentes do Governo Regional auferem um vencimento e uma verba para despesas de representação que correspondem, respectivamente, a metade da soma dos vencimentos e da soma das referidas verbas auferidas pelo Presidente do Governo Regional e por um secretário regional.

6 – Os secretários regionais têm estatuto remuneratório idêntico ao dos secretários de Estado e os subsecretários regionais ao dos subsecretários de Estado.

7 – Os titulares dos cargos políticos a que se refere o nº 1 deste artigo têm direito a perceber um vencimento extraordinário, de montante igual ao do correspondente vencimento mensal, nos meses de Junho e de Novembro de cada ano.

8 – Se o cargo político tiver sido exercido durante um ano por vários titulares, o vencimento extraordinário referido no número anterior será repartido por eles, proporcionalmente ao tempo em que exerceram funções, não se considerando períodos inferiores a 15 dias.

9 – Os vice-presidentes da Assembleia Legislativa Regional percebem um abono mensal correspondente a um terço do respectivo vencimento.

10 – Os presidentes dos grupos parlamentares da Assembleia Legislativa Regional ou quem os substituir percebem um abono mensal correspondente a um quarto do respectivo vencimento.

11 – Os secretários da Mesa da Assembleia Legislativa Regional percebem um abono mensal correspondente a um quinto do respectivo vencimento.

12 – Os vice-secretários da Mesa, quando no exercício efectivo de funções, percebem $^1/_{30}$ por dia do abono atribuído aos secretários da Mesa.

13 – O abono mensal atribuído aos titulares dos cargos referidos nos nºs 9 a 11 deste artigo é considerado para efeitos dos vencimentos extraordinários de Junho e Novembro.

14 – Nas deslocações oficiais fora da ilha, o Presidente da Assembleia Legislativa Regional, o Presidente do Governo Regional e demais membros do Governo têm direito a ajudas de custo nos termos fixados na lei.

15 – Nas deslocações fora da ilha, em missão oficial da Assembleia Legislativa Regional, os deputados têm direito a ajudas de custo idênticas às previstas para os membros do Governo.

16 – Nas deslocações dentro da ilha, os deputados à Assembleia Legislativa Regional têm direito:

a) A subsídio de transporte de acordo com o valor fixado na lei para transporte em automóvel próprio entre a residência oficial e o local onde se desenvolverem os trabalhos parlamentares por cada dia de reunião do plenário ou de Comissão e a ajudas de custo no valor de 10% ou 20% do valor das ajudas de custo diárias fixadas para os membros do Governo, consoante os trabalhos envolvam uma ou duas refeições, se residirem em círculo diferente do Funchal;

b) A subsídio de transporte de acordo com o valor fixado na lei para transporte em automóvel próprio entre a residência oficial e o círculo pelo qual foram eleitos, caso residam em círculo diferente, uma vez por semana;

c) A ajudas de custo no valor previsto para os membros do Governo, quando em missão oficial da Assembleia Legislativa Regional, desde que a distância entre a sua residência e o local de trabalho exceda 5 km.

17 – O deputado eleito pelo círculo do Porto Santo tem direito a passagem aérea ou marítima, mediante requisição oficial, entre aquela ilha e a da Madeira, sempre que necessário, e vence ajudas de custo de acordo com o previsto no nº 15 deste artigo.

18 – O tempo de exercício de qualquer cargo político nos órgãos de governo próprio da Região acresce ao exercido como titular de cargo político nos órgãos de soberania.

19 – O regime constante do título II da Lei nº 4/85, de 9 de Abril, com as alterações introduzidas pelas Leis nºs 16/87, de 1 de Junho, 102/88, de 25 de Agosto, e 26/95, de 18 de Agosto, aplica-se aos deputados à Assembleia Legislativa Regional e aos membros do Governo Regional.

20 – O estatuto remuneratório constante da presente lei não poderá, designadamente em matéria de vencimentos, subsídios, subvenções, abonos e ajudas de custo, lesar direitos adquiridos.

CAPÍTULO IV
Administração pública regional

ARTIGO 76º
Princípios

A administração pública regional rege-se pelos princípios da descentralização e da desconcentração de serviços e visa a prossecução do interesse público, no respeito pelos direitos e interesses legalmente protegidos dos cidadãos.

ARTIGO 77º
Serviços e institutos públicos

Os órgãos regionais podem criar os serviços e os institutos públicos que se mostrem necessários à Administração da Região.

ARTIGO 78º
Quadros regionais

1 – Haverá quadros regionais de funcionalismo nos diversos departamentos dependentes do Governo Regional e quadros únicos interdepartamentais nos serviços, funções e categorias em que tal seja conveniente.

2 – O número e a dimensão dos quadros regionais devem obedecer a critérios de economia de meios, de qualificação e de eficiência profissional.

ARTIGO 79º
Estatuto dos funcionários

1 – A capacidade para o exercício de funções públicas nos serviços regionais, o regime de aposentação e o estatuto disciplinar são os definidos na lei geral.

2 – As habilitações literárias, a formação técnica e o regime de quadros e carreiras dos funcionários dos serviços regionais regem-se pelos princípios fundamentais estabelecidos para os funcionários do Estado.

3 – A legislação sobre o regime da função pública procurará ter em conta as condicionantes da insularidade.

ARTIGO 80º
Mobilidade profissional e territorial

Aos funcionários dos quadros de administração regional e da administração central é garantida a mobilidade profissional e territorial entre os respectivos quadros, sem prejuízo dos direitos adquiridos em matéria de antiguidade e carreira.

ARTIGO 81º
Desenvolvimento da lei de bases da função pública

A Região pode desenvolver, de acordo com a Constituição e em função do interesse específico, a lei de bases do regime e âmbito da função pública.

TÍTULO III
Relações entre o Estado e a Região

CAPÍTULO I
Representação do Estado

ARTIGO 82º
Ministro da República

O Estado é representado na Região por um Ministro da República nos termos definidos na Constituição e com as competências nesta previstas.

ARTIGO 83º
Intervenção no processo legislativo

Compete ao Ministro da República assinar e mandar publicar os decretos legislativos regionais e os decretos regulamentares regionais.

ARTIGO 84º
Assinatura e veto

1 – No prazo de 15 dias, contados da recepção de qualquer decreto da Assembleia Legislativa Regional que lhe haja sido enviado para assinatura, ou da publicação da decisão do Tribunal Constitucional que não se pronuncie pela inconstitucionalidade de norma dele constante, deve o Ministro da República assiná-lo ou exercer o direito de veto, solicitando nova apreciação do diploma em mensagem fundamentada.

2 – Se a Assembleia Legislativa Regional confirmar o voto por maioria absoluta dos seus membros em efectividade de funções, o Ministro da República deve assinar o diploma no prazo de oito dias a contar da sua recepção.

3 – No prazo de 20 dias, contados da recepção de qualquer decreto do Governo Regional que lhe tenha sido enviado para assinatura, deve o Ministro da República assiná-lo ou recusar a assinatura, comunicando por escrito o sentido dessa recusa ao Governo Regional, o qual poderá converter o decreto em proposta a apresentar à Assembleia Legislativa Regional.

4 – O Ministro da República exerce ainda o direito de veto, nos termos dos artigos 278º e 279º da Constituição.

CAPÍTULO II
Relações entre os órgãos de soberania e os órgãos de governo próprio

SECÇÃO I
Relacionamento entre a Assembleia da República e a Assembleia Legislativa Regional

ARTIGO 85º
Iniciativa legislativa

1 – A Região através da Assembleia Legislativa Regional tem o poder de exercer iniciativa legislativa, nos termos do nº 1 do artigo 167º da Constituição, mediante a apresentação à Assembleia da República de propostas de lei e respectivas propostas de alteração.

2 – A Região através da Assembleia Legislativa Regional tem o poder exclusivo de perante a Assembleia da República exercer a iniciativa estatutária nos termos do artigo 226º da Constituição.

ARTIGO 86º
Autorização legislativa

A Região através da Assembleia Legislativa Regional pode solicitar à Assembleia da República autorização para legislar em matérias do seu interesse específico que não estejam reservadas à competência própria dos órgãos de soberania.

ARTIGO 87º
Direito de agendamento e prioridade

1 – Na sequência de iniciativa da Assembleia Legislativa Regional, a Assembleia da República pode declarar a urgência do processamento de qualquer proposta de lei da iniciativa daquela.

2 – A Assembleia Legislativa Regional pode igualmente solicitar à Assembleia da República prioridade para assuntos de interesse regional de resolução urgente, na apreciação em comissão especializada e em Plenário.

ARTIGO 88º
Participação

Nas reuniões das comissões especializadas da Assembleia da República em que se discutam propostas legislativas da Assembleia Legislativa Regional podem participar representantes desta.

SECÇÃO II
Audição dos órgãos de governo próprio

ARTIGO 89º
Audição

1 – A Assembleia e o Governo da República ouvem os órgãos de governo próprio da Região Autónoma sempre que exerçam poder legislativo ou regulamentar em matérias da respectiva competência que à Região diga respeito.

2 – Estão igualmente sujeitos a audição outros actos do Governo da República sobre questões de natureza política e administrativa que sejam de relevante interesse para a Região.

ARTIGO 90º
Forma da audição

1 – Os órgãos de soberania solicitam a audição do competente órgão de governo próprio da Região.

2 – O competente órgão de governo próprio da Região pronuncia-se através de parecer fundamentado, especialmente emitido para o efeito.

ARTIGO 91º
Formas complementares de participação

Entre os órgãos de soberania e os órgãos de governo próprio da Região podem ser acordadas formas complementares de participação no exercício de competências de relevante interesse para a Região.

ARTIGO 92º
Incumprimento

A não observância do dever de audição por parte dos órgãos de soberania determina, conforme a natureza dos actos, a sua inconstitucionalidade ou ilegalidade.

SECÇÃO III
Protocolos

ARTIGO 93º
Protocolos de interesse comum

Tendo em vista o exercício efectivo dos direitos de audição e participação conferidos à Região, o Governo da República e o Governo Regional podem elaborar protocolos de colaboração permanente sobre matéria de interesse comum ao Estado e à Região, designadamente sobre:

a) Situação económica e financeira nacional;
b) Definição das políticas fiscal, monetária e financeira;
c) Trabalhos preparatórios, acordos, tratados e textos de direito internacional;
d) Benefícios decorrentes de tratados ou de acordos internacionais que digam directamente respeito à Região;
e) Emissão de empréstimos;
f) Prestação de apoios técnicos.

ARTIGO 94º
Matérias de direito internacional

Constituem, designadamente, matérias de direito internacional, geral ou comum, respeitando directamente à Região, para efeitos do artigo anterior:

a) Utilização do território regional por entidades estrangeiras, em especial para bases militares;
b) Protocolos celebrados com a NATO e outras organizações internacionais, em especial sobre instalações de natureza militar ou paramilitar;
c) Participação de Portugal na União Europeia;
d) Lei do mar;
e) Utilização da zona económica exclusiva;
f) Plataforma continental;
g) Poluição do mar;
h) Conservação, investigação e exploração de espécies vivas;
i) Navegação aérea;
j) Exploração do espaço aéreo controlado.

SECÇÃO IV
Participação da Região em negociações internacionais

ARTIGO 95º
Negociações internacionais

A participação nas negociações de tratados e acordos que interessem especificamente à Região realiza-se através de representação efectiva na delegação nacional que negociar o tratado ou o acordo, bem como nas respectivas comissões de execução ou fiscalização.

ARTIGO 96º
Integração europeia

A Região tem o direito de participar no processo de construção europeia mediante representação nas respectivas instituições regionais e nas delegações envolvidas em processos de decisão comunitária quando estejam em causa matérias do seu interesse específico.

CAPÍTULO III
Fiscalização da constitucionalidade e da legalidade

ARTIGO 97º
Fiscalização abstracta

1 – O Tribunal Constitucional, nos termos do artigo 281º da Constituição, aprecia e declara com força obrigatória geral:

a) A inconstitucionalidade de quaisquer normas com fundamento em violação dos direitos da Região;
b) A ilegalidade de quaisquer normas constantes de diploma regional, com fundamento em violação do Estatuto da Região ou de lei geral da República;
c) A ilegalidade de quaisquer normas constantes de diploma emanado de órgãos de soberania com fundamento em violação dos direitos da Região consagrados no Estatuto.

2 – Podem requerer a declaração de inconstitucionalidade ou de ilegalidade com força obrigatória geral quando o pedido de declaração de inconstitucionalidade se fundar em violação dos direitos da Região ou pedido de declaração de ilegalidade se fundar em violação deste Estatuto ou de lei geral da República:

a) O Ministro da República;
b) A Assembleia Legislativa Regional;
c) O Presidente da Assembleia Legislativa Regional;

d) O Presidente do Governo Regional;
e) Um décimo dos deputados da Assembleia Legislativa Regional.

ARTIGO 98º
Inconstitucionalidade por omissão

1 – A requerimento do Presidente da Assembleia Legislativa Regional, com fundamento na violação dos direitos da Região, o Tribunal Constitucional aprecia e verifica o não cumprimento da Constituição por omissão das medidas legislativas necessárias para tomar exequíveis as normas constitucionais.

2 – Quando o Tribunal Constitucional verificar a existência de inconstitucionalidade por omissão, dará disso conhecimento ao órgão legislativo competente.

ARTIGO 99º
Fiscalização preventiva

1 – O Ministro da República pode requerer ao Tribunal Constitucional a apreciação preventiva da constitucionalidade de qualquer norma constante de decreto legislativo regional ou de decreto regulamentar de lei geral da República que lhe tenha sido enviado para assinatura.

2 – A apreciação preventiva da constitucionalidade deve ser requerida no prazo de oito dias a contar da data de recepção do diploma.

3 – Se o Tribunal Constitucional se pronunciar pela inconstitucionalidade de norma constante de qualquer decreto, deverá o diploma ser vetado pelo Ministro da República e devolvido à Assembleia Legislativa Regional.

4 – No caso previsto no número anterior, o decreto não poderá ser promulgado ou assinado sem que a Assembleia Legislativa Regional expurgue a norma julgada inconstitucional.

5 – Se o diploma vier a ser reformulado, poderá o Ministro da República requerer a apreciação preventiva da constitucionalidade de qualquer das suas normas.

ARTIGO 100º
Fiscalização concreta

Cabe recurso para o Tribunal Constitucional das decisões dos tribunais:

a) Que recusem a aplicação de norma constante de diploma regional com fundamento na sua ilegalidade por violação do Estatuto da Região ou de lei geral da República;

b) Que recusem a aplicação de norma constante de diploma emanado de um órgão de soberania com fundamento na sua ilegalidade por violação do Estatuto da Região;

c) Que apliquem norma cuja ilegalidade haja sido suscitada durante o processo com qualquer dos fundamentos referidos nas alíneas *a*) e *b*).

TÍTULO IV
Do regime financeiro, económico e fiscal

CAPÍTULO I
Princípios gerais

ARTIGO 101º
Princípio da cooperação

Os órgãos de soberania asseguram, em cooperação com os órgãos de governo próprio da Região, o desenvolvimento económico e social do arquipélago da Madeira, visando em especial a correcção das desigualdades derivadas da insularidade e ultraperificidade.

ARTIGO 102º
Princípio da participação

A Assembleia Legislativa Regional e o Governo Regional participam na definição das políticas fiscal, monetária, financeira e cambial, mediante proposta a apresentar aos órgãos de soberania, de modo a assegurarem o controlo regional dos meios de pagamento em circulação e o financiamento dos investimentos necessários ao desenvolvimento económico-social.

ARTIGO 103º
Princípio da solidariedade

1 – A solidariedade nacional vincula o Estado a suportar os custos das desigualdades derivadas da insularidade, designadamente no respeitante a transportes, comunicações, energia, educação, cultura, saúde e segurança social, incentivando a progressiva inserção da Região em espaços económicos amplos, de dimensão nacional ou internacional.

2 – A solidariedade nacional traduz-se, designadamente, no plano financeiro, nas transferências orçamentais e deverá adequar-se, em cada momento, ao nível de desenvolvimento da Região, visando sobretudo criar as condições que venham a permitir uma melhor cobertura financeira pelas suas receitas próprias.

3 – O Estado assegura que a Região Autónoma da Madeira beneficie do apoio de todos os fundos da União Europeia, tendo em conta as especificidades próprias do arquipélago e o disposto na Lei de Finanças das Regiões Autónomas e no artigo 299º do Tratado da União Europeia.

4 – O Estado garante as obrigações de serviço público à Região nos termos do presente Estatuto, nomeadamente no transporte de passageiros e de mercadorias, no abastecimento público, nas comunicações e no acesso à cultura e ao desporto.

5 – A solidariedade nacional traduz-se também na obrigação de o Estado cofinanciar os projectos de interesse comum levados a cabo no território da Região, tal como definidos neste Estatuto e na lei.

6 – A solidariedade nacional vincula o Estado a apoiar a Região em situações imprevistas resultantes de catástrofes naturais e para as quais esta não disponha dos necessários meios financeiros.

7 – A solidariedade nacional tem ainda expressão no facto de a comparticipação nacional nos sistemas comunitários de incentivos financeiros nacionais de apoio ao sector produtivo ser assegurada pelo Orçamento do Estado ou pelos orçamentos das entidades que tutelam as respectivas áreas.

ARTIGO 104º
Ultraperifericidade

1 – O Estado tem por objectivo promover o desenvolvimento harmonioso de todo o território nacional, tendo em conta as desvantagens resultantes do carácter ultraperiférico do arquipélago da Madeira.

2 – O estatuto de região ultraperiférica tem em vista a adopção de um sistema integrado de desenvolvimento, no quadro do princípio da coesão económica e social.

3 – Enquanto região ultraperiférica, a Região Autónoma da Madeira beneficiará de políticas comunitárias específicas e adequadas às suas necessidades que possam contribuir para atenuar o afastamento dos centros económicos e a insularidade.

4 – A promoção do desenvolvimento económico e social da Região justifica a adopção de um conjunto estável de medidas de carácter económico e fiscal adequadas à sua realidade.

ARTIGO 105º
Da autonomia financeira regional

1 – A autonomia financeira da Região exerce-se no quadro da Constituição, do presente Estatuto e da lei.

2 – A autonomia financeira visa garantir aos órgãos de governo próprio da Região os meios necessários à prossecução das suas atribuições, bem como a disponibilidade dos instrumentos adequados à promoção do desenvolvimento económico e social e do bem-estar e da qualidade de vida das populações, à eliminação das desigualdades resultantes da situação de insularidade e de ultraperiferia e à realização da convergência económica com o restante território nacional e com a União Europeia.

3 – A autonomia financeira da Região deve prosseguir a realização do equilíbrio sustentável das finanças públicas e o desenvolvimento da economia regional.

4 – A participação financeira do Estado na autonomia financeira da Região concretiza-se nas transferências do Orçamento do Estado e em outros instrumentos de natureza financeira e contabilística, incluindo a comparticipação nacional nos sistemas comunitários de incentivos financeiros de apoio ao sector produtivo.

ARTIGO 106º
Do desenvolvimento económico

1 – A política de desenvolvimento económico da Região tem vectores de orientação específica que assentam nas características intrínsecas do arquipélago.

2 – O desenvolvimento económico e social da Região deve processar-se dentro das linhas definidas pelo Governo Regional através dos planos de desenvolvimento económico e social e dos orçamentos, que visarão o aproveitamento das potencialidades regionais e a promoção do bem-estar, do nível da qualidade de vida de todo o povo madeirense, com vista à realização dos princípios constitucionais.

ARTIGO 107º
Do poder tributário próprio

1 – A Região Autónoma da Madeira exerce poder tributário próprio, nos termos deste Estatuto e da lei.

2 – A Região tem ainda o poder de adaptar o sistema fiscal nacional às especificidades regionais nos termos da lei.

3 – A Região dispõe, nos termos do Estatuto e da lei, das receitas fiscais nela cobradas ou geradas, bem como de uma participação nas receitas tributárias do Estado, estabelecida de acordo com um princípio que assegure a efectiva solidariedade nacional, e de outras receitas que lhe sejam atribuídas e afecta-as às suas despesas.

4 – O sistema fiscal regional será estruturado por forma a assegurar a correcção das desigualdades derivadas da insularidade, a justa repartição da riqueza e dos rendimentos e a concretização de uma política de desenvolvimento económico e de justiça social.

CAPÍTULO II
Do regime financeiro

SECÇÃO I
Receitas regionais

SUBSECÇÃO I
Receitas e despesas

ARTIGO 108º
Receitas

Constituem receitas da Região:

a) Os rendimentos do seu património;

b) Todos os impostos, taxas, multas, coimas e adicionais cobrados ou gerados no seu território, incluindo o imposto do selo, os direitos aduaneiros e demais imposições cobradas pela alfândega, nomeadamente impostos e diferenciais de preços sobre a gasolina e outros derivados do petróleo;

c) Os impostos incidentes sobre mercadorias destinadas à Região e liquidadas fora do seu território, incluindo o IVA e o imposto sobre a venda de veículos;

d) Outros impostos que devam pertencer-lhe, nos termos do presente Estatuto e da lei, nomeadamente em função do lugar da ocorrência do facto gerador da obrigação do imposto;

e) Os benefícios decorrentes de tratados e acordos internacionais respeitantes à Região, tal como definida nos artigos 1º, 2º e 3º deste Estatuto;

f) O produto de empréstimos;

g) O apoio financeiro do Estado, nomeadamente aquele a que a Região tem direito, de harmonia com o princípio da solidariedade nacional;

h) O produto da emissão de selos e moedas com interesse numismático;

i) Os apoios da União Europeia;

j) O produto das privatizações, reprivatizações ou venda de participações patrimoniais ou financeiras públicas, existentes no todo ou em parte, no arquipélago.

ARTIGO 109º
Afectação das receitas às despesas

1 – As receitas da Região são afectadas às suas despesas, segundo orçamento anual aprovado pela Assembleia Legislativa Regional, nos termos da alínea *c*) do nº 1 do artigo 36º

2 – A apreciação da legalidade das despesas públicas é feita na Região por uma secção regional do Tribunal de Contas, nos termos da lei.

ARTIGO 110º
Cobrança coerciva de dívidas

A cobrança coerciva de dívidas à Região é efectuada nos termos das dívidas ao Estado através do respectivo processo de execução fiscal.

SUBSECÇÃO II
Receitas fiscais

ARTIGO 111º
Obrigações do Estado

A Região Autónoma da Madeira tem direito à entrega pelo Governo da República das receitas fiscais relativas a impostos sobre mercadorias destinadas à Região e às receitas dos impostos que devam pertencer-lhe, de harmonia com o lugar de ocorrência do facto gerador dos respectivos impostos, e outras que lhe sejam atribuídas por lei.

ARTIGO 112º
Receitas fiscais

1 – São receitas fiscais da Região, nos termos da lei, as relativas ou que resultem, nomeadamente, dos seguintes impostos:

a) Do imposto sobre o rendimento das pessoas singulares;
b) Do imposto sobre o rendimento das pessoas colectivas;
c) Do imposto sobre as sucessões e doações;
d) Dos impostos extraordinários;
e) Do imposto do selo;
f) Do imposto sobre o valor acrescentado;
g) Dos impostos especiais de consumo.

2 – Constituem ainda receitas da Região:

a) As multas ou coimas;
b) Os juros de mora e os juros compensatórios liquidados sobre os impostos que constituam receitas próprias.

SUBSECÇÃO III
Dívida pública regional

ARTIGO 113º
Empréstimos públicos

1 – A Região Autónoma da Madeira pode recorrer a empréstimos em moeda com curso legal em Portugal ou em moeda estrangeira, a curto e a longo prazo, nos termos da lei.

2 – A contracção de empréstimos a longo prazo destinar-se-á exclusivamente a financiar investimentos ou a substituir e amortizar empréstimos anteriormente contraídos e obedecerá aos limites fixados por lei.

3 – A contracção de empréstimos externos ou em moeda estrangeira é feita nos termos deste Estatuto e da lei.

ARTIGO 114º
Empréstimos a longo prazo

A contracção de empréstimos de prazo superior a um ano carece de autorização da Assembleia Legislativa Regional.

ARTIGO 115º
Empréstimos a curto prazo

Para fazer face a dificuldades de tesouraria, a Região Autónoma da Madeira poderá recorrer a empréstimos de curto prazo.

ARTIGO 116º
Tratamento fiscal da dívida pública regional

A dívida pública regional goza do mesmo tratamento fiscal que a dívida pública do Estado.

ARTIGO 117º
Garantia do Estado

Os empréstimos a emitir pela Região Autónoma da Madeira poderão beneficiar de garantia pessoal do Estado, nos termos da respectiva lei.

SUBSECÇÃO IV
Transferências do Estado

ARTIGO 118º
Transferências orçamentais

1 – Em cumprimento do princípio da solidariedade consagrado na Constituição, neste Estatuto e na lei, o Orçamento do Estado de cada ano incluirá verbas a transferir para a Região Autónoma da Madeira, nos termos estabelecidos na Lei de Finanças das Regiões Autónomas ou de outra mais favorável que vier a ser aprovada.

2 – Em caso algum, as verbas a transferir pelo Estado podem ser inferiores ao montante transferido pelo Orçamento do ano anterior multiplicado pela taxa de crescimento da despesa pública corrente no Orçamento do ano respectivo.

3 – Serão também transferidas para a Região as importâncias correspondentes ao pagamento de bonificações devidas no respectivo território e resultantes da aplicação de sistemas de incentivos criados a nível nacional.

4 – Enquadra-se na situação prevista no número anterior o sistema nacional de bonificação de juros de crédito à habitação concedido nos termos da legislação nacional aplicável e que deverá ser assegurado pelo Orçamento do Estado.

ARTIGO 119º
Fundo de Coesão para as Regiões Ultraperiféricas

1 – Tendo em conta o preceituado na Constituição e com vista a assegurar a convergência económica com o restante território nacional, a Região Autónoma da Madeira tem acesso ao Fundo de Coesão para as Regiões Ultraperiféricas previsto

na lei, destinado a apoiar, exclusivamente, programas e projectos de investimento constantes dos planos anuais de investimento das Regiões Autónomas.

2 – Além das transferências previstas no artigo anterior, serão transferidas para o orçamento regional para financiar os programas e projectos de investimento que preencham os requisitos do número anterior as verbas do Orçamento do Estado que o Fundo de Coesão para as Regiões Autónomas disporá em cada ano.

SUBSECÇÃO V
Apoios especiais

ARTIGO 120º
Projectos de interesse comum

1 – Nos termos da lei, são projectos de interesse comum para efeitos do nº 5 do artigo 103º deste Estatuto aqueles que são promovidos por razões de interesse ou de estratégia nacional e ainda os susceptíveis de produzir um efeito económico positivo para o conjunto da economia nacional, aferido, designadamente, pelas suas consequências em termos de balança de pagamentos ou de criação de postos de trabalho, e, bem assim, aqueles que tenham por efeito uma diminuição dos custos da insularidade ou uma melhor comunicação entre os diferentes pontos do território nacional.

2 – As condições de financiamento pelo Estado dos projectos previstos no número anterior serão fixadas por decreto-lei, ouvidos os órgãos de governo próprio da Região.

ARTIGO 121º
Protocolos financeiros

Em casos excepcionais, o Estado e a Região Autónoma da Madeira podem celebrar protocolos financeiros.

SECÇÃO II
Relações financeiras entre a Região e as autarquias locais

ARTIGO 122º
Finanças das autarquias locais

1 – As finanças das autarquias locais da Região Autónoma da Madeira são independentes.

2 – Qualquer forma de apoio financeiro regional às autarquias locais, para além do já previsto na lei, deve ter por objectivo o reforço da capacidade de investimento das autarquias.

3 – O disposto neste Estatuto não prejudica o regime financeiro das autarquias locais, definido na lei, o qual, no arquipélago, igualizará a capitação da Região à média nacional.

CAPÍTULO III
Do regime económico

SECÇÃO I
Da economia regional

ARTIGO 123º
Objectivos

1 – A organização económico-social tem em conta o princípio da subordinação do poder económico ao poder político democrático.

2 – A política de desenvolvimento económico e social da Região assenta em princípios e prioridades que tenham em conta as características especificas do arquipélago visando a promoção do bem-estar e do nível da qualidade de vida de todo o povo madeirense.

SECÇÃO II
Da concretização dos princípios da solidariedade e da continuidade territorial

SUBSECÇÃO I
Transportes

ARTIGO 124º
Deveres do Estado

1 – Os princípios da solidariedade e da continuidade territorial vinculam o Estado a suportar os custos das desigualdades derivadas da insularidade no respeitante aos transportes.

2 – Constitui serviço mínimo indispensável, a ser obrigatoriamente assegurado em caso de greve, o transporte aéreo de passageiros entre o continente e a Madeira.

ARTIGO 125º
Competitividade

1 – O transporte marítimo e aéreo, quer de pessoas quer de mercadorias, incluindo os serviços nos portos e aeroportos, devem ser prestados em condições que garantam a competitividade da economia da Região.

2 – Na Região estabelecer-se-ão tarifas portuárias e aeroportuárias mais favoráveis pela utilização das respectivas infra-estruturas, procurando a competitividade com os portos e aeroportos concorrentes.

ARTIGO 126º
Princípio da liberdade de transporte

1 – O transporte aéreo e marítimo de pessoas e mercadorias, de e para a Região Autónoma da Madeira, reger-se-á pelo princípio da liberdade de transporte, nos termos previstos neste Estatuto e na lei, no quadro dos compromissos da União Europeia assumidos por Portugal e sem prejuízo do disposto no artigo 153º

2 – O princípio da liberdade de transporte, marítimo e aéreo, consagrado no número anterior envolve todo o tipo de serviços, regulares ou não, de carácter interinsular, nacional e internacional e ainda os serviços auxiliares de transporte marítimo e aéreo, prestados ou não directamente pelas próprias companhias.

ARTIGO 127º
Transporte marítimo e aéreo de passageiros e mercadorias

O Estado adopta, de acordo com as regras da União Europeia e a legislação aplicável, medidas tendentes a, em conformidade com os princípios da solidariedade e da continuidade territorial, baixar o custo efectivo do transporte marítimo e aéreo de passageiros e mercadorias interinsular e entre as ilhas do arquipélago e o continente, ouvindo o Governo Regional.

SUBSECÇÃO II
Telecomunicações

ARTIGO 128º
Telecomunicações

1 – O Estado adopta medidas tendentes a assegurar o cumprimento na Região Autónoma do serviço universal de telecomunicações, de acordo com as regras da União Europeia e a legislação aplicável.

2 – A lei regula a projecção do princípio da continuidade territorial na elaboração das convenções tarifárias aplicáveis na Região.

ARTIGO 129º
Rádio e televisão

1 – Nos termos constitucionais o Estado assegura a existência e o funcionamento de um serviço público de rádio e de televisão.

2 – O Estado assegura a cobertura da integralidade do território da Região Autónoma da Madeira pelo serviço público de rádio e televisão.

3 – O serviço público de rádio e televisão compreende igualmente na Região a existência de centros regionais com autonomia de produção, emissão e informação.

4 – O Estado garantirá igualmente o acesso da Região aos canais nacionais de cobertura geral, nos termos da lei.

SUBSECÇÃO III
Energia

ARTIGO 130º
Energia e combustíveis

Às pessoas singulares e colectivas é garantido, pelo Estado, o acesso à energia e aos combustíveis em condições que compensem os sobrecustos da insularidade, nos termos decorrentes do artigo 10º do presente Estatuto e da lei.

SUBSECÇÃO IV
Outras áreas específicas

ARTIGO 131º
Sistemas de incentivos

Todos os sistemas de incentivos à actividade económica de âmbito nacional serão objecto de modulação regional, nomeadamente na majoração dos apoios e nas condições de acesso.

ARTIGO 132º
Promoção

1 – A Região beneficia na íntegra, e em plano de igualdade com o restante território nacional, da actividade dos departamentos nacionais encarregados da promoção externa do País, nomeadamente nas áreas do turismo, do comércio externo e da captação de investimentos estrangeiros.

2 – A promoção externa nacional terá em conta os interesses e características da oferta de bens e serviços da Região Autónoma da Madeira.

3 – Nas campanhas de promoção turística do País no exterior realizadas pelo Estado será dado, a solicitação do Governo Regional, o devido relevo aos destinos turísticos da Região Autónoma.

ARTIGO 133º
Custo de livros, revistas e jornais

O Estado suporta, nos termos da lei, os encargos totais correspondentes à expedição, por via aérea e marítima, dos livros, revistas e jornais de natureza pedagógica, técnica, científica, literária, recreativa e informativa:

a) Entre o continente e a Região;
b) Entre a Região e o continente;
c) Entre a Região Autónoma da Madeira e a Região Autónoma dos Açores.

CAPÍTULO IV
Do regime fiscal

SECÇÃO I
Enquadramento geral

ARTIGO 134º
Princípios gerais

As competências tributárias atribuídas aos órgãos de governo próprio da Região exercem-se no respeito pelos limites constitucionais, no quadro deste Estatuto e da lei, tendo em conta:

a) Que a determinação normativa regional da incidência da taxa dos benefícios fiscais e das garantias dos contribuintes, nos termos dos artigos seguintes, será da competência da Assembleia Legislativa Regional mediante decreto legislativo regional;

b) Que o sistema fiscal regional deve adaptar-se às especificidades regionais, quer podendo criar impostos vigentes apenas na Região quer adaptando os impostos de âmbito nacional às especificidades regionais;

c) Que as cobranças tributárias regionais, em princípio, visarão a cobertura das despesas públicas regionais;

d) Que a estruturação do sistema fiscal regional deverá incentivar o investimento na Região e assegurar o seu desenvolvimento económico e social.

ARTIGO 135º
Competências tributárias

1 – Os órgãos de governo próprio da Região têm competências tributárias de natureza normativa e administrativa, nos termos do número seguinte e das secções II e III deste capítulo.

2 – A competência legislativa regional, em matéria fiscal, é exercida pela Assembleia Legislativa Regional, mediante decreto legislativo, e compreende os seguintes poderes:

a) O poder de criar e regular impostos, vigentes apenas na Região, definindo a respectiva incidência, a taxa, os benefícios fiscais e as garantias dos contribuintes nos termos da presente lei;

b) O poder de adaptar os impostos de âmbito nacional às especificidades regionais, em matéria de incidência, taxa, benefícios fiscais e garantias dos contribuintes, dentro dos limites fixados na lei e nos termos dos artigos seguintes.

SECÇÃO II
Competências legislativas e regulamentares

ARTIGO 136º
Impostos regionais

1 – A Assembleia Legislativa Regional, mediante decreto legislativo regional, poderá criar e regular contribuições de melhoria vigentes na Região, para tributar aumentos de valor dos imóveis decorrentes de obras e de investimentos públicos regionais e, bem assim, criar e regular outras contribuições especiais tendentes a compensar as maiores despesas regionais decorrentes de actividades privadas desgastantes ou agressoras dos bens públicos ou do ambiente regional.

2 – A Assembleia Legislativa Regional poderá igualmente, através de decreto legislativo regional, definir medidas, designadamente de natureza fiscal, para compensar diminuições de valor de imóveis que resultem de decisões administrativas ou de investimentos públicos regionais.

ARTIGO 137º
Adicionais aos impostos

A Assembleia Legislativa Regional tem competência para lançar adicionais sobre os impostos em vigor na Região, nos termos da legislação tributária aplicável.

ARTIGO 138º
Adaptação do sistema fiscal nacional às especificidades regionais

1 – A Assembleia Legislativa Regional pode conceder deduções à colecta relativa aos lucros comerciais, industriais e agrícolas reinvestidos pelos sujeitos passivos.

2 – A Assembleia Legislativa Regional pode, nos termos da lei, diminuir as taxas nacionais dos impostos sobre o rendimento (IRS e IRC) e do imposto sobre o valor acrescentado até ao limite de 30%, e dos impostos especiais de consumo, de acordo com a legislação em vigor.

3 – A Assembleia Legislativa Regional pode autorizar o Governo Regional a conceder benefícios fiscais temporários e condicionados, relativos a impostos de âmbito nacional e regional, em regime contratual, aplicáveis a projectos de investimento significativos, nos termos do Estatuto dos Benefícios Fiscais e legislação complementar em vigor, com as necessárias adaptações.

4 – A Assembleia Legislativa Regional pode ainda:

a) Fixar diferentes limites para a taxa de contribuição autárquica aplicável a imóveis situados no território da Região;

b) Isentar, reduzir ou bonificar derramas aplicáveis no território da Região.

ARTIGO 139º
Competências regulamentares

O Governo Regional tem competência regulamentar fiscal relativa às matérias objecto de competência legislativa regional.

SECÇÃO III
Competências administrativas

ARTIGO 140º
Competências administrativas regionais

1 – As competências administrativas regionais, em matéria a exercer pelo Governo e administração regional, compreendem:

a) A capacidade fiscal de a Região Autónoma da Madeira ser sujeito activo dos impostos nela cobrados, quer de âmbito regional quer de âmbito nacional, nos termos do número seguinte;
b) O direito à entrega, pelo Estado, das receitas fiscais que devam pertencer-lhe;
c) A tutela dos serviços de administração fiscal no arquipélago.

2 – A capacidade de a Região Autónoma da Madeira ser sujeito activo dos impostos nela cobrados compreende:

a) O poder de o Governo Regional criar os serviços fiscais competentes para o lançamento, liquidação e cobrança dos impostos de que é sujeito activo;
b) O poder de regulamentar as matérias a que se refere a alínea anterior, sem prejuízo das garantias dos contribuintes, de âmbito nacional;
c) O poder de a Região recorrer aos serviços fiscais do Estado nos termos definidos na lei ou pela respectiva tutela.

3 – Os impostos nacionais que constituem receitas regionais e os impostos e taxas regionais devem ser como tal identificados aos contribuintes nos impressos e formulários fiscais, sempre que possível, mesmo que sejam cobrados pela administração fiscal do Estado.

ARTIGO 141º
Competências para a concessão de benefícios e incentivos fiscais

1 – Em matéria de benefícios e incentivos fiscais, qualquer que seja a sua natureza e finalidade, do interesse específico e exclusivo da Região, as competências atribuídas, na lei geral, ao Ministro das Finanças serão exercidas pelo membro do Governo Regional responsável pela área das finanças.
2 – Os benefícios ou incentivos fiscais de interesse ou âmbito nacional ou do interesse específico de mais de uma circunscrição são da competência do Ministro das Finanças, ouvido o Governo Regional.

SECÇÃO IV
Taxas e preços públicos regionais

ARTIGO 142º
Taxas, tarifas e preços públicos regionais

O Governo Regional e a administração regional podem fixar o quantitativo das taxas, tarifas e preços devidos pela prestação de serviços regionais, ainda que concessionadas, pela outorga regional de licenças, alvarás e outras remoções dos limites jurídicos às actividades regionais dos particulares e pela utilização dos bens do domínio público regional.

CAPÍTULO V
Património da Região

ARTIGO 143º
Património próprio

1 – A Região Autónoma da Madeira dispõe de património próprio e de autonomia patrimonial.

2 – A Região tem activo e passivo próprios, competindo-lhe administrar e dispor do seu património.

ARTIGO 144º
Domínio público

1 – Os bens do domínio público situados no arquipélago, pertencentes ao Estado, bem como ao antigo distrito autónomo, integram o domínio público da Região.

2 – Exceptuam-se do domínio público regional os bens afectos à defesa nacional e a serviços públicos não regionalizados não classificados como património cultural.

ARTIGO 145º
Domínio privado

Integram o domínio privado da Região:

a) Os bens do domínio privado do Estado existentes no território regional, excepto os afectos aos serviços estaduais não regionalizados;

b) Os bens do domínio privado do antigo distrito autónomo;

c) As coisas e os direitos afectos a serviços estaduais transferidos para a Região;

d) Os bens adquiridos pela Região dentro ou fora do seu território ou que por lei lhe pertençam;

e) Os bens abandonados e os que integram heranças declaradas vagas para o Estado, desde que uns e outros se situem dentro dos limites territoriais da Região;

f) Os bens doados à Região;

g) Os bens que, na Região, sejam declarados perdidos a favor do Estado e a que lei especial, em virtude da razão que determine tal perda, não dê outro destino.

CAPÍTULO VI
Centro Internacional de Negócios

ARTIGO 146º
Centro Internacional de Negócios

1 – A Região dispõe de um Centro Internacional de Negócios nos termos da lei.
2 – O Centro Internacional de Negócios compreende:

a) Zona franca industrial;
b) Serviços financeiros;
c) Serviços internacionais;
d) MAR. Registo Internacional de Navios da Madeira.

3 – Os órgãos de soberania, no domínio das respectivas competências, criarão os mecanismos adequados à rentabilidade e à competitividade internacional dos instrumentos de desenvolvimento económico referidos no número anterior.
4 – O regime jurídico-fiscal do Centro Internacional de Negócios é o constante do Estatuto dos Benefícios Fiscais e demais legislação aplicável.

TÍTULO V
Disposições finais e transitórias

ARTIGO 147º
Dissolução

1 – Os órgãos de governo próprio podem ser dissolvidos pelo Presidente da República por prática de actos graves contrários à Constituição, ouvidos a Assembleia da República e o Conselho de Estado.
2 – Em caso de dissolução da Assembleia Legislativa Regional, as eleições têm lugar no prazo máximo de 60 dias e para uma nova legislatura.

ARTIGO 148º
Iniciativa estatutária e alterações subsequentes

1 – O projecto de Estatuto Político-Administrativo é elaborado pela Assembleia Legislativa Regional e enviado para discussão e aprovação à Assembleia da República.
2 – Se a Assembleia da República rejeitar o projecto ou lhe introduzir alterações, remetê-lo-á à Assembleia Legislativa Regional para apreciação e envio de parecer.

3 – Elaborado o parecer, a Assembleia da República procede à discussão e deliberação final.

4 – O regime previsto nos números anteriores é aplicável às alterações do Estatuto.

ARTIGO 149º
Organização judiciária

A organização judiciária nacional toma em conta e é adaptada às necessidades próprias da Região.

ARTIGO 150º
Condições excepcionais de acesso ao ensino superior

1 – O Estado garante no acesso ao ensino superior a quota de entrada que, por motivos justificados, seja imprescindível para suprir, a prazo, situações graves e de extrema carência na Região Autónoma da Madeira, aos candidatos dela oriundos.

2 – O diferencial entre a quota actual e a alargada é exclusivo para os candidatos que se comprometam a voltar à Região para o exercício da sua profissão.

3 – A Região Autónoma da Madeira poderá assinar protocolos com o Estado através das suas universidades para garantir a execução do previsto nos números anteriores.

4 – O estabelecido neste artigo não se aplica aos cursos que são leccionados na Universidade da Madeira.

5 – A Região Autónoma da Madeira através da sua Universidade, reciprocamente, assinará os protocolos necessários para que esta alargue as suas quotas de acesso aos candidatos oriundos das várias regiões do País nos mesmos termos do nº 1.

ARTIGO 151º
Conta-corrente da Região junto do Banco de Portugal

Para fazer face a dificuldades de tesouraria, a Região pode levantar junto do Banco de Portugal, sem quaisquer encargos de juros, até 10% do valor correspondente ao das receitas correntes cobradas no penúltimo ano, nos termos e prazos decorrentes do Tratado da União Europeia.

ARTIGO 152º
Sucessão da Região em posições contratuais e competências

1 – A Região sucede nas posições contratuais emergentes de instrumentos outorgados pela Junta Geral ou pela Junta Regional da Madeira.

2 – As competências, designadamente de carácter tributário, conferidas por lei à Junta Geral ou à Junta Regional da Madeira consideram-se atribuídas aos órgãos de governo próprio da Região.

ARTIGO 153º
Regime transitório aplicável aos transportes

O disposto no artigo 126º não prejudicará a vigência das disposições da legislação que garante obrigações de serviço público transitórias ou permanentes e direitos presentemente assegurados a operadores.

ARTIGO 154º
Vigência do regime de incompatibilidades e impedimentos

As novas incompatibilidades e impedimentos decorrentes dos artigos 34º e 35º são aplicáveis a partir do início da VII Legislatura da Assembleia Legislativa Regional.

ÍNDICE-SUMÁRIO

I - CONSTITUIÇÃO DA REPÚBLICA PORTUGUESA

CONSTITUIÇÃO DA REPÚBLICA PORTUGUESA
Lei Constitucional nº 1/2005, de 12 de agosto 9
Preâmbulo 9
Princípios fundamentais 9
PARTE I Direitos e deveres fundamentais 13
TÍTULO I Princípios gerais 13
TÍTULO II Direitos, liberdades e garantias 16
CAPÍTULO I Direitos, liberdades e garantias pessoais 16
CAPÍTULO II Direitos, liberdades e garantias de participação política 25
CAPÍTULO III Direitos, liberdades e garantias dos trabalhadores 27
TÍTULO III Direitos e deveres económicos, sociais e culturais 29
CAPÍTULO I Direitos e deveres económicos 29
CAPÍTULO II Direitos e deveres sociais 31
CAPÍTULO III Direitos e deveres culturais 36
PARTE II Organização económica 39
TÍTULO I Princípios gerais 39
TÍTULO II Planos 42
TÍTULO III Políticas agrícola, comercial e industrial 43
TÍTULO IV Sistema financeiro e fiscal 46
PARTE III Organização do poder político 49
TÍTULO I Princípios gerais 49
TÍTULO II Presidente da República 54
CAPÍTULO I Estatuto e eleição 54
CAPÍTULO II Competência 57
CAPÍTULO III Conselho de Estado 60
TÍTULO III Assembleia da República 61
CAPÍTULO I Estatuto e eleição 61
CAPÍTULO II Competência 65
CAPÍTULO III Organização e funcionamento 71

TÍTULO IV Governo 75
CAPÍTULO I Função e estrutura 75
CAPÍTULO II Formação e responsabilidade 76
CAPÍTULO III Competência 78
TÍTULO V Tribunais 81
CAPÍTULO I Princípios gerais 81
CAPÍTULO II Organização dos tribunais 82
CAPÍTULO III Estatuto dos juízes 84
CAPÍTULO IV Ministério Público 85
TÍTULO VI Tribunal Constitucional 86
TÍTULO VII Regiões Autónomas 88
TÍTULO VIII Poder Local 93
CAPÍTULO I Princípios gerais 93
CAPÍTULO II Freguesia 95
CAPÍTULO III Município 96
CAPÍTULO IV Região administrativa 97
CAPÍTULO V Organizações de moradores 98
TÍTULO IX Administração Pública 99
TÍTULO X Defesa Nacional 101
PARTE IV Garantia e revisão da Constituição 105
TÍTULO I Fiscalização da constitucionalidade 105
TÍTULO II Revisão constitucional 109
Disposições finais e transitórias 111

II - LEGISLAÇÃO COMPLEMENTAR

DECLARAÇÃO UNIVERSAL DOS DIREITOS DO HOMEM
Aviso, *DR* nº 57, Série I, de 09-03-1978 115

LEI DO TRIBUNAL CONSTITUCIONAL
Lei nº 28/82, de 15 de novembro 121
TÍTULO I Disposições gerais 121
TÍTULO II Competência, organização e funcionamento 122
CAPÍTULO I Competência 122
CAPÍTULO II Organização 125
SECÇÃO I Composição e constituição do Tribunal 125
SECÇÃO II Estatuto dos juízes 128
SECÇÃO III Organização interna 132
CAPÍTULO III Funcionamento 134
SECÇÃO I Funcionamento do Tribunal 134
SECÇÃO II Secretaria e serviços de apoio 136
CAPÍTULO IV Regime financeiro 136
TÍTULO III Processo 138
CAPÍTULO I Distribuição 138

CAPÍTULO II Processos de fiscalização da constitucionalidade e da legalidade 139
SUBCAPÍTULO I Processos de fiscalização abstracta 139
SECÇÃO I Disposições comuns 139
SECÇÃO II Processos de fiscalização preventiva 141
SECÇÃO III Processos de fiscalização sucessiva 142
SECÇÃO IV Processos de fiscalização da inconstitucionalidade por omissão 143
SUBCAPÍTULO II Processos de fiscalização concreta 144
CAPÍTULO III Outros processos 152
SUBCAPÍTULO I Processos relativos à morte, impossibilidade física permanente, impedimento temporário, perda de cargo e destituição do Presidente da República 152
SUBCAPÍTULO I-A Processos relativos à perda de mandato de Deputados 154
SUBCAPÍTULO II Processos eleitorais 155
SECÇÃO I Processo relativo à eleição do Presidente da República 155
SUBSECÇÃO I Candidaturas 155
SUBSECÇÃO II Desistência, morte e incapacidade de candidatos 156
SUBSECÇÃO III Apuramento geral da eleição e respetivo contencioso 157
SECÇÃO II Outros processos eleitorais 157
SUBCAPÍTULO III Processos relativos a partidos políticos, coligações e frentes 159
SUBCAPÍTULO IV Processos relativos a organizações que perfilhem a ideologia fascista 162
SUBCAPÍTULO V Processos relativos à realização de referendos e de consultas diretas aos eleitores a nível local 162
SUBCAPÍTULO VI Processos relativos a titulares de cargos públicos 162
TÍTULO IV Disposições finais e transitórias 165

INICIATIVA LEGISLATIVA DE CIDADÃOS
Lei nº 17/2003, de 4 de junho 167
CAPÍTULO I Disposições gerais 167
CAPÍTULO II Requisitos e tramitação 168
CAPÍTULO III Disposições finais 171

DIREITO DE PARTICIPAÇÃO PROCEDIMENTAL E DE ACÇÃO POPULAR
Lei nº 83/95, de 31 de agosto 173
CAPÍTULO I Disposições gerais 173
CAPÍTULO II Direito de participação popular 174
CAPÍTULO III Do exercício da acção popular 176

CAPÍTULO IV Responsabilidade civil e penal 179
CAPÍTULO V Disposições finais e transitórias 180

EXERCÍCIO DO DIREITO DE PETIÇÃO
Lei nº 43/90, de 10 de agosto 183
CAPÍTULO I Disposições gerais 183
CAPÍTULO II Forma e tramitação 185
CAPÍTULO III Petições dirigidas à Assembleia da República 188
CAPÍTULO IV Disposição final 194

ESTATUTO POLÍTICO-ADMINISTRATIVO DA REGIÃO AUTÓNOMA DOS AÇORES
Lei nº 39/80, de 5 de agosto 195
Preâmbulo 195
TÍTULO I Região Autónoma dos Açores 196
TÍTULO II Princípios fundamentais 199
TÍTULO III Regime económico e financeiro 201
CAPÍTULO I Princípios gerais 201
CAPÍTULO II Autonomia financeira da Região 201
CAPÍTULO III Autonomia patrimonial da Região 202
TÍTULO IV Órgãos de governo próprio 204
CAPÍTULO I Assembleia Legislativa 204
SECÇÃO I Estatuto e eleição 204
SECÇÃO II Competência da Assembleia Legislativa 207
SUBSECÇÃO I Competência em geral 207
SUBSECÇÃO II Matérias de competência legislativa própria 214
SECÇÃO III Organização e funcionamento da Assembleia Legislativa 222
CAPÍTULO II Governo Regional 225
SECÇÃO I Função, estrutura, formação e responsabilidade 225
SECÇÃO II Competência do Governo Regional 228
CAPÍTULO III Estatuto dos titulares de cargos políticos 231
SECÇÃO I Disposições comuns 231
SECÇÃO II Estatuto dos Deputados à Assembleia Legislativa 233
SECÇÃO III Estatuto dos membros do Governo Regional 236
CAPÍTULO IV Representante da República 236
TÍTULO V Relação da Região com outras pessoas colectivas públicas 237
CAPÍTULO I Da cooperação em geral 237
CAPÍTULO II Da audição dos órgãos de governo próprio pelos órgãos de soberania 239
TÍTULO VI Das relações internacionais da Região 242
TÍTULO VII Organização das administrações públicas 244
CAPÍTULO I Administração regional autónoma 244
CAPÍTULO II Outros órgãos regionais 245

CAPÍTULO III Administração do Estado 247
CAPÍTULO IV Administração local 247
TÍTULO VIII Revisão do Estatuto 248

ESTATUTO POLÍTICO-ADMINISTRATIVO DA REGIÃO AUTÓNOMA DA MADEIRA

Lei nº 13/91, de 5 de junho 251
TÍTULO I Princípios fundamentais 251
TÍTULO II Órgãos de governo próprio e administração pública regional 254
CAPÍTULO I Assembleia Legislativa Regional 254
SECÇÃO I Definição, eleição e composição 254
SECÇÃO II Estatuto dos deputados 255
SECÇÃO III Competência 261
SECÇÃO IV Funcionamento 265
CAPÍTULO II Governo Regional 269
SECÇÃO I Definição, constituição e responsabilidade 269
SECÇÃO II Estatuto dos membros do Governo Regional 271
SECÇÃO III Competência 273
SECÇÃO IV Funcionamento 274
CAPÍTULO III Estatuto remuneratório 275
CAPÍTULO IV Administração pública regional 277
TÍTULO III Relações entre o Estado e a Região 278
CAPÍTULO I Representação do Estado 278
CAPÍTULO II Relações entre os órgãos de soberania e os órgãos de governo próprio 279
SECÇÃO I Relacionamento entre a Assembleia da República e a Assembleia Legislativa Regional 279
SECÇÃO II Audição dos órgãos de governo próprio 280
SECÇÃO III Protocolos 281
SECÇÃO IV Participação da Região em negociações internacionais 282
CAPÍTULO III Fiscalização da constitucionalidade e da legalidade 282
TÍTULO IV Do regime financeiro, económico e fiscal 284
CAPÍTULO I Princípios gerais 284
CAPÍTULO II Do regime financeiro 286
SECÇÃO I Receitas regionais 286
SUBSECÇÃO I Receitas e despesas 286
SUBSECÇÃO II Receitas fiscais 287
SUBSECÇÃO III Dívida pública regional 288
SUBSECÇÃO IV Transferências do Estado 289
SUBSECÇÃO V Apoios especiais 290
SECÇÃO II Relações financeiras entre a Região e as autarquias locais 290
CAPÍTULO III Do regime económico 291
SECÇÃO I Da economia regional 291

SECÇÃO II Da concretização dos princípios da solidariedade e da continuidade territorial 291
SUBSECÇÃO I Transportes 291
SUBSECÇÃO II Telecomunicações 292
SUBSECÇÃO III Energia 293
SUBSECÇÃO IV Outras áreas específicas 293
CAPÍTULO IV Do regime fiscal 294
SECÇÃO I Enquadramento geral 294
SECÇÃO II Competências legislativas e regulamentares 295
SECÇÃO III Competências administrativas 296
SECÇÃO IV Taxas e preços públicos regionais 297
CAPÍTULO V Património da Região 297
CAPÍTULO VI Centro Internacional de Negócios 298
TÍTULO V Disposições finais e transitórias 298

SUMÁRIO

CONSTITUIÇÃO DA REPÚBLICA PORTUGUESA
Lei Constitucional nº 1/2005, de 12 de agosto 9

DECLARAÇÃO UNIVERSAL DOS DIREITOS DO HOMEM
Aviso, *DR* nº 57, Série I, de 09-03-1978 115

LEI DO TRIBUNAL CONSTITUCIONAL
Lei nº 28/82, de 15 de novembro 121

INICIATIVA LEGISLATIVA DE CIDADÃOS
Lei nº 17/2003, de 4 de junho 167

DIREITO DE PARTICIPAÇÃO PROCEDIMENTAL E DE ACÇÃO POPULAR
Lei nº 83/95, de 31 de agosto 173

EXERCÍCIO DO DIREITO DE PETIÇÃO
Lei nº 43/90, de 10 de agosto 183

ESTATUTO POLÍTICO-ADMINISTRATIVO DA REGIÃO AUTÓNOMA DOS AÇORES
Lei nº 39/80, de 5 de agosto 195

ESTATUTO POLÍTICO-ADMINISTRATIVO DA REGIÃO AUTÓNOMA DA MADEIRA
Lei nº 13/91, de 5 de junho 251

ÍNDICE-SUMÁRIO 301
SUMÁRIO 307